PENGUIN BOOKS

THE PENGUIN RUSSIAN COURSE

THE PENGUIN
RUSSIAN COURSE

A COMPLETE COURSE FOR

BEGINNERS

Compiled by J. L. I. Fennell

PENGUIN BOOKS

PENGUIN BOOKS

Published by the Penguin Group
27 Wrights Lane, London w8 5tz, England
Viking Penguin Inc., 40 West 23rd Street, New York, New York 10010, USA
Penguin Books Australia Ltd, Ringwood, Victoria, Australia
Penguin Books Canada Ltd, 2801 John Street, Markham, Ontario, Canada l3r 1b4
Penguin Books (NZ) Ltd, 182–190 Wairau Road, Auckland 10, New Zealand

Penguin Books Ltd, Registered Offices: Harmondsworth, Middlesex, England

Adapted from *Russian*, by N. Potapova, U.S.S.R., 1958
Published in Penguin Books 1961
19 20 18

Made and printed in Great Britain by
Richard Clay Ltd, Bungay, Suffolk
Set in Monotype Plantin

CONTENTS

EXETER TAPES

A set of four tapes produced at the University of Exeter is available to aid the acquisition of spoken Russian with the help of this book. The tapes, entitled *Penguin Basic Russian*, provide supplementary exercises to accompany each chapter of the text. They may be obtained from EXETER TAPES, Drake Educational Associates, St Fagans Road, Fairwater, Cardiff CF5 3AE.

Penguin Basic Russian tapes are also available in the United States. Inquiries may be directed to Audio-Forum, Div. of Jeffrey Norton Publishers, Inc., 96 Broad Street, Guilford, CT 06437, USA, by mail or telephone (203-453-9794).

INTRODUCTION

THE Penguin Russian Grammar is based on N. F. Potapova's Elementary Russian Course, published by the Foreign Languages Publishing House, Moscow. Much of the excellent textual material found in Mme Potapova's grammar has been used in this book, but the explanations of grammatical rules and the exercises have been radically revised, and in most cases rewritten, to suit the abbreviated dimensions of this book.

Each lesson begins with a vocabulary, the semantic difficulties of certain words being explained in notes at the end of the vocabulary. The main bulk of each lesson is taken up with grammatical rules and their explanations. These are followed by one or more passages of Russian designed as far as possible to illustrate the rules explained in the lessons. Finally there is a series of exercises, the key to which is found at the end of the book.

After the lessons there is a section containing grammatical tables – declensions and conjugations – which will be of use to the student for reference purposes. This is followed by the key to the exercises, a Russian-English vocabulary containing all the words in the lessons, and an English-Russian vocabulary containing all the words in the English-Russian exercises.

The student is advised first of all to learn by heart the vocabulary of the lesson; then carefully to work through the rules. He should then read the Russian passages several times until he can translate them into English without difficulty. After this the exercise should be attempted; the results should be checked with the key. It may be found useful to work through the exercises several times, at first referring when in doubt to the grammar and the vocabulary, later – to the key. Only when the student feels that he has mastered the exercises and can translate

vii

the sentences into Russian without difficulty, should he go on to the next lesson. It is much better to go slowly and thoroughly at first and to try to master the basic principles of the language than to hurry in the hope of quickly acquiring the ability to talk fluently.

One final word. Russian is not a difficult language. The grammar is simple and straightforward; Russian words are pronounced more or less as they are written; and word-order presents few difficulties. But it is easy for a beginner at first to become depressed by the number of words he has to learn by heart. Also he may well be worried at a later stage by the recurrent feeling that he has forgotten what he learned three or four lessons earlier. After about ten lessons, however, he should find that the words become increasingly easy to memorize, that most of what he has already learned has, by dint of repetition, remained in his head and that there are no insuperable difficulties in his path.

*

NOTE TO THE REVISED REPRINT OF 1965

I would like to thank the many people who have made suggestions and pointed out inaccuracies and misprints in the earlier editions, especially Miss Enid A. Marshall, of Ladybank, Fife, Scotland.

Oxford 1965   J. L. I. F.

*

Russian Alphabet

PRINTED	WRITTEN	APPROXIMATE PRONUNCIATION
А а	*А а*	a in 'father'
Б б	*Б б*	b in 'book'
В в	*В в*	v in 'vote'
Г г	*Г г*	g in 'good'
Д д	*Д д*	d in 'day'
Е е	*Е е*	ye in 'yes'
Е ё	*Е ё*	yo in 'yonder'
Ж ж	*Ж ж*	s in 'pleasure'
З з	*З з*	z in 'zone' ' s in 'please
И и	*И и*	ee in 'meet'
Й й	*Й й*	y in 'boy'
К к	*К к*	k in 'kind'
Л л	*Л л*	l (see p. xviii)
М м	*М м*	m in 'man'
Н н	*Н н*	n in 'note'
О о	*О о*	o in 'pot'

PRINTED	WRITTEN	APPROXIMATE PRONUNCIATION
П п	*Пп*	*p* in 'pen'
Р р	*Рр*	*r* (see p. xviii)
С с	*Сс*	*s* in 'speak'
Т т	*Тт Тт*	*t* in 'too'
У у	*Уу*	*oo* in 'fool'
Ф ф	*Фф*	*f* in 'fire'
Х х	*Хх*	*kh* (see p. xix)
Ц ц	*Цц*	*tz* in 'quartz' (see p. xix)
Ч ч	*Чч*	*ch* in 'chair'
Ш ш	*Шш*	*sh* in 'short'
Щ щ	*Щщ*	*shch* (see p. xx)
Ъ ъ	*ъ*	(see p. xxii)
Ы ы	*ы*	(see p. xvi)
Ь ь	*ь*	(see pp. xxi, xxii)
Э э	*Ээ*	*e* in 'men'
Ю ю	*Юю*	*u* in 'university'
Я я	*Яя*	*ya* in 'yard'

HOW TO WRITE RUSSIAN

There is very little difficulty in writing Russian. At first the student should practise writing individual letters separately. They need not be so florid as the examples given above and below; several letters, indeed, can be modified to suit the student's hand.

Joining the letters together is not difficult and is often similar to English, especially when the letters are familiar (e.g. *урок, скоро, адрес*). It must, however, be borne in mind that some letters (*л, м* and *я*) begin with a small hook which is preserved if joined to a preceding letter: *мама, лили, дядя*

It is not necessary to join every letter together in a word. Often, in fact, it is difficult, or even impossible – *в*, for instance, cannot be joined to *л, м* or *я* if they follow it.

Some letters can be written in different ways:

Д   is written either *д* or *g*

Т   is written either *m* or *т*

For clarity's sake a line is often put over *m̄* and under *ш* (but *not* under *щ*); this helps to avoid confusion especially when these letters are in close proximity with *и* and *п*

The following examples should be studied and copied out:

Дом. Мост. Вот дом.

Там мост, дом.

Страна. Брат. Работа. Зал. План.

Фраза.   Дом и двор.   Съезд.

Гудок. Урок. Буква. Бумага. Карта

Вот буква «эн». Вот буква «ха».

Я пою. Он едет домой.

Мой брат даёт урок. Объявление.

Здесь моя мать и мой дядя.

Москва — столица СССР.

Самолёт летит высоко и быстро.

Вот наш журнал.

Товарищ Щукин — наш рабочий.

PRONUNCIATION

The following notes are intended merely as a rough guide for the beginner, and are of most use when the student is able to relate them to sounds as pronounced by a native Russian (on radio or gramophone at least).

1. Vowels

a The Russia **a** is pronounced like the 'a' in 'father' or 'car', but is a slightly shorter sound:

там	'there'
как	'how'

o has approximately the same sound as the English 'o' in 'port', 'morning'. The lips, however, should be rounded and protruded:

тот	'that'
вот	'here is'

y is pronounced like the English 'oo' in 'fool'. Again the lips should be rounded and protruded:

суп	'soup'
тут	'here'

э is like the 'e' in 'let', 'men', but the tongue is not raised so high and the mouth should be more open:

э́то	'this'

Note that э generally occurs at the beginning of a word or is preceded by a vowel; it is most frequently found in words of foreign origin (эпо́ха 'epoch', аэродро́м 'aerodrome').

и is similar to 'ee' in 'see', but slightly shorter in length:

пик	'peak'

я, е, ё, ю are what are known as iotized soft vowels — in other words, they are prefixed in pronunciation by the equivalent of an English 'y'. They are pronounced as follows:

я   like 'ya' in 'yard' – Ялта 'Yalta'
е   like 'ye' in 'yes' – ест 'he eats'
ё   like 'yo' in 'yonder' – даёт 'he gives'
ю   like 'u' in 'university' – юмор 'humour'

Note that и is also what is called a soft vowel. It is, however only iotized (that is, pronounced with a 'y' sound before it) when it occurs initially in the declension of the personal pronoun он 'he': их (gen. pl.); им (dat. pl. or instr. sing.); ими (instr. pl.).

ы The nearest equivalent to ы in English is the 'i' in 'it', 'ill', or 'sin'. To pronounce it, the tongue is drawn back as far as possible and not allowed to go forwards or raised as high as in producing the vowel и.

ты	'thou'
мы	'we'
вы	'you'
сын	'son'

й The sound й is close to the English 'y' in 'toy', 'bay'. It is only found *after* a vowel and is used to form a diphthong. Thus:

а + й: ай   like 'y' in 'sky' – май 'May'
о + й: ой   like 'oy' in 'boy' – мой 'my'

There are, however, slight differences from the equivalent English sounds:
(a) The first element of the diphthong (the vowels a, e, y, etc.) is shorter in Russian than in English.
(b) In pronouncing the й the back of the tongue is brought closer to the roof of the mouth than in the pronunciation of the 'y' in 'boy', 'bay', etc.

The only vowels whose sound is not appreciably altered when followed by й are и and ы. In other words, there is little or no difference between the pronunciation of и and ы and that of ий and ый (both of which are the standard adjectival endings in Russian).

Note that the combination vowel + й (уй, ей, ёй, юй, etc.) is *only one syllable*, whereas the combination vowel + vowel (оо, аи, ое, ая, etc.) is *two syllables*.

2. Consonants

б resembles the English 'b' in 'boy'. At the end of a word it sounds like the 'p' in 'lip':

банк	'bank'
хлеб	'bread'

в is pronounced like the English 'v' in 'voice', except that the upper teeth are pressed against the back of the lower lip, and not the front:

вот	'here is'
Во́лга	'the Volga'

At the end of a word or before a voiceless consonant (к, п, с, т, ф, х, ц, ч, ш, and щ) в is pronounced like the 'f' in 'father':

Ки́ев	'Kiev'
всё	'everything'
за́втрак	'breakfast'

г is pronounced like the 'g' in 'good'. At the end of a word it sounds like the 'k' in 'cook':

год	'year'
друг	'friend'

д is like the English 'd'; the tongue, however, is brought against the back of the upper teeth with the tip pointing downwards. At the end of a word д sounds like an English 't':

да	'yes'
сад	'garden'

ж is pronounced approximately like the English 's' in 'vision', 'pleasure'. However, the Russian sound is considerably harder: the position of the tongue is lower – i.e. further away from the palate:

жук	'beetle'

xvii

з is like the 'z' in 'zero':

зуб	'tooth'

к is like the 'k' in 'kind':

как	'how'

л The Russian **л** resembles the English 'l' in 'full', 'table', but is somewhat harder. To pronounce it properly the back of the tongue should be kept low, away from the roof of the mouth, and the tip of the tongue brought up against the back upper teeth:

слóво	'word'
футбóл	'football'

м is like the English 'm':

мак	'poppy'

н is like an English 'n', but to pronounce it the front of the tongue must be placed against the back of the upper teeth with its tip pointing downwards (cf. **д** and **т**). The tip of the tongue should not be raised as in pronouncing the English 'n':

но	'but'

п resembles the English 'p' in 'please', 'pin':

пакт	'pact'

р For the Russian **р** there is no corresponding English sound. It resembles somewhat the rolled 'r' of Scotland and Northern England. It is formed by the vibration of the tip of the tongue against the front of the palate. It is a distinct trilled sound:

рот	'mouth'
рак	'crab'
вор	'thief'

с is like the 's' in 'soon', 'yes':

мост	'bridge'

т is like the English 't', except that the tongue is brought against the back of the upper teeth with the tip pointing downwards:

тут	'here'
танк	'tank'

ф closely resembles the 'f' in 'farm':

факт	'fact'

х This sound has no counterpart in English. It resembles the Scottish 'ch' in 'loch' and the German 'ch' in 'Buch', 'hoch'. It is articulated almost in the same way as **к**, except that at the moment of pronunciation the tongue does not touch the roof of the mouth, only coming close to it and leaving a passage for the outgoing breath:

холм	'hill'

ц sounds like a combination of 't' and 's' as in 'lots':

отéц	'father'
цыгáн	'gipsy'

Note: (a) After **ц** both **и** and **ы** are pronounced like **ы**; **и** is written after **ц** mostly in words of foreign origin:

цúфра	'figure'
цирк	'circus'

(b) When **ц** is followed by **е**, the combination is pronounced as **цэ**:

центр	'centre'

ч is pronounced like 'ch' in 'chair':

чай	'tea'

Note that in the word **что** 'what', **ч** is pronounced as 'sh'.

ш is pronounced approximately like the English 'sh' in 'short', but it is harder; the position of the tongue is lower:

шаг   'stride'

щ The nearest English equivalent is the 'shch' in 'fresh cheese':

щи   'cabbage soup'

Note: (a) ж and ш are never followed by the letters э or ы, but always by е or и. After ж and ш, е is pronounced like э and и like ы (инженéр 'engineer', машúна 'machine'). Ч and щ are never followed by ы but instead by и.

(b) ж, ч, ш, and щ are never followed by я and ю but instead by а or у.

3. Syllables and Word Stress

In words of more than one syllable only one syllable is stressed. The stress in Russian is more emphatic than in English. The stressed syllable, as compared with the unstressed, is articulated with much greater force and is therefore lengthened. Hence the pronunciation of vowels is affected by stress:

(a) Vowels on which the stress falls are pronounced clearly and distinctly, and more time is required to pronounce them.

(b) Unstressed vowels are fainter and less drawn out. Less time is spent on their pronunciation.

Note that ё is always stressed, no matter what its position in the word.

Of all the vowels, o is the most affected by its position in the word:

(a) When it occurs in an unstressed syllable immediately before the stressed syllable, it is pronounced like a faint Russian a:

Москвá	'Moscow'	водá	'water'
онá	'she'	фонтáн	'fountain'
онó	'it'	доскá	'board'

окно́	'window'	вокза́л	'railway station'
нога́	'foot', 'leg'	доро́га	'way'
		гора́	'mountain'

(b) In all other unstressed syllables **o** is pronounced still more faintly as an **a**:

голова́	'head'	хло́пок	'cotton'
потоло́к	'ceiling'	мо́лот	'hammer'

As for the other vowels, only **e** and **я** are in any way affected. When they precede a stressed syllable they are pronounced faintly and change to a sound that resembles **и**:

сестра́	'sister'
язы́к	'language'
стена́	'wall'

In other unstressed syllables they are pronounced even more faintly:

по́ле	'field'
тётя	'aunt'

Throughout this book the stressed syllable is indicated by an acute accent, ', except in capital letters.

4. Hard and Soft Consonants

All consonants in Russian (with the exception of **ч** and **щ**) are hard when followed by the vowels **а, о, у, ы,** and **э,** or when they come at the end of a word. Most hard consonants have corresponding soft consonants, or can be pronounced softly, when they are followed by the 'soft' vowels **е, ё, и, ю,** and **я** *or* by the 'soft sign', **ь** – a symbol used merely to indicate that the preceding consonant is soft.

Some consonants will not change appreciably when followed by a soft vowel or a soft sign. In most cases the student will find that he automatically softens a consonant correctly as long as he pronounces the soft vowel following it correctly.

The student should practise pronouncing pairs of consonants + hard and soft vowels:

ду – дю (cf. English 'do' – 'dew')
ту – тю (cf. English 'too' – 'tube')

ло – лё ⎫
лэ – ле ⎬
ла – ля ⎬ (the soft л is pronounced with the tip of
лы – ли ⎬ the tongue just between the teeth)
лу – лю ⎭

ну – ню (cf. English 'noose' – 'new')

5. The Soft and Hard Signs – ь and ъ

The soft sign, ь, is used mainly to soften the preceding consonant (мать 'mother').

When it appears before the vowels я, е, ё, ю, however, it denotes the presence of the sound й between the consonant and the vowel and at the same time softens the consonant:

| семья́ | 'family' | пла́тье | 'dress' |
| статья́ | 'article' | бельё | 'linen' |

The hard sign, ъ, occurs chiefly after prefixes (such as об, с, etc.) and before я, е, ё, ю. It serves to keep the consonant it follows hard:

съезд 'congress'
объясне́ние 'explanation'

LIST OF ABBREVIATIONS

acc. accusative case
adj. adjective
adv. adverb
attr. used attributively
cj. conjunction
conj. conjugation
dat. dative case
dim. diminutive
f. feminine gender
fut. future
gen. genitive case
impf. imperfective aspect
inf. infinitive
instr. instrumental case
intrans. intransitive
m. masculine gender

n. neuter gender
nom. nominative case
num. numeral
pf. perfective aspect
part. participle
pass. passive
pers. person, personal
pl. plural
pr. preposition
prep. prepositional case
pres. present
pron. pronoun
s. substantive (noun)
sing. singular
trans. transitive
v. verb

The Lessons

УРÓК 1   LESSON 1

СЛОВÁРЬ   VOCABULARY

водá water
Вóлга Volga
вот here is
да yes
дом house
доскá board, blackboard
и and
канáл canal
кáрта map
класс class(room)
лáмпа lamp

Ленингрáд Leningrad
Москвá Moscow
мост bridge
пáрта school-desk
план plan
рекá river
слóво word
стол table
стул chair
там there
тут here
э́то this

ГРАММÁТИКА   GRAMMAR

1. **Absence of article in Russian**

   The Russian language has no article. The noun **дом** may mean 'the house', 'a house', or 'house' depending on the sense.

2. **Omission of Verb corresponding to the English 'is', 'are' in the Present Tense**

   In Russian, the verb equivalent to the English 'is', 'are', etc., is not generally used in the present tense.
   The sentence **дом там** corresponds to 'the house is there'.
   After **вот**, a demonstrative particle meaning 'here is' 'here are' and used to indicate one or more objects

3

or persons (like the French 'voici' and 'voilà'), no verb is used. Thus

Вот дом.	**Here is** the house.
Вот дом и мост.	**Here are** the house and bridge.

The same applies to the neuter form of the demonstrative pronoun **э́то** which may be used to translate 'it is', 'this is'.

Э́то дом.	This is a house.

3. Interrogative Sentences

Questions in Russian may be denoted by intonation, the word order of the sentence remaining the same as in the affirmative statement:

Дом там.	The house is there. (Affirmative)
Дом там?	Is the house there? (Interrogative)

ТЕКСТ   TEXT

Вот дом. Вот мост. Дом там. Мост тут. Дом там? Да, дом там. Мост тут? Да, мост тут. Вот стол, стул, ла́мпа. Там ка́рта и доска́. Это ка́рта. Тут Москва́. Там Во́лга. Тут сло́во «ла́мпа». Это вода́. Это мост и дом. Там стул, стол и па́рта. Стол тут, стул там.

УПРАЖНЕ́НИЯ   EXERCISES

Translate into Russian:

(1) The house is here.   (2) The bridge is there.
(3) Here is a house.   (4) Here is a bridge.
(5) Here is a lamp, a chair, a table.
(6) The school-desk is there.   (7) The plan is here.
(8) This is a map.   (9) Here is the Volga.
(19) The canal is here.   (11) A bridge is there.
(12) Is this Moscow?   (13) Here is Leningrad.
(14) This is a classroom.   (15) Is this a map?
(16) Are the house and the river there?
(17) Here is the word 'bridge'.

4

СЛОВАРЬ   VOCABULARY

Англия *f.* England
брат *m.* brother
бу́хта *f.* bay
ва́за *f.* vase
газе́та *f.* newspaper
где *adv.* where
говорю́ I speak, I say
даю́ I give
домо́й *adv.* home(wards)
заво́д *m.* works, plant, factory
зал *m.* hall
здесь *adv.* here
иду́ I go
карти́на *f.* picture
кни́га *f.* book
ко́мната *f.* room
ме́сто *n.* place
мой, моя́, моё *pron.* my
нет no
окно́ *n.* window
он, она́, оно́ *pron.* he, she, it

оте́ц *m.* father
перо́ *n.* nib, pen
по-ру́сски *adv.* in Russian
пою́ I sing
профе́ссор *m.* professor
рабо́та *f.* work
Росси́я *f.* Russia
рука́ *f.* arm, hand
сестра́ *f.* sister
страна́ *f.* country, land
студе́нт *m.* student
студе́нтка *f.* (female) student
твой, твоя́, твоё *pron.* your
фи́зик *m.* physicist
фра́за *f.* phrase
хи́мик *m.* chemist
хор *m.* choir
я *pron.* I
Я́лта *f.* Yalta
я́хта *f.* yacht

ГРАММАТИКА   GRAMMAR

1. The Gender of the Noun

(1) Russian nouns have three genders: masculine, feminine, and neuter.

(2) The gender of nouns which denote persons and certain animals is determined by their sex; for instance, the noun брат 'brother' is masculine.

(3) The gender of a noun can frequently be determined by the final letter of the word. This is important in discerning the gender of nouns not denoting persons or animals. Thus:

(a) All nouns ending in a consonant are masculine:

дом	house
стол	table
заво́д	works, plant, factory

(b) Most nouns ending in **-a** are feminine:

страна́	country, land
рука́	arm, hand

Only a few nouns ending in **-a** are masculine. To this category belong: some proper nouns, e.g. Лука́ 'Luke'; many diminutives of Russian masculine names, e.g. Юра (diminutive of Юрий 'George').

(c) Almost all nouns ending in **-o** are neuter:

окно́	window
сло́во	word

2. The Personal Pronouns of the 3rd Person

In Russian, the same personal pronoun of the 3rd person denotes either animate beings or inanimate objects. It has three forms: **он** *m.* he, it; **она́** *f.* she, it; **оно́** *n.* it.

Где Ива́н ? **Он** тут.	Where is Ivan ? **He** is here.
Вот стол. **Он** здесь. (*masc.*)	Here is the table. **It** is here.
Где Со́ня ? **Она́** здесь.	Where is Sonya ? **She** is here.
Где кни́га ? **Она́** там. (*fem.*)	Where is the book ? **It** is there.
Где перо́ ? Вот **оно́**. (*neut.*)	Where is the nib ? Here **it** is.

3. The Possessive Pronouns мой and твой

The possessive pronouns **мой** 'my', **твой** 'your' ('thy') change their form according to the gender of the nouns they qualify:

Masculine:	**мой** брат	**твой** брат
Feminine:	**моя** ла́мпа	**твоя** ла́мпа
Neuter:	**моё** сло́во	**твоё** сло́во

4. The Verb Endings -ю, -у, and -ёт in the Present Tense

The 1st person singular of the present tense of most Russian verbs ends in **-ю** (this is invariably so after a vowel):

    Я пою́ 'I sing', 'I am singing'   Я говорю́   Я даю́

In a few cases the ending is **-у**:

    Я иду́

The 3rd person singular often ends in **-ёт**. The ending **-ёт** is always stressed:

    Он поёт   Он даёт   Он идёт

Many Russian verbs, however, have the ending **-ит** in the 3rd person singular of the present tense:

    Он говори́т.   'He speaks, is speaking, says, is saying.'

5. A Dash instead of a Link-Verb

If the subject and the predicate of a sentence are both nouns, then in speaking a pause is made between them; in writing a dash is used:

    Мой брат – фи́зик.   My brother is a physicist.

ТЕКСТ   TEXT

(1) Вот карти́на. Это Я́лта. Вот бу́хта и я́хта.

(2) Это зал. Тут поёт хор. Я пою́, и Юра поёт.

(3) Тут ка́рта. Вот Москва́ и вот Ленингра́д. Во́лга здесь. Это Во́лга? Нет, э́то кана́л.

(4) Вот фра́за: «Это мой брат.» Тут сло́во «брат».

(5) Я иду́ домо́й. Вот мой дом. Это моё окно́. Там моя́ ко́мната.

(6) Студе́нт Ви́тя Ники́тин говори́т: «Я студе́нт. Я фи́зик. Мой брат Воло́дя – хи́мик. Мой оте́ц – профе́ссор.»

(7) Где Со́ня? Она́ здесь. Она́ даёт уро́к. Она́ говори́т по-ру́сски: «Это газе́та и кни́га. Там карти́на и ва́за. Здесь стол, ла́мпа и стул. Вот доска́.»

(8) Вот дом. Здесь заво́д. Здесь моя́ рабо́та. Моё ме́сто здесь. Где твой дом? Он там.

(9) Я иду́ домо́й. Он идёт домо́й, и Со́ня идёт домой.

УПРАЖНЕНИЯ   EXERCISES

Translate into Russian:

(1) Is this a classroom? Yes, and I am giving a lesson here.

(2) There is a hall there. My brother Yura is singing there.

(3) This is a map. The Volga is here. The Don is there.

(4) He is going home and I am going home.

(5) Where is the vase? It is here. Where is my book? It is there.

(6) The student is speaking Russian. He is saying: 'My father is a chemist.'

(7) Where is the choir singing?

(8) Is this my picture?

(9) This is a picture. Here is a bay and a yacht. My brother says: 'This is Yalta.'

(10) My father speaks Russian. He is a physicist.

(11) Here is a sentence: 'My sister is a student.'

8

СЛОВАРЬ VOCABULARY

ваш, ва́ша, ва́ше *poss. pron.* your

вещь *f.* thing

врач *m.* physician, doctor

вы *pron.* you

дочь *f.* daughter

дя́дя *m.* uncle

е́ду I go (by some means of transport)

земля́ *f.* earth

и́ли *cj.* or

инжене́р *m.* engineer

каранда́ш *m.* pencil

кто *pron.* who

мать *f.* mother

мы *pron.* we

наш, на́ша, на́ше *poss. pron.* our

не *particle* not

но *cj.* but

о́чень *adv.* very

пло́хо *adv.* badly

по́ле *n.* field

рабо́таю I work

слова́рь *m.* dictionary, vocabulary

сын *m.* son

та́кже, то́же *adv.* also

тётя *f.* aunt

това́рищ *m.* comrade

учи́тель *m.* teacher

хорошо́ *adv.* well

чита́ю I read

что *pron.* what ? *cj.* that

ГРАММАТИКА   GRAMMAR

1. The Gender of Nouns

(a) Most nouns ending in **-я** are feminine:

тётя aunt   земля́ earth

This ending is found in some masculine nouns indicating persons of male sex or the diminutives of proper names:

дя́дя uncle   Ва́ня (diminutive of Ива́н)

9

(b) Nouns ending in **-e** are neuter:

> по́ле field

(c) Nouns ending in **-ь** may either be masculine or feminine:

> учи́тель *m.* schoolteacher
> мать *f.* mother
> слова́рь *m.* dictionary, vocabulary

Nouns ending in **ж, ч, ш,** or **щ+ь** are always feminine:

> дочь *f.* daughter
> вещь *f.* thing

Nouns, however, ending in **ж, ч, ш,** or **щ** *not* followed by **ь** are masculine:

> това́рищ *m.* comrade
> каранда́ш *m.* pencil
> врач *m.* physician

Note that това́рищ and врач can refer to people of both sexes.

2. The Possessive Pronouns наш and ваш

The possessive pronouns **наш** 'our' and **ваш** 'your' in the singular (just like **мой** 'my' and **твой** 'your') have three genders:

Masculine:	наш брат	ваш оте́ц
Feminine:	на́ша сестра́	ва́ша мать
Neuter:	на́ше ме́сто	ва́ше сло́во

3. The Personal Pronouns ты and вы

The personal pronoun **ты** ('you', 'thou') is used when addressing a close friend or relative. **Вы** can either denote the plural of 'you', or may be used as the polite form of address to one person (compare the French 'vous'). When writing a letter the writer usually spells **Вы** with a capital letter whether it comes at the beginning of a sentence or not.

The use of **твой** and **ваш** corresponds to the use of **ты** and **вы**.

4. The Verb ending -ет in the Present Tense

Many Russian verbs in the 3rd person singular of the present tense have the unstressed ending **-ет**:

| Он рабо́тает. | He works, he is working. |
| Он е́дет. | He goes (by car, train, etc.), he is going. |

5. Interrogative Sentences

An interrogative sentence may be formed with the help of the interrogative pronouns **кто?** 'who?', **что?** 'what?' or the interrogative adverb **где?** 'where?':

Кто э́то?	**Who** is this?
Что э́то?	**What** is this?
Где он?	**Where** is he?

Note: When да or нет are used in answer to a question they are separated from the rest of the sentence in pronunciation by a pause and in writing by a comma:

Это кни́га? Да, э́то кни́га.

6. The Negative

In order to negate a sentence the particle **не** is placed before the principal word in the sentence:

	Он **не** рабо́тает.	He is **not** working.
(cf.	**Не** он рабо́тает.	It is not he that is working.)
	Это **не** Москва́.	This is **not** Moscow.

ТЕКСТ   TEXT

(1) Моя́ мать рабо́тает здесь. Она́ врач. Мой оте́ц то́же врач, но он не рабо́тает здесь.

(2) Кто э́то? Это ва́ша сестра́? Нет, э́то не моя́ сестра́. Она́ мой това́рищ.

(3) Наш учи́тель поёт о́чень хорошо́. Кто ваш учи́тель? Наш учи́тель – инжене́р. Он хорошо́ рабо́тает.

(4) Ва́ня и Ка́тя, где вы? Мы здесь, ма́ма.

(5) Ваш дя́дя говори́т по-ру́сски? Да, он говори́т о́чень хорошо́ и он чита́ет то́же о́чень хорошо́.

(6) Это мой слова́рь и э́то то́же мой слова́рь. Но где твоя́ кни́га? Она́ тут.

(7) Моя́ мать е́дет домо́й, но моя́ сестра́ идёт домо́й.

(8) Стол там? Да, стол там. Мой стул здесь. Ла́мпа там? Нет. Где ла́мпа? Она́ здесь. Где твоя́ кни́га? Вот она́.

УПРАЖНЕНИЯ   EXERCISES

Translate into Russian:

(1) My son is an engineer. He works here. This is my sister.

(2) Here is a map. Is this Russia? Yes. This is Leningrad. Here is Moscow. Here is the river Moskva. What is this? A river or a canal? A canal.

(3) Does your father read Russian? Yes, he reads well and he speaks Russian. My mother does not speak Russian.

(4) It is not your father who is singing; your brother is singing.

(5) Is your aunt a doctor? No, she is an engineer; so is my brother.

(6) Who is there? It is your sister. She is singing.

(7) Here is our field and here is our house. This is the hall. Here is your room.

(8) This is Comrade Ivanov. Are you a physicist or a chemist, Comrade Ivanov? I am not a physicist and I am not a chemist. I am a doctor. And I am a professor.

УРОК 4   LESSON 4

СЛОВАРЬ   VOCABULARY

англича́нин *m.* Englishman
англича́нка *f.* Englishwoman
вре́мя *n.* time
геро́й *m.* hero
гость *m.* guest
де́лать I (де́ла‖ю, -ешь) to do,
    to make
день *m.* day
ду́мать I (ду́ма‖ю, -ешь) to
    think
жена́ *f.* wife
жизнь *f.* life
зна́ние *n.* knowledge
знать I (зна́‖ю, -ешь) to know
идти́ I (ид‖у́, -ёшь) to go (on
    foot)
и́мя *n.* name

когда́ *adv.* when
май *m.* May
но́вость *f.* news
они́ *pron.* they
петь I (по‖ю́, -ёшь) to sing
по-англи́йски *adv.* (in) English
понима́ть I (понима́‖ю, -ешь)
    to understand
ру́сский *m.* a Russian (man)
ру́сская *f.* a Russian (woman)
семья́ *f.* family[1]
тепе́рь *adv.* now
то́лько *adv.* only
уже́ *adv.* already, yet
фами́лия *f.* surname[1]
хотя́ *cj.* although
чай *m.* tea

1. The English 'family' corresponds to the Russian семья and the
   Russian фами́лия to the English 'surname'. The two must not
   be confused.

From now on the conjugation of the verb will be indicated in
the vocabularies by the Roman figures I and II (see p. 15,
Grammar section). In brackets after these figures will be the
1st and 2nd person singular of the present tense – in full if
there are any changes in the root (in sounds or stress); if there
are no changes, the 1st person and the ending of the 2nd
person are given.
If the 1st person is not or rarely used, it is omitted; if the verb
is used only in the 3rd person, then only this person is given in
brackets.

13

ГРАММАТИКА   GRAMMAR

1. The Gender of Nouns – (*continued*)

(a) Nouns ending in **-й** are always masculine: **чай, герой**.

(b) There are ten neuter nouns ending in **-мя**. The most common of these are **имя** 'name' and **время** 'time'.

(c) Nouns ending in **-сть** are almost always feminine:

> **новость** 'news'   **честь** 'honour'

An exception is **гость** 'guest' which is masculine.

(d) Russian surnames ending in **-ин** and **-ов** have different forms for the masculine and feminine. The feminine is formed simply by adding the ending **-а**:

> Masculine: **Никитин, Иванов**
> Feminine: **Никитина, Иванова**

The following table summarizes the gender of nouns:

Masculine		Feminine		Neuter	
Ending in:		Ending in:		Ending in:	
1. consonant		**-а**		**-о**	
студент	student	страна	country	окно	window
стол	table	книга	book	слово	word
стул	chair	сестра	sister	место	place
2. consonant + ь		**-я**		**-е**	
учитель	teacher	земля	land	поле	field
день	day	фамилия	surname	знание	knowledge
		семья	family		
3. -й		**consonant + ь**		**-мя**	
май	May	жизнь	life	имя	name
чай	tea	дочь	daughter	время	time
герой	hero	новость	news		

2. The Personal Pronoun of the 3rd Person Plural

There is no distinction in gender in the 3rd person plural of the personal pronoun. Thus **они** refers to masculine and/or feminine and/or neuter:

14

Никола́й ру́сский.	Nicholas is a Russian.
Ольга то́же ру́сская.	Olga is also a Russian.
Они́ ру́сские.	They are Russians.
Где кни́ги? Они́ здесь.	Where are the books? They are here.

Note: ру́сские is the nominative plural of ру́сский (a Russian man) and/or ру́сская (a Russian woman). кни́ги is the *nom. plur.* of кни́га.

3. The Present Tense of the Verb. Conjugations I and II

In Russian there is only one form of the present tense which corresponds to the two present tense forms in English, present indefinite and present continuous:

Он **чита́ет** по-ру́сски хорошо́.	He **reads** Russian well.
Тепе́рь он **чита́ет**.	He **is reading** now.

In Russian, verb endings in the present tense are inflected for person ('I', 'you', 'we', etc.) and number (singular, plural). For each person in the singular and plural there are corresponding verb endings. In accordance with these endings, Russian verbs are divided into two conjugations: Conjugation I and Conjugation II. (There are also a few verbs which have elements of both conjugations: these can be called verbs of mixed conjugation.)

Conjugation I

Infinitive: **чита́ть** to read
Present Tense

Person		Singular
1st	я чита́ю	I read, am reading
2nd	ты чита́ешь	you read, are reading
3rd	он она́ }чита́ет оно́	he she }reads, is reading it

Plural

1st	мы чита́ем	we read, are reading
2nd	вы чита́ете	you read, are reading
3rd	они́ чита́ют	they read, are reading

Like чита́ть are declined де́лать, рабо́тать, понима́ть, знать, and ду́мать.

15

Infinitive: петь to sing
Present Tense

Person		Singular
1st	я пою	I sing, am singing
2nd	ты поёшь	you sing, are singing
3rd	он она }поёт оно	he she }sings, is singing it

Plural

1st	мы поём	we sing, are singing
2nd	вы поёте	you sing, are singing
3rd	они поют	they sing, are singing

Conjugation II

Infinitive: говори́ть to speak
Present Tense

Person		Singular
1st	я говорю́	I speak, am speaking
2nd	ты говори́шь	you speak, are speaking
3rd	он она́ }говори́т оно́	he she }speaks, is speaking it

Plural

1st	мы говори́м	we speak, are speaking
2nd	вы говори́те	you speak, are speaking
3rd	они́ говоря́т	they speak, are speaking

Endings: **-ю, -ишь, -ит, -им, -ите, -ят**

4. The Infinitive

(a) Most Russian verbs have an infinitive ending in **-ть**:

чита́ть	to read
петь	to sing
говори́ть	to speak

(b) Some verbs end in **-ти** in the infinitive. The verb
идти́ 'to go (on foot)' is one of them.

Note: Henceforth verbs will be given in the vocabularies in the
infinitive.

5. Punctuation

All subordinate clauses in Russian are separated from the main clause by a comma:

Я зна́ю, что ты рабо́таешь.	I know that you are working.
Когда́ он говори́т, я понима́ю.	When he speaks I understand.

ТЕКСТ   TEXT

(1) Что ты де́лаешь? Я чита́ю. Ты чита́ешь по-ру́сски? Нет, я чита́ю по-англи́йски.

(2) Ты зна́ешь, что Ива́н Ники́тин и Ольга Ивано́ва – ру́сские? Да, я зна́ю. Вы ру́сский? Нет, я англича́нин и моя́ жена́ – англича́нка.

(3) Вы понима́ете, что ва́ша сестра́ о́чень хорошо́ поёт? Да, я зна́ю. Тепе́рь она́ даёт уро́к.

(4) Я Ве́ра Жи́лина. Ве́ра – моё и́мя. Жи́лина – моя́ фами́лия.

(5) Кто здесь понима́ет по-ру́сски? Я. Кто говори́т по-англи́йски? Мы. Это но́вость.

(6) Я зна́ю, что това́рищ Щу́кин – инжене́р. Дя́дя Ко́ля и он рабо́тают тут. Но они́ не зна́ют, кто ты.

(7) Я чита́ю по-ру́сски, и моя́ тётя то́же чита́ет по-ру́сски. Но мы не понима́ем, когда́ вы говори́те.

(8) Что ты зна́ешь? Я зна́ю, что э́то моё и́мя.

УПРАЖНЕНИЯ   EXERCISES

Translate into Russian:

(1) This is my book and this is my book too. Do you understand that?

(2) Is your name Ivanov? I know that your sister is Vera Nikitina and that she is a doctor.

(3) When he reads English he reads very well; but when he reads Russian he reads badly. But he does understand what I say.

17

(4) Ivan Petrov is not a Russian although his* surname is Petrov. He does not speak and he does not understand Russian.

(5) My wife knows that your wife sings very well.

(6) Is your son already an engineer? What does he do? Does he work yet (is he already working)?

(7) When we work we talk only Russian; we do not talk English.

(8) Where is your dictionary? I don't know. Who knows where it is? I think that you know.

(9) 'Is this (э́та) thing a pencil?' says the teacher. 'No, it is a pen,' says Vanya.

* eró, pronounced 'yevo'.

УРОК 5   LESSON 5

СЛОВАРЬ   VOCABULARY

a *cj.* but, and
автомоби́ль *m.* motor car
а́дрес *m.* address
англи́йский *adj.* English
библиоте́ка *f.* library
граждани́н *m.* citizen
гражда́нка *f.* citizen(ess)
да́же *adv.* even
е́сли *cj.* if
же́нщина *f.* woman
изуча́ть I (изуча́‖ю, -ешь) to
  study
крестья́нин *m.* peasant
кры́ша *f.* roof
ме́дленно *adv.* slowly
мо́ре *n.* sea
мужчи́на *m.* man

немно́го, немно́жко *adv.* a little
нож *m.* knife
ночь *f.* night
по-неме́цки *adv.* (in) German
по-францу́зски *adv.* (in) French
ро́дина *f.* fatherland
рома́н *m.* novel
сего́дня[1] *adv.* today
сейча́с *adv.* now, at the present,
  immediately
сове́тский *adj.* Soviet
статья́ *f.* article (in a newspaper)
уме́ть I (уме́‖ю, -ешь) to be
  able, to know (how ...)
францу́зский *adj.* French
язы́к *m.* language, tongue

1. The г in сего́дня is pronounced like an English 'v'.

Выраже́ния   Expressions

Как по-ру́сски ... ? What is the Russian for ... ?
До свида́ния. Good-bye.
Здра́вствуй(те). How do you do? Greetings! (*lit.* 'be healthy!').

19

ГРАММАТИКА   GRAMMAR

1. The Plural of Nouns

(1) *Formation of the plural – regular forms.*

Masculine		Feminine		Neuter	
-ы		**-ы**		**-а**	
студе́нт	– студе́нты	газе́та	– газе́ты	сло́во	– слова́
заво́д	– заво́ды	страна́	– стра́ны	окно́	– о́кна
мужчи́-на	– мужчи́-ны	сестра́	– сёстры	ме́сто	– места́

-и		**-и**		**-я**	
уро́к	– уро́ки	кни́га	– кни́ги	по́ле	– поля́
нож	– ножи́	кры́ша	– кры́ши	мо́ре	– моря́
дя́дя	– дя́ди	земля́	– зе́мли	зна́ние	– зна́ния
геро́й	– геро́и	фами́-лия	– фами́-лии		
гость	– го́сти	статья́	– статьи́		
автомо-би́ль	– автомо-би́ли	но́вость	– но́вости		
		ночь	– но́чи		
		вещь	– ве́щи		

From the above table it can be seen that the plural endings of Russian nouns are: -ы, -и or -а, -я. The following rules should be noted:

(a) Most masculine nouns ending in a consonant have their plural ending in -ы (стол – столы́), or, if the last consonant is к, г, х or ж, ч, ш, щ (the so-called gutturals and sibilants), -и (уро́к – уро́ки).

(b) Masculine nouns ending in -й or -ь change the last letter to -и (геро́й – геро́и; гость – го́сти).

(c) Feminine nouns (and a few masculine nouns) ending in -a change the -a to -ы (газе́та – газе́ты) unless the preceding letter is a guttural or a sibilant, in which case the plural will end in -и (кни́га – кни́ги; кры́ша – кры́ши).

(d) Feminine nouns ending in -я or -ь change the last letter to -и (фами́лия – фами́лии; вещь – ве́щи).

20

Note that this also applies to the few masculine nouns ending in **-я** (дя́дя – дя́ди).

(e) Neuter nouns change the ending **-о** to **-а** and **-е** to **-я** (сло́во – слова́; мо́ре – моря́).

Note: Most masculine nouns ending in -ец (отéц) form the plural by dropping the -е- and adding -ы (отцы́).

(2) *Unexpected forms in the plural.*

(a) Some masculine nouns have the ending **-á** in the plural: дом – дома́, а́дрес – адреса́; or the ending **-я́**: учи́тель – учителя́ (also учи́тели). These endings in **-á** and **-я́** are always stressed.

(b) Masculine nouns ending in **-анин, -янин** (граждани́н, крестья́нин) usually form the plural by changing the final syllable **-ин** to **-е**: граждани́н – гра́ждане; крестья́нин – крестья́не.

(3) *The position of the stress.*

The stressing of nouns in the plural often gives the student some difficulty. It is best at first to try to learn the stress on each noun separately; the rules for stressing can be learned at a much later stage.

The stress can do three things:

(a) it can remain where it is in the singular (in this case no information on stressing will be given in the vocabularies): студéнт – студéнты.

This is always the case when the stress, in a three or more syllable word, does not fall on the first or last syllable (товáрищ – товáрищи; газéта – газéты).

(b) it can shift to the end: карандáш – карандаши́; слóво – слова́.

(c) it can shift to the first syllable: рукá – рýки; окнó – óкна.

(4) *The plural of Russian surnames ending in* **-ов** *and* **-ин**.

Russian surnames ending in **-ов** and **-ин** (such as Ивáнов and Ники́тин) take the ending **-ы** in the plural:

| сёстры Ивáновы | the Ivanov sisters |
| брат и сестрá Ники́тины | the Nikitin brother and sister |

2. The Conjunctions но and a

(a) The conjunction **но** is used to express antithesis and corresponds to the English 'but':

Я не говорю́ по-ру́сски, **но** понима́ю.   I do not speak Russian, **but** I understand it.

(b) The conjunction **a** may also express antithesis:

Он поёт, **а** я нет.   He sings (can sing), **but I** do not (can't).

However, the conjunction **a** may be also connective, in which case there is little difference from the conjunction **и** 'and':

Вы поёте, **а** я чита́ю.   You are singing, **and** (=whereas) I am reading.

Sometimes the conjunction **a** finds no equivalent in the English translation:

Э́то не рома́н, **а** слова́рь.   It is not a novel, it is a dictionary.

Note: The conjunction **и** can be used to denote emphasis with the meaning 'even', 'also'. Thus **и он поёт** can mean 'he too (or 'even he') is singing', as well as 'and he is singing'. It can also be used to mean 'both ... and'. Он говори́т и по-англи́йски и по-ру́сски (he speaks both English and Russian).

3. Nouns Denoting Nationality

Both **ру́сский** and **англи́йский** are adjectives (here in the nominative masculine singular). Ру́сский, however, is also used for the noun 'a Russian' (the feminine is ру́сская).

'Englishman' and 'Englishwoman' (and all other nationalities), on the other hand, have a special noun in Russian – англича́нин, англича́нка.

The adjective cannot be used in place of the noun. Thus:

Он англича́нин.   He is English.
(*not* он англи́йский)

but Он англи́йский студе́нт.   He is an English student.

Cf. Он ру́сский.
ру́сский уро́к

He is (a) Russian.
a Russian lesson

Note: Nouns and adjectives denoting nationality are never written with a capital, except of course at the beginning of a sentence.

ТÉКСТЫ TEXTS

I

Я англича́нин. Я говорю́ по-англи́йски. Тепе́рь я изуча́ю ру́сский язы́к.* Я уже́ немно́го понима́ю и говорю́ по-ру́сски.

Ты то́же изуча́ешь ру́сский язы́к. Тепе́рь, ты то́же немно́го понима́ешь и говори́шь по-ру́сски.

Мой брат хорошо́ говори́т по-англи́йски, он уме́ет чита́ть по-неме́цки. Моя́ сестра́ уме́ет говори́ть по-францу́зски.

— А вы говори́те по-францу́зски?
— Нет, не говорю́, но понима́ю.

* Note: The accusative (i.e. the case of the direct object in the sentence) is the same as the nominative for all inanimate masculine nouns in the singular and for inanimate nouns of all genders in the plural. This is explained in detail in Lesson 10.

2

— Това́рищи, что вы сейча́с де́лаете?
— Чита́ем.
— Вы чита́ете по-англи́йски?
— Нет, по-ру́сски. Мы изуча́ем ру́сский язы́к.
— Вы уже́ понима́ете по-ру́сски?
— Да, немно́жко.
— Вы зна́ете, как по-ру́сски сло́во 'fatherland'?
— Зна́ю. Это «ро́дина».
— А как по-ру́сски сло́во 'comrade'?
— По-ру́сски э́то «това́рищ».

23

— Здра́вствуйте, това́рищи! Хорошо́, что вы здесь

— Здра́вствуй, Ива́н! Ты не рабо́таешь сего́дня?

— Нет, сего́дня я не рабо́таю. Пётр! И ты здесь! Что ты де́лаешь?

— Кни́ги чита́ю, това́рищ, то́лько кни́ги чита́ю. Да́же когда́ учителя́ говоря́т, я чита́ю.

— А что ты чита́ешь?

— Тепе́рь я чита́ю по-англи́йски.

— Это англи́йская кни́га? Ты уме́ешь чита́ть по-англи́йски?

— Да, уме́ю.

— Ну★, я иду́ домо́й. До свида́ния, това́рищи.

— До свида́ния.

★ 'Well'.

УПРАЖНЕНИЯ EXERCISES

Translate into Russian:

(1) Here is the library. The men are reading newspapers; the women are reading books.

(2) Are the men English? Yes, they are. They are studying the Russian language.

(3) Here is a Russian woman. She knows how to speak English and French. She also understands a little German if you speak slowly.

(4) Our teacher is Russian. He is a Soviet citizen. He is giving a Russian lesson today.

(5) This is not a novel but a dictionary. Do you know what the Russian for 'dictionary' is? Yes, but I don't know what it is in German.

УРОК 6

СЛОВАРЬ

бы́стро *adv.* fast, swiftly
ви́деть II (ви́жу, ви́дишь) to see
все *pron.* all, everybody (*pl.*)
всё *pron.* everything (*n. sing.*)
гро́мко *adv.* loudly
дикта́нт *m.* dictation
игра́ть I (игра́‖ю, -ешь) to play
как *adv.* how, *cj.* as, like
куда́ *adv.* whither, where
объясня́ть I (объясня́‖ю, -ешь) to explain
опя́ть *adv.* again
отвеча́ть I (отвеча́‖ю, -ешь) to answer
писа́ть I (пишу́, пи́шешь) to write
письмо́ *n.* (*pl.* пи́сьма) letter
пожа́луйста *please*

пото́м *adv.* then
пра́вило *n.* rule
разгово́р *m.* conversation
сиде́ть II (сижу́, сиди́шь) to sit
слу́шать I (слу́ша‖ю, -ешь) to listen (to)
смотре́ть II (смотрю́, смо́тришь) to watch, to look at
спра́шивать I (спра́шива‖ю, -ешь) to ask
сюда́ *adv.* hither, here
так *adv.* so, thus
ти́хо *adv.* quietly
туда́ *adv.* thither, there
учи́ть II (учу́, у́чишь) to learn (by heart); to teach
чей, чья, чьё? чьи? *pron.* whose?

Выраже́ния

Идёт уро́к	A lesson is going on.
де́лать успе́хи	to make progress
Как { ты пожива́ешь? вы пожива́ете?	How are you?
Спаси́бо	Thank you.
идти́ на уро́к	to go to a (the) lesson

25

ГРАММАТИКА

1. The Present Tense of the Verb (continued)

(a) A number of verbs of Conjugation I take the ending **-y** in the present tense for the 1st person singular: я иду́ 'I go, am going', and the ending **-ут** for the 3rd person plural: они́ иду́т 'they go, are going'.

Infinitive: идти́ I to go, to walk
Present Tense

Person		Singular	
1st	я иду́		I go, am going
2nd	ты идёшь		you go, are going
	он		he
3rd	она́	}идёт	she }goes, is going
	оно́		it

		Plural	
1st	мы идём		we go, are going
2nd	вы идёте		you go, are going
3rd	они́ иду́т		they go, are going

Infinitive: писа́ть I to write
Present Tense

Person		Singular	
1st	я пишу́		I write, am writing
2nd	ты пи́шешь		you write, are writing
	он		he
3rd	она́	}пи́шет	she }writes, is writing
	оно́		it

		Plural	
1st	мы пи́шем		we write, are writing
2nd	вы пи́шете		you write, are writing
3rd	они́ пи́шут		they write, are writing

Note the change of the consonant с to ш throughout the present tense, and the change of stress.

(b) Some verbs of Conjugation II with infinitives in
   -деть or **-дить** change the **д** to **ж** in the 1st person
   singular only. As **ж** cannot be followed by **ю** (see
   p. xx), the 1st person singular ends in **-жу**. Thus
   сидéть 'to sit' is conjugated:

я сижý	мы сидúм
ты сидúшь	вы сидúте
он, онá, онó сидúт	онú сидя́т

Вúдеть 'to see' is conjugated in the same way.

If the stem of a verb in the 2nd conjugation ends in a
sibilant (**ж**, **ч**, **ш**, or **щ**), the 1st person singular and
the 3rd plural will end in **-у** and **-ат** respectively.

Thus, учúть 'to learn (by heart), to teach' is conjugated:

я учý	мы ýчим
ты ýчишь	вы ýчите
он, онá, онó ýчит	онú ýчат

2. The Imperative Mood

In Russian, the most common forms of the imperative
are the 2nd person singular and plural:

Singular		Plural	
читáй	read	читáйте	read
пой	sing	пóйте	sing
идú	go	идúте	go
говорú	speak	говорúте	speak

The imperative of verbs of the first and second conjugation is formed from the stem of the present tense.
To obtain the imperative singular, drop the ending of
the 2nd person singular (or the 3rd plural) present
tense, and add to the stem of the present tense:

(a) after vowels – the letter **-й**:

чита(ешь) + й – читáй	read
по(ёшь) + й – пой	sing

(b) after consonants, the ending **-и**:

ид(ёшь) + и – идú	go
говор(ишь) + и – говорú	speak
уч(ишь) + и – учú	teach

27

For the plural form of the imperative, the ending **-те**
is added to the singular imperative:

читай + те – чита́йте   говори + те – говори́те
пой + те – по́йте   учи + те – учи́те
иди + те – иди́те

3. The Interrogative Adverbs где? and куда́?

The two Russian adverbs **где?** and **куда́?** correspond
to 'where' and 'whither' in English; but **куда́?** may
also be translated by 'where':

Где вы рабо́таете?   **Where** are you working?
Куда́ вы идёте?   **Where** are you going?

The interrogative adverb **где?** is used in questions
relating to the place where an object is located.
A question with the word **где?** may be answered by
the words **здесь** 'here', **там** 'there':

Где он сиди́т? Он сиди́т   **Where** is he sitting? He is
там.   sitting **there**.

Куда́? is used in questions relating to the direction
of a movement.
A question with the word **куда́?** may be answered by
the words **туда́** 'there', **сюда́** 'here':

Куда́ он идёт?   **Where** is he going?
Он идёт **туда́**.   He is going **there**.

4. Possessive Pronouns

So far the possessive pronouns **мой**, **твой**, **наш**, and
ваш have been dealt with in the singular only (see
Lessons 2 and 3). In the plural (for all genders) their
forms are:

мой, твой, на́ши, ва́ши

The possessive pronouns of the 3rd person – **его́***

---

* Note: The г in его́ is pronounced like an English 'v'.

('his' or 'its'), **её** ('her'), and **их** ('their'), are merely the genitive of **он** (or **оно́**), **она́**, and **они́** respectively, and mean 'of him (or it)', 'of her', and 'of them'.

Consequently they are invariable and do not alter in gender according to the object or person they qualify. Thus:

его́ дом	**his** house
его́ кни́га	**his** book
его́ письмо́	**his** letter
его́ това́рищи	**his** comrades
её дом	**her** house
её кни́га	**her** book
их дом	**their** house, etc.

The possessive pronoun may be used as an attribute or as a predicate:

Моя́ кни́га там.	My book is there.
Кни́га – моя́.	The book is mine.

5. The Interrogative Pronoun чей?

The interrogative pronoun **чей** 'whose?' has three gender forms in the singular, **чей, чья, чьё**, and one in the plural, **чьи**. Thus:

чей дом?	**whose** house?
чья кни́га?	**whose** book?
чьи кни́ги?	**whose** books?

In questions чей is often accompanied by **э́то**:

Чья э́то кни́га?	Whose book is this (it)?
Чей э́то дом?	Whose house is this?
Чьи э́то о́кна?	Whose windows are these?

ТЕКСТ

1. Урок

Здесь идёт уро́к. Мы изуча́ем ру́сский язы́к. Мы чита́ем, пи́шем и говори́м по-ру́сски. Наш учи́тель спра́шивает уро́к. Ро́берт Бра́ун отвеча́ет хорошо́. Мы все отвеча́ем хорошо́. Пото́м учи́тель объясня́ет пра́вило. Он говори́т ме́дленно и гро́мко. Все студе́нты сидя́т ти́хо и слу́шают. Я уже́ хорошо́ понима́ю по-ру́сски. Мои́ това́рищи то́же хорошо́ понима́ют по-ру́сски.

— Това́рищ Смит, чита́йте, пожа́луйста, — говори́т учи́тель. Смит чита́ет бы́стро, но о́чень ти́хо. Учи́тель говори́т: — Чита́йте, пожа́луйста, гро́мко и не так бы́стро.

Наш това́рищ чита́ет. Тепе́рь он чита́ет гро́мко и ме́дленно. Пото́м чита́ю я.

— Хорошо́, — говори́т учи́тель. — Вы все де́лаете успе́хи. Тепе́рь пиши́те дикта́нт.

Мы сиди́м и пи́шем дикта́нт. Учи́тель не сиди́т. Он чита́ет. Он чита́ет гро́мко. Все слу́шают и пи́шут. Пото́м учи́тель говори́т:

— Тепе́рь иди́те домо́й. Учи́те слова́. До свида́ния.

2. Разгово́р

— Здра́вствуйте, това́рищ Ивано́в!
— Здра́вствуй, Ко́ля!
— Как вы пожива́ете?
— Спаси́бо, хорошо́. А ты? Как ты пожива́ешь?
— Спаси́бо, я то́же хорошо́.
— Чья э́то кни́га?
— Моя́.
— Куда́ ты идёшь? Ты идёшь домо́й?
— Нет, я иду́ на уро́к.
— До свида́ния.
— До свида́ния.

УПРАЖНЕНИЯ

1. Write out twenty sentences, using various forms of the present tense of the verbs given below and also using the adverbs:

   e.g. Я понима́ю по-ру́сски.

   Он чита́ет ти́хо.

   Ко́ля идёт домо́й.

   Verbs: рабо́тать, чита́ть, понима́ть, уме́ть, идти́, сиде́ть, ви́деть, говори́ть, спра́шивать, отвеча́ть, петь, писа́ть.

   Adverbs: хорошо́, пло́хо, гро́мко, ти́хо, ме́дленно, бы́стро, там, туда́, здесь, сюда́, по-ру́сски.

2. Give the imperative of the following verbs (*2nd pers. sing. and 2nd pers. pl.*):

   чита́ть, рабо́тать, писа́ть, петь, идти́, сиде́ть, слу́шать, отвеча́ть, игра́ть.

3. Put the following sentences into the singular:

   (1) Чьи э́то кни́ги? – Мои́.

   (2) Чьи э́то пи́сьма? – Её.

   (3) Чьи э́то словари́? – Их, а не ва́ши.

4. Translate into Russian:

   (1) Where are you going? Are you going to a lesson? No, we are going home.

   (2) Are you making progress? my brother asks. Then he listens when I reply.

   (3) Answer in Russian! Do not listen when he says that it is good only to speak English.

   (4) I see that you are not writing. Please write, all of you! No, don't talk, Ivan. Write your dictation, and quickly!

   (5) When you explain the rule I understand everything that you say; but when you speak quickly, I do not. Please speak slowly, very slowly.

31

(6) What is his sister doing? Where is her uncle going? She is going there. He is going there. They are all going there.

(7) That's good! Now you are getting on. No, I am working badly. You don't understand. I don't know how to learn words. I don't know whose book this is.

УРОК 7

СЛОВАРЬ

бе́л‖ый, -ая, -ое; -ые *adj.*
  white
бесе́довать I (бесе́ду‖ю, -ешь*)
  to converse, to chat
больш‖о́й, -а́я, -о́е; -и́е *adj.*
  big
вме́сте *adv.* together
де́вушка *f.* girl
до́ма *adv.* at home
дорог‖о́й, -а́я, -о́е; -и́е *adj.*
  dear; expensive
друг *m.* friend
журна́л *m.* magazine
золот‖о́й, -а́я, -о́е; ы́е *adj.*
  gold(en)
краси́в‖ый, -ая, -ое; -ые *adj.*
  beautiful
кра́сн‖ый, -ая, -ое; -ые *adj.*
  red
кури́ть II (курю́, ку́ришь) to
  smoke
ма́льчик *m.* boy
молод‖о́й, -а́я, -о́е; -ы́е *adj.*
  young
не́бо *n.* sky, heaven

но́в‖ый, -ая, -ое; -ые *adj.* new
обе́дать I (обе́да‖ю, -ешь) to
  have dinner
отдыха́ть I (отдыха́‖ю, -ешь)
  to rest
о́тчество *n.* patronymic
пра́здник *m.* holiday
прекра́сн‖ый, -ая, -ое; -ые
  adj. beautiful, splendid, fine
расте́ние *n.* plant
ро́за *f.* rose
ру́чка *f.* penholder, pen
си́н‖ий, -яя, -ее; -ие *adj.* blue
ста́р‖ый, -ая, -ое; -ые *adj.* old
стоя́ть II (сто‖ю́, -и́шь) to
  stand
телеви́зор *m.* television set
тетра́дь *f.* exercise book
у́лица *f.* street
хоро́ш‖ий, -ая, -ее; -ие *adj.*
  good
челове́к *m.* person, man
чёрн‖ый, -ая, -ое; -ые *adj.*
  black

* The conjugation of verbs in -овать is explained in Lesson 12.

Выраже́ния

Как ва́ша фами́лия ?	What is your surname ?
смотре́ть телеви́зор	to watch television
накрыва́ть на стол	to lay the table

ГРАММАТИКА

1. Adjectives

Russian adjectives agree with the nouns they qualify. In the singular they have three forms; in the plural – one only (for all three genders).

Adjectives can be divided into '*hard*', '*soft*', and '*mixed*'.

(1) *Hard adjectives.* The endings of 'hard' adjectives are:

-ый (or **-ой**, if the stress is on the last syllable) for the masculine singular

-ая for the feminine singular

-ое for the neuter singular

-ые for all genders in the plural.

Masculine	Feminine	Neuter
-ой, -ый	**-ая**	**-ое**
молодо́й челове́к a young man	молода́я де́вушка a young girl	молодо́е расте́ние a young plant
но́вый дом a new house	но́вая кни́га a new book	но́вое сло́во a new word

Plural

-ые (for all the genders)

молоды́е де́вушки
young girls

но́вые газе́ты
fresh newspapers

Note: The masculine ending **-ой** is always stressed. The masculine ending **-ый** is never stressed.

(2) *Soft adjectives.* The endings of 'soft' adjectives are:

-ий for the masculine singular (си́ний каранда́ш a blue pencil)

- **-яя** for the feminine singular (**си́няя** ва́за a blue vase)
- **-ее** for the neuter singular (**си́нее** не́бо the blue sky)
- **-ие** for all genders in the plural (**си́ние** карандаши́ blue pencils).

In most adjectives of this type the consonant before the ending is a soft **н**.

(3) *Mixed adjectives*

(a) When the stem of an adjective ends in **г**, **к**, or **х** the letter **ы** is always replaced by **и**.
Thus the endings of such adjectives are:

- **-ий** (or **-ой**, if the stress is on the last syllable) for the masculine singular
- **-ая** for the feminine singular
- **-ое** for the neuter singular
- **-ие** for all genders in the plural.

Masculine	Feminine	Neuter
-ой, -ий	**-ая**	**-ое**
дорого́й друг dear friend	дорога́я кни́га expensive book	дорого́е перо́ expensive nib
ру́сский язы́к Russian language	ру́сская газе́та Russian newspaper	ру́сское сло́во Russian word

Plural
-ие(for all the genders)
дороги́е кни́ги expensive books
ру́сские слова́ Russian words

(b) When the stem of an adjective ends in **ж, ч, ш,** or **щ** the letter **ы** is always replaced by **и**; the letter **o** (when not stressed) is replaced by **e**. Thus we have the endings:

> **-ий** (or **-óй**, when the stress is on the last syllable) for the masculine singular
> **-ая** for the feminine singular
> **-ее** (or **-óe**, when the stress is on the last syllable) for the neuter singular
> **-ие** for all genders in the plural.

Masculine	Feminine	Neuter
-óй, -ий	**-ая**	**-óe, -ee**
больш**óй** дом large house	больш**áя** стран**á** big country	больш**óe** пóле big field
хорó**ший** день fine day	хорó**шая** книга good book	хорó**шее** мéсто good place

Plural

-ие (for all the genders)

больш**ие** дом**á**
large houses

хорó**шие** пол**я**
fine fields

2. The Function and the Position of the Adjective in the Sentence

(1) In the sentence, the adjective may be used as an attribute and as a predicate.

(2) The adjective used as an attribute usually stands before the noun it qualifies, e.g. **нóвый** журнáл 'a new magazine'.

However, in order to add emphasis to the meaning, the adjective can stand after the noun.

(3) An adjective used as a predicate usually stands after the noun it qualifies and in speech it is separated from the latter by a pause:

Этот журна́л **но́вый.**   This magazine **is new.**

3. The Interrogative Pronoun какой?

A question referring to the adjective may be formed with the pronoun **какой?** 'what?'. This pronoun, like the adjective, agrees in number and gender with the noun it refers to:

Masculine	Feminine	Neuter
Како́й (э́то) дом?	Кака́я (э́то) у́лица?	Како́е (э́то) сло́во?
What house (is this)?	What street (is this)?	What word (is this)?

Plural
Каки́е (э́то) города́?
What towns (are these)?

The pronoun **какой** may also occur in exclamations:

Какой прекра́сный день!   What a splendid day!

4. The Demonstrative Pronoun э́тот

The demonstrative pronoun **э́тот** 'this' has three gender forms in the singular and one in the plural:

			Plural
Masculine	Feminine	Neuter	(for all the genders)
э́тот каранда́ш	**э́та** кни́га	**э́то** перо́	**э́ти** тетра́ди
this pencil	this book	this nib	these exercise-books

Note: The neuter form of the demonstrative pronoun **э́то** may be used for 'this is', 'it is', **irrespective of the gender and number of the noun to which it refers:**

Это но́вый дом.   **This is** a new house.
Это но́вые дома́.   **These are** new houses.

37

5. Russian Names and Patronymics

In Russian it is common practice to address grown-up persons who are not relatives or close friends by their first name (и́мя) and the patronymic (о́тчество), which is derived from the father's name:

Никола́й Ива́нович	(Nicholas, son of Ivan)
Ви́ктор Никола́евич	(Victor, son of Nicholas)
Ве́ра Никола́евна	(Vera, daughter of Nicholas)

Whenever the proper name of the father ends in a hard consonant, **-ович** (for persons of the male sex) or **-овна** (for persons of the female sex) is added:

Ива́н $\begin{cases} +\text{ович} \\ +\text{овна} \end{cases}$ Ива́нович *m.*
                 Ива́новна *f.*

Whenever the proper name of the father ends in **-й**, this letter is dropped and **-евич** (for persons of the male sex) or **-евна** (for persons of the female sex) is added:

Никола́‖й $\begin{cases} +\text{евич} \\ +\text{евна} \end{cases}$ Никола́евич *m.*
                   Никола́евна *f.*

Whenever the proper name of the father ends in **-a** or **-я**, this ending is replaced by **-ич** (for persons of the male sex) or **-инична, -ична** (for persons of the female sex):

Ники́т‖а $\begin{cases} +\text{ич} \\ +\text{ична} \end{cases}$ Ники́тич *m.*
                   Ники́тична *f.*

Иль‖я́ $\begin{cases} +\text{ич} \\ +\text{инична} \end{cases}$ Ильи́ч *m.*
                   Ильи́нична *f.*

ТЕКСТ

1.

Вот мой но́вый кра́сный каранда́ш и вот моя́ но́вая чёрная ру́чка. А э́то что? Это но́вое золото́е перо́. Там чёрные, си́ние и кра́сные карандаши́.

Эта де́вушка – моя́ сестра́; она́ больша́я. Она́ уме́ет петь и она́ говори́т по-ру́сски. Она́ хорошо́ зна́ет ру́сский язы́к.

Тут стои́т прекра́сная си́няя ва́за. А тут о́чень больша́я и дорога́я ру́сская кни́га. Кака́я хоро́шая кни́га!

Это ру́сская газе́та? Нет, э́то англи́йская газе́та. Это все англи́йские газе́ты. А чьи э́ти больши́е кни́ги? Они́ все мои́.

2. До́ма

Сего́дня пра́здник. На́ша семья́ до́ма. Все отдыха́ют. У нас сего́дня го́сти*: Никола́й Па́влович и его́ жена́ Ве́ра Васи́льевна Ивано́вы, а та́кже их сын и дочь.

Никола́й Па́влович и мой оте́ц бесе́дуют и ку́рят. Ве́ра Васи́льевна, моя́ сестра́ и её муж† смо́трят телеви́зор. Де́ти игра́ют.

Моя́ мать говори́т: «Как хорошо́: сего́дня мы обе́даем все вме́сте. Та́ня, накрыва́й на стол».

* 'We have guests today'. † 'husband'.

3. Разгово́р

— Вы англича́нин?
— Да. Моя́ ро́дина – Англия.
— Как ва́ше и́мя?
— Моё и́мя Джон. А вы ру́сский?
— Да, я ру́сский.
— Как ва́ша фами́лия?
— Ивано́в.
— А ва́ше и́мя и о́тчество?
— Михаи́л Никола́евич.

— И ва́ша жена́ то́же ру́сская?
— Нет, она́ англича́нка.

УПРАЖНЕНИЯ

1. Give the following adjectives and pronouns their correct endings.

> Как... больш... кни́га!
> Эт... русск... сло́во.
> Наш... дорог... ро́дина.
> Его́ хоро́ш... автомоби́ль.
> Их син... тетра́дь.

2. Put the above in the plural.

3. Translate into Russian:

(1) Hullo, Ivan Ivanovich! What are you doing? Watching the television again? And smoking? Yes, I am. It's a very good set.

(2) My surname is Brown; my Christian name is John. Here is my family. This is my father and these are my sisters.

(3) Whose is this new black exercise book and whose are these red pencils? I don't know. But I do know that the blue penholder and the gold nib are mine and not yours.

(4) What is your family doing? Today is a holiday. They are all sitting together at home. My father is resting. My brother is smoking and watching the television. My sister is writing a letter. My mother is reading a magazine. My old aunt is laying the table. What a picture!

УРОК 8

СЛОВАРЬ

альпини́ст *m.* mountaineer

бе́гать I (бе́га‖ю, -ешь) to run about

боле́ть II (боли́т, боля́т) to ache

больн‖о́й, -а́я, -о́е; -ы́е (*short form* бо́лен, больна́, больно́; больны́) *adj.* ill, sick

быть to be

во́лосы *pl.* hair

всегда́ *adv.* always

высо́к‖ий, -ая, -ое; -ие *adj.* high, tall

глаз *m.* (*pl.* глаза́) eye

голова́ *f.* (*pl.* го́ловы) head

го́рло *n.* throat

гуля́ть I (гуля́‖ю, -ешь) to (go for a) walk; идти́ гуля́ть to go for a walk

до́лжен, должн‖а́, -о́; -ы́ must

ещё *adv.* still, yet

зуб *m.* tooth

интере́сн‖ый, -ая, -ое; -ые *adj.* interesting

лежа́ть II (леж‖у́, -и́шь) to lie, to be lying

лес *m.* (*pl.* леса́) forest, wood

лицо́ *n.* (*pl.* ли́ца) face

ло́вк‖ий, -ая, -ое; -ие *adj.* dexterous, deft

люби́м‖ый, -ая, -ое; -ые *adj.* favourite

люби́ть II (люблю́, лю́бишь) to love

мно́го *adv.* much, a lot, many

мо́жно it is possible

мочь I (могу́, мо́жешь ... мо́гут) to be able

на́до it is necessary

нельзя́ it is impossible

ну́жно it is necessary

пла́вать I (пла́ва‖ю, -ешь) to swim

прия́тн‖ый, -ая, -ое; -ые *adj.* pleasant

се́р‖ый, -ая, -ое; -ые *adj.* grey

сме́л‖ый, -ая, -ое; -ые *adj.* bold, courageous

спать II (сплю, спишь) to sleep

спорт *m.* sport

спортсме́н *m.* sportsman

спортсме́нка *f.* sportswoman

тёмн‖ый, -ая, -ое; -ые *adj.* dark

температу́ра *f.* temperature

тёпл‖ый, -ая, -ое; -ые *adj.* warm

у́мн‖ый, -ая, -ое; -ые *adj.* clever

холо́дн‖ый, -ая, -ое; -ые *adj.* cold

хоте́ть *mixed conj.* (хочу́, хо́чешь ... хотя́т) to want, to wish

широ́к‖ий, -ая, -ое; -ие *adj.* broad

ВЫРАЖЕ́НИЯ

игра́ть в ша́хматы	to play chess
игра́ть в футбо́л	to play football
игра́ть в те́ннис	to play tennis
Дождь идёт.	It is raining.
сиде́ть до́ма	to stay at home
У меня́	I have
У тебя́ } боли́т голова́, зуб.	You have } a headache,
У него́	He has, etc. } a toothache, etc.

ГРАММА́ТИКА

1. The Short Form of Adjectives

(a) *Formation of the short form.* So far all adjectives have been given in their *long*, or *complete*, forms. Most qualitative adjectives – i.e. adjectives which denote only *quality*, such as 'young', 'new', etc.[1] – have so-called *short* (or *predicative*) forms as well.

To obtain the short form of an adjective in the masculine singular, the ending of the long form (**-ый, -ой, -ий**) is dropped. Thus only the stem is left **молодо́й – мо́лод**.

In the feminine and neuter singular, **-a** and **-o** respectively are added to the stem. In the plural (all genders) **-ы** (or **-и** if the stem ends in **г, к, х, ж, ч, ш,** or **щ**) is added.

Gender and number	Long form		Short form
Masculine	молодо́й		мо́лод
Feminine	молода́я	} young	мо́лод + **a**
Neuter	молодо́е		мо́лод + **o**
Plural	молоды́е		мо́лод + **ы**

When the stem of the adjective ends in two consonants, **-o-, -e-,** or **-ё-** is usually inserted between them in the

---

1. cf. *Relative* adjectives, which denote the attribute of an object through its relation to other objects. E.g. 'Russian', 'steel', 'gold', etc.

masculine singular only, thus facilitating the pronunciation. E.g. ло́вкий 'dexterous' – ло́вок; интере́сный 'interesting' – интере́сен; у́мный 'clever' – умён.[1] In the feminine and neuter singular and in the plural short forms no insertion is made. Thus:

Gender and number	Complete form	Short form
Masculine	ло́вкий	ло́вок
Feminine	ло́вкая	ло́вк + а́
Neuter	ло́вкое	ло́вк + о
Plural	ло́вкие	ло́вк + и
Masculine	у́мный	умён
Feminine	у́мная	умн + а́
Neuter	у́мное	умн + о́
Plural	у́мные	умн + ы́
Masculine	интере́сный	интере́сен
Feminine	интере́сная	интере́сн + а
Neuter	интере́сное	интере́сн + о
Plural	интере́сные	интере́сн + ы

Note: The stress tends to be capricious in the short form of many adjectives. The student should not worry about this unduly at the present stage. He may even be comforted to know that in some cases Russians themselves fail to agree on the stress of the short form of an adjective.

(b) *The use of the short adjective.* The short adjective is always used to form a predicate in the sentence. E.g.

Твоя́ сестра́ **умна́.**   Your sister **is clever.**

The long form may be *either* attributive *or* predicative:

у́мный ма́льчик   a clever boy
Он у́мный.   He is (a) clever (boy).

---

1. Rules guiding the choice of vowels for insertion between the last two consonants of the stem are given in the appendix, p. 264.

Note that after **как** 'how' and **так** 'so' the short form of the adjective **must** be used:

Как он мо́лод!	**How young** he is!
Они́ **так** умны́.	They are **so clever**.

2. Adverbs

Most Russian adverbs are the same as the neuter short form of the adjectives, such as **хорошо́** 'well', **бы́стро** 'quickly', **краси́во** 'beautifully'.
Note that adverbs are often used in impersonal sentences as the predicate:

Здесь хо́лодно.	It is cold here.
Интере́сно.	It is interesting.
Как здесь хорошо́!	How nice it is here!

3. The 3rd Person Singular of the Verb быть (есть)

In the present tense the verb **быть** 'to be' is generally not used as a link-verb. Only in certain phrases, when emphasis is required, the form **есть** – 3rd person singular – is used in the meaning of 'there is', 'there are':

Здесь **есть** лес.	**There is** a wood here.
Есть здесь и река́.	**There is** also a river here.

4. The Phrases у меня́, у меня́ есть, etc.

Singular:	1st person	у меня́ (у меня́ есть)	I have
	2nd person	у тебя́ (у тебя́ есть)	you have
	3rd person *m.*	у него́ (у него́ есть)	he has
	3rd person *f.*	у неё (у неё есть)	she has
	3rd person *n.*	у него́ (у него́ есть)	it has
Plural:	1st person	у нас (у нас есть)	we have
	2nd person	у вас (у вас есть)	you have
	3rd person	у них (у них есть)	they have
		у кого́ (есть)?	who has?

The above phrases (formed by the preposition **y** meaning 'in the possession of' + the genitive of the personal pronouns and the interrogative pronoun **кто**) are used to express possession in Russian instead of the verb 'to have'.

The verb **есть** is used in these expressions when it is necessary to emphasize the possession of a certain object by somebody:

У меня есть каранда́ш.   I have a pencil.

When the possession of the object by somebody is known and it is only necessary to emphasize some feature of the object, the verb **есть** is generally omitted:

У меня кра́сный каранда́ш.   I have a red pencil.

Note: (a) у меня etc. can also mean 'at my place', 'at my house' or even 'with me':

Това́рищ Ивано́в сейча́с   Comrade Ivanov is now with
    у меня́.   me (at my place).

(b) The answer to the question у кого́ (есть) ... ? is у меня́ (есть) etc.

У кого́ (есть) ру́сская   Who has got a Russian news-
   газе́та? – У меня́.   paper? – I have.

5. Modal Verbs and Expressions

(a) The conjugations of the verbs **мочь** 'to be able' and **хоте́ть** 'to want', 'to wish' are as follows:

Present Tense

Singular			Plural	
я могу́		I can	мы мо́жем	we can
ты мо́жешь		you can	вы мо́жете	you can
он		he can		
она́	} мо́жет	she can	они́ мо́гут	they can
оно́		it can		

Present Tense

Singular		Plural		
я хочу́	I want	мы хоти́м	we	
ты хо́чешь	you want	вы хоти́те	you	
он ⎫	he ⎫			⎱want
она́ ⎬хо́чет	she ⎬wants	они́ хотя́т	they	
оно́ ⎭	it ⎭			

хоте́ть is one of the very few verbs of 'mixed conjugation': in the singular it follows Conjugation I and in the plural – Conjugation II.

Note the difference between **уме́ть** and **мочь**, which can both be translated by 'can' in English: **уме́ть** means 'to know how to ...' (cf. French *savoir*) and expresses ability as a result of knowledge:

> Я уме́ю чита́ть по-ру́сски.   I **can** read Russian.

мочь signifies rather the mental or physical ability to do something:

> Я могу́ мно́го чита́ть.   I **can** read a lot.

(b) In order to express obligation or duty, the word **до́лжен** 'must', 'have (has) to', is used. It has the form of a short adjective and changes for gender and number:

Singular		Plural	
я до́лжен, должна́	I must	мы должны́	we must
ты до́лжен, должна́	you must	вы должны́	you must
он до́лжен	he must		
она́ должна́	she must	они́ должны́	they must
оно́ должно́	it must		

In the negative the particle **не** is put before the word **до́лжен**. The word **до́лжен** in all its forms is followed by the infinitive:

> Я до́лжен **рабо́тать** здесь.   I must work here.
> Она́ должна́ **писа́ть**.   She must write.
> Он не до́лжен **идти́** туда́.   He must not go there.

(c) In order to express possibility, necessity, and impossibility (or prohibition), the words **мо́жно, ну́жно** (or **на́до**), **нельзя́** are used. They are normally followed by the infinitive:

Сего́дня **мо́жно игра́ть** в футбо́л.	Today **it is possible to (one may) play** football.
Здесь **мо́жно чита́ть**.	**One may read** here.
Ну́жно (на́до) идти́ домо́й.	⎧ **One must go** home. ⎨ **It is necessary to go** home.
Здесь **нельзя́ кури́ть**.	**It is not permitted to smoke** here.
Нельзя́ идти́ гуля́ть: идёт дождь.	**It is impossible to go for a walk:** it is raining.

6. Verbs with the Stem Ending in -б-, -в-, -м-, -п-

These usually insert in the first person singular **-л-**, before the ending, for instance:

> люби́ть 'to love' – люблю́, лю́бишь, лю́бит, etc.
> спать 'to sleep' – сплю, спишь, спит, etc.

Note that люби́ть can be followed by the infinitive when it means 'to like doing something'.

> Я люблю́ спать.   I like sleeping.

ТЕКСТ

1. Мой брат, моя́ сестра́ и я

Я студе́нт. У меня́ есть брат и сестра́. Мой брат Ви́ктор и сестра́ Ве́ра то́же студе́нты. Мой брат – фи́зик, моя́ сестра́ – хи́мик, а я изуча́ю языки́.

Мы все спортсме́ны. Брат мой – альпини́ст. Он ло́вок и смел. Моя́ сестра́ хорошо́ игра́ет в те́ннис, хорошо́ пла́вает и бе́гает. Я игра́ю в футбо́л. Футбо́л – мой люби́мый спорт. Я та́кже о́чень люблю́ пла́вать. Брат и я то́же игра́ем в ша́хматы.

Мой брат о́чень высо́кий; у него́ тёмные во́лосы, а глаза́ се́рые, как у меня́. У него́ у́мное лицо́. Сестра́ на́ша краси́вая: у неё то́же тёмные во́лосы, но глаза́ больши́е и си́ние. Ве́ра хорошо́ уме́ет петь – у неё хоро́ший го́лос*. Но сего́дня она́ не мо́жет петь: у неё го́рло боли́т.

Мой брат и моя́ сестра́ – хоро́шие студе́нты. Они́ лю́бят рабо́тать и чита́ть. Тут мо́жно мно́го чита́ть. У нас всегда́ но́вые кни́ги и журна́лы.

* 'voice'.

2. Разгово́р

— Здра́вствуй, Ко́ля.

— Здра́вствуй, Ми́ша.

— Мо́жно кури́ть, пожа́луйста?

— Пожа́луйста, кури́.

— Ты не идёшь гуля́ть?

— Нет, не могу́. Сего́дня хо́лодно, а я немно́жко бо́лен.

— Сего́дня не хо́лодно, дорого́й мой; да́же тепло́ и о́чень прия́тно.

— Не могу́ идти́ гуля́ть. Я до́лжен сиде́ть до́ма. У меня́ высо́кая температу́ра.

— Высо́кая?

— Да, о́чень высо́кая.

— Ну́жно лежа́ть. Нельзя́ гуля́ть. Отдыха́й. У тебя́ есть интере́сные кни́ги?

— Да, и кни́ги и журна́лы.

— Хорошо́. Ах! на́до идти́. До свида́ния.

— До свида́ния.

УПРАЖНЕНИЯ

1. Fill in the blank spaces with the phrases **у меня́**, **у тебя́**, etc., bearing in mind the person indicated in the first part of the sentence:

Example: Мы читáем по-рýсски, **у нас** рýсская кни́га.

(1) Я изучáю рýсский язы́к, ... есть рýсская кни́га.

(2) Они́ пи́шут, ... нóвые рýчки и тетрáди.

(3) Моя́ сестрá врач, ... интерéсная рабóта.

(4) Мы говори́м по-рýсски, сейчáс ... урóк.

(5) Мой товáрищ дéлает успéхи, ... хорóший учи́тель.

2. Fill in the blank spaces with the short forms of suitable adjectives selected from the following:

молодóй, ýмный, краси́вый, широ́кий, стáрый, высóкий, хорóший, лóвкий.

(1) Мои брат ... (2) Моя́ сестрá ... (3) Рекá Вóлга ... (4) Этот дом ... (5) Спортсмéн ... (6) Эти дéвушки ...

3. Translate into Russian:

(1) He is very dexterous and courageous, but he cannot yet swim. Does he want to swim? Yes, he does. He loves sport.

(2) How dark it is here! And how cold! I cannot read and I cannot write.

(3) It is raining and I must stay at home. Can we play chess, please? No, we can't. I want to go for a walk.

(4) What sort of pen have you got? I have got a black pen; the nib is gold.

(5) I like watching the television when it's dark. But today my eyes are hurting and I have got a sore throat. I think I am ill. I must sleep.

(6) The river is so wide that it is impossible to see the forest.

СЛОВАРЬ

бе́дн‖ый, -ая, -ое; -ые *adj.* poor
в *pr.* (+*prep.*) in
весна́ *f.* spring
восто́к *m.* east
всю́ду *adv.* everywhere
вчера́ *adv.* yesterday
до́ктор *m.* (*pl.* доктора́) doctor
до́лго *adv.* for a long time
за́пад *m.* west
зелён‖ый, -ая, -ое; -ые *adj.* green
зима́ *f.* winter
Кавка́з *m.* Caucasus
кли́мат *m.* climate
конце́рт *m.* concert
лёд *m.* ice
ле́то *n.* summer
моро́з *m.* frost
на *pr.* (+*prep.*) on, at (in)
наступа́ть I (наступа́ет) to begin, to set in (of seasons, weather)
неда́вно *adv.* recently
о, об *pr.* (+*prep.*) about, concerning
о́сень *f.* autumn
пого́да *f.* weather

пра́в‖ый, -ая, -ое; -ые (*short form* прав, права́, пра́во, пра́вы) *adj.* right
пти́ца *f.* bird
ра́зн‖ый, -ая, -ое; -ые *adj.* different, various
расска́зывать I (расска́зыва‖ю, -ешь) to narrate, to tell
свети́ть II (свечу́, све́тишь) to shine
се́вер *m.* north
снег *m.* snow
совсе́м *adv.* quite, entirely
со́лнце *n.* sun
СССР (Сою́з Сове́тских Социалисти́ческих Респу́блик) The U.S.S.R. (The Union of Soviet Socialist Republics)
страда́ть I (страда́‖ю, -ешь) to suffer
счастли́в‖ый, -ая, -ое; -ые *adj.* happy
та́ять I (та́ет) to melt, to thaw
трава́ *f.* grass
у́жинать I (у́жина‖ю, -ешь) to have supper
юг *m.* south
я́рк‖ий, -ая, -ое; -ие *adj.* bright

Выражéния

Чáсто бывáет ...	It often happens ...
напримéр	for example
Снег идёт (шёл).	It is (was) snowing.
Стоúт прекрáсная погóда.	The weather is (keeps) fine.
на ýлице	out of doors. *Also:* on the street

ГРАММАТИКА

1. The Past Tense of the Verb

(a) *Formation.* The past tense of most Russian verbs is formed by adding:

-**л** for the masculine singular
-**ла** for the feminine singular } to the stem of
-**ло** for the neuter singular the infinitive.
-**ли** for the plural (all genders)

In other words, the suffix of the infinitive (**-ть**) is replaced by the suffix of the past tense (**-л, -ла, -ло, -ли**):

читá-ть – читáл, читáла, читáло, читáли
быть – был, былá, бы́ло, бы́ли
говорúть – говорúл, говорúла, говорúло, говорúли

Russian verbs in the past tense **only** change for gender (in the singular) and for number. They do **not** change for person (as in the presént tense). They conjugate, therefore, as follows:

Singular	Plural
я читáл *m.*, читáла *f.*	мы читáли
ты читáл *m.*, читáла *f.*	вы читáли
он читáл	
онá читáла	они́ читáли
онó читáло	

Singular	Plural
я был *m.*, была́ *f.*	мы бы́ли
ты был *m.*, была́ *f.*	вы бы́ли
он был	
она́ была́	они́ бы́ли
оно́ бы́ло	

Note: The past tense of мочь 'to be able' is мог, могла́, могло́, могли́. The past tense of идти́ 'to go' is шёл, шла, шло, шли.

(b) *Use.* There is only one past tense in Russian, and it may correspond to different forms of the past tense in English:

Он мно́го **чита́л** по-ру́сски.	He **read** a lot in Russian.
Он **чита́л** вчера́.	He **was reading** (he **read**) yesterday.
Вчера́ мой брат **был** до́ма.	Yesterday my brother **was** at home.

2. Expressions Denoting Possession in the Past Tense

In order to express possession in the past tense, the phrase **у меня́ есть …** becomes **у меня́ был (-а́, -о, -и)**, the past tense of **быть** replacing **есть**. The gender and number of **был** is the same as the gender and number of the object(s) possessed. In other words, the object of the sentence *in English* ('I had *a book*') becomes the subject ('*a book* was in my possession') *in Russian* and therefore influences the verb. The following examples will help to illustrate this:

у меня́ есть кни́га.	**I have** a book.
у меня́ была́ кни́га.	**I had** a book.
у неё был брат.	**She had** a brother.
у тебя́ бы́ли уро́ки.	**You had** lessons.

у них был дом.　　　　　　They **had** a house.
у кого́ бы́ли го́сти？　　　**Who had** guests？

3. До́лжен in the Past Tense

When referring to the past tense, **до́лжен** is used with the forms of the past tense of the verb **быть** corresponding to the gender and number of the subject:

до́лжен был *m.*, должна́ была́ *f.*, должно́ бы́ло *n.*, должны́ бы́ли *pl.*

Вчера́ он **до́лжен был** мно́го писа́ть.	He **had to** write a great deal yesterday.
Та́ня **должна́ была́** рабо́тать.	Tanya **had to** work.
Вчера́ мы **должны́ бы́ли** учи́ть уро́к.	Yesterday we **had to** study our lesson.

4. Impersonal Sentences in the Past

(a) In order to express possibility, necessity, or impossibility in the past, the neuter form of the past tense of **быть** – **бы́ло** – is added to **мо́жно, ну́жно (на́до)** or **нельзя́**:

Ну́жно бы́ло писа́ть письмо́	**It was necessary** (one had) to write the letter.
Пого́да была́ хоро́шая, **мо́жно бы́ло** гуля́ть.	The weather was fine. **One could** go for a walk.
Там **нельзя́ бы́ло** кури́ть.	**It was not permitted** to smoke there.

(b) The same applies to impersonal sentences formed from the neuter singular of the short form of the adjectives (здесь хо́лодно 'it is cold here'):

Здесь бы́ло хо́лодно.	It was cold here.
Бы́ло о́чень интере́сно.	It was very interesting.
Как прия́тно бы́ло вчера́.	How pleasant it was yesterday!

5. The Declension of Nouns

While in English the relations between any part of speech and the noun in the sentence are expressed mostly with the help of prepositions (e.g. 'I was saying *to* my brother'), in Russian they are expressed by changing the endings of the noun (e.g. Я говорил брату 'I was saying to my brother'), and sometimes by using a preposition as well (Я иду **к** брату 'I am going to my brother').

The changes in the ending of the noun are called *case inflection* or *declension*.

There are six cases in Russian: the Nominative, Accusative, Genitive, Dative, Instrumental, and Prepositional. These cases will be dealt with according to importance and difficulty. In this lesson the nominative and the prepositional, being the easiest, are given.

6. The Nominative Case

Most nouns so far have been given in the nominative case (стол, комната, окно, etc.). The nominative is used:

(a) to denote the subject of a sentence:

Стол стоит тут.	**The table** stands here.

(b) to denote the noun-predicate:

Моя мать – **врач.**	My mother **is a doctor.**

(c) in forms of address (i.e. the old vocative):

Товарищ Иванов, что вы делаете тут?	**Comrade Ivanov,** what are you doing here?

Furthermore a noun in the nominative may be used to form a sentence by itself.

Зима. Мороз.	It is winter. There is a frost.

54

7 The Prepositional Case

(1) *The formation of the prepositional.* The prepositional case is formed:

(a) by adding **-e** to the end of masculine nouns:

стол – на столé	'on the table'

When the masculine noun ends in **-й** or **-ь** this last letter is replaced by **-e**:

май – в мáе	'in May'
словáрь – в словарé	'in the dictionary'

Note: The stress sometimes shifts to the case endings in masculine nouns. The student should not worry about this at this stage, but should merely try to note which nouns have this tendency.

(b) by replacing the endings **-a** and **-я** in feminine nouns with **-e**:

кóмната – в кóмнате	'in the room'
земля́ – на землé	'on the earth'

(c) by replacing the ending **-o** in neuter nouns with **-e**:

окнó – в окнé	'in the window'

When the neuter noun ends in a consonant+**-e** in the nominative, the prepositional case is the same:

на пóле	'on the field'

(2) *Uses of the prepositional case.* The prepositional (or locative, as it is sometimes called) is only used with prepositions, the most common of which are:

o (or **об** when before a vowel) 'concerning', 'about':

Мы говори́м **o** погóде.	We are talking **about** the weather.
Он дýмает **об** отцé.	He is thinking **about** his father.

в 'in'
на 'on' } both indicating 'place where':

В го́роде краси́вые у́лицы.	**In** the town there are beautiful streets.
Газе́та лежи́т **на** столе́.	The paper is lying **on** the table.

Note: на can sometimes be used to translate 'at' (usually when the noun *stands for* the place, rather than *is* the place):

на конце́рте	at the concert
на уро́ке	at the lesson

на is also used to translate 'in' with the words се́вер 'north', юг 'south', восто́к 'east', and за́пад 'west':

на ю́ге	in the south

With Кавка́з 'the Caucasus' на is also used:
на Кавка́зе	in the Caucasus

ТЕКСТ

I.

Вчера́ у нас бы́ли го́сти. У нас у́жинали Ви́ктор Никола́евич и его́ жена́ Татья́на Алекса́ндровна. Они́ до́лго у нас сиде́ли, и бы́ло о́чень прия́тно. Ви́ктор Никола́евич расска́зывал о бра́те Никола́е. Как вы уже́ зна́ете, Никола́й Никола́евич был на се́вере, в Арха́нгельске. Но тепе́рь он рабо́тает в Москве́. Его́ до́ктор в Арха́нгельске говори́л: «Никола́й Никола́евич, вы хоро́ший инжене́р, но вы больно́й челове́к. На́до е́хать домо́й. Нельзя́ рабо́тать здесь». Хо́лодно бы́ло в Арха́нгельске, и бе́дный Никола́й Никола́евич о́чень страда́л там. До́ктор был прав. Он до́лжен был е́хать домо́й. Тепе́рь он рабо́тает там, где рабо́тает его́ брат. Я ду́маю, что он о́чень сча́стлив.

2. О климате

Сегодня на уроке мы читали о климате СССР.

СССР – большая страна. Климат на севере и на юге, на западе и на востоке разный.

Часто бывает так: на Кавказе наступает весна; светит яркое солнце, поют птицы; всюду зелёная трава. А на севере СССР, например, в Архангельске, ещё зима. Там холодно. Всюду лежит снег. Лёд на реке ещё не тает.

Бывает ещё так: в Риге[1] идёт дождь; на небе темно. На улице холодно. Наступает осень. А в Ташкенте[2] лето. Погода стоит хорошая. На небе светит солнце.

Недавно в газете мы читали о погоде в Иркутске[3] и Ялте: в Ялте стояла прекрасная погода. Небо было синее; вода в море была ещё тёплая. А на востоке СССР, в Иркутске, уже шёл снег. Наступали морозы. Было холодно.

1. Riga – the capital of the Latvian S.S.R.
2. Tashkent – the capital of the Uzbek S.S.R.
3. Irkutsk – an important industrial centre in Eastern Siberia.

УПРАЖНЕНИЯ

1. Put the following sentences in the past tense:

(1) Кто читает? (2) Моя сестра в Москве. (3) У нас есть книга. (4) Лёд на реке тает. (5) Мы очень любим гулять. (6) Они должны работать. (7) Нельзя курить. (8) Там холодно. (9) Стоит хорошая погода.

2. Fill in the blank spaces with a suitable noun in the required form selected from the right-hand column:

(1) Арха́нгельск – на ... СССР	концéрт
(2) Зима́. На ... лежи́т снег.	уро́к
(3) Мы бы́ли вчера́ в ...	се́вер
(4) Он рабо́тает в ...	земля́
(5) Бы́ло интере́сно чита́ть о ...	Москва́
(6) Де́ти расска́зывали о ...	ко́мната
(7) Вчера́ мы бы́ли на ...	футбо́л
(8) Мы игра́ли в ...	

3. Translate into Russian:

(1) It was very cold yesterday. It was snowing. It is already winter.

(2) When I was in Moscow I had a car. Did you have one (*repeat* car) too? No, but when we were in the south we had a new Soviet car.

(3) My sister had to work a lot when she was in the north. She is a doctor, and everyone was ill.

(4) Don't talk about the climate in the north of the U.S.S.R. I know it's cold there and I don't want to be in a place where it's always cold.

(5) What sort of pen did he have? A red or a black one? I don't know. What was that lying on the table in the room where you were sitting?

УРОК 10

СЛОВАРЬ

бе́рег *m.* shore
бой *m.* battle
брать I (бер‖у́, -ёшь) to take
ва́нная *f.* bathroom[1]
ви́лка *f.* fork
год *m.* year
горя́ч‖ий, -ая, -ее; -ие *adj.* hot (to the touch)[2]
де́тство *n.* childhood
дива́н *m.* sofa
есть *mixed conj.* (ем, ешь ... едя́т) to eat
жа́рк‖ий, -ая, -ое; -ие *adj.* hot[2]
жить I (жив‖у́, -ёшь) to live
кабине́т *m.* study, office
кварти́ра *f.* flat, apartment
класть I (клад‖у́, -ёшь, *past tense* клал) to put (horizontally)
ковёр *m.* (*pl.* ковры́) carpet
кре́сло *n.* armchair
ку́хня *f.* kitchen
ло́жка *f.* spoon
меню́ *n. indeclinable* menu
мя́со *n.* meat
нале́во *adv.* on the left

напра́во *adv.* on the right
официа́нтка *f.* waitress
пи́сьменный стол *m.* writing table, desk
пить I (пью, пьёшь) to drink
пол *m.* floor
рестора́н *m.* restaurant
ры́ба *f.* fish
сад *m.* (*pl.* сады́) garden
спа́льня *f.* bedroom
ста́вить II (ста́влю, ста́вишь) to put (standing)
стена́ *f.* (*pl.* сте́ны) wall
столо́вая *f.* dining-room[1]
суп *m.* soup
сыр *m.* cheese
таре́лка *f.* plate
телефо́н *m.* telephone
у́гол *m.* (*pl.* углы́) corner
фру́кты *m. pl.* fruit
час *m.* (*pl.* часы́) hour
часы́ *m. pl.* clock, watch[3]
шкаф *m.* (*pl.* шкафы́) cupboard
шко́ла *f.* school

1. Both ва́нная and столо́вая are feminine adjectives (the word ко́мната is understood) used as nouns.
2. Жа́ркий means hot, of weather or sun; горя́чий means hot to the touch or the taste. It can also be used to translate 'fervent'.
   They must not be interchanged. Тёплый ('warm') can be used for tangible or intangible warmth.
3. Часы́ meaning 'clock' or 'watch', is only used in the plural. It can also mean 'hours'.

59

Выраже́ния

Я хочу́ есть.	I am hungry.
Я хочу́ пить.	I am thirsty.
есть суп	to take, drink soup

ГРАММА́ТИКА

1. The Prepositional Case of Masculine Nouns in -у

Some masculine nouns, mostly monosyllabic ones, take the ending -у in the prepositional case after the prepositions в and на: лес 'wood', сад 'garden', мост 'bridge', пол 'floor', глаз 'eye', год 'year', час 'hour', шкаф 'cupboard', бе́рег 'shore', у́гол 'corner'.

в лесу́, в саду́, на мосту́, на полу́, в глазу́, в году́, в шкафу́, на берегу́, в углу́.

The ending -у of the prepositional case is always stressed.

Note that this ending occurs only when the location of an object or the time is indicated, i.e., when the question где? 'where'? or когда́? 'when?' can be put. In all other instances the usual ending -е is used. Compare:

о шка́фе	about the cupboard	в шкафу́	in the cupboard
о го́де	about the year	в году́	in the year

2. Mobile Vowels

In the declension of some masculine nouns the vowels е, ё, and о (if they occur in the last syllable of the nominative) are eliminated. They are known as 'mobile vowels':

оте́ц 'father' – об отце́ 'concerning father'
ковёр 'carpet' – на ковре́ 'on the carpet'
у́гол 'corner' – в углу́ 'in the corner'

3. The Accusative Case

(1) *The formation of the accusative.* (a) Masculine nouns denoting *inanimate* objects (table, chair, etc.) or abstract notions have the same form in the accusative as in the nominative. But masculine nouns denoting people or animals add **-а**, or **-я** (if the nominative ends in **-ь** or **-й**). E.g.

> стол – стол
> студе́нт – студе́нт**а**
> учи́тель – учи́тел**я**
> геро́й – геро́**я**

(b) Feminine nouns, *whether animate or inanimate*, change the ending **-а** to **-у** and **-я** to **-ю**. Those ending in **-ь** in the nominative do not change in the accusative:

> ко́мната – ко́мнат**у**
> земля́ – зе́мл**ю**
> дочь – дочь

(c) The accusative of all neuter nouns is the same as the nominative.

(2) *Uses of the accusative.* (a) The accusative is used mainly to denote the direct object of most transitive verbs,* such as 'to read', 'to see', 'to write'.

Я чита́ю **кни́гу.**	I read **a book.**
Я ем **ры́бу.**	I eat **fish.**
Он пьёт **во́ду.**	He drinks **water.**
Вы зна́ете **уро́к.**	You know **the lesson.**
Она́ ви́дит **учи́теля.**	She sees **the teacher.**
Он пи́шет **сло́во.**	He writes **the word.**

(b) When the prepositions **в** and **на** are used to indicate motion ('to', 'on', 'on to'), they are followed by the accusative.

---

* A transitive verb is one that denotes an action passing to an object that is expressed, e.g. I killed (*transitive verb*) the dog (object).
An intransitive verb indicates an action that is limited to the subject, e.g. I sleep, I go.

Он идёт в шко́лу. (Cf. Он был в шко́ле.)	He is going **to** school.
Я кладу́ каранда́ш **на** стол.	I am putting the pencil **on** the table.
Он е́дет в Москву́.	He is going **to** Moscow.
Я иду́ **на** уро́к, конце́рт.	I am going **to** the lesson, concert.
Мы е́дем **на** се́вер.	We are going **to** the north.

4. The Use of у меня́, у тебя́ etc. to replace мой, твой etc.

The phrases **у меня́**, **у тебя́**, apart from meaning 'I have', 'you have', etc., can also sometimes be used to replace the possessive pronouns ('my', 'your', etc.) particularly in colloquial speech:

Кни́га лежи́т **у меня́** на столе́.	The book is lying on **my** table
У неё в ко́мнате большо́е окно́.	There is a big window in **her** room.

Мой, твой, его́, её, etc. can, of course, be used instead.

5. Questions with the Particle ли

As well as by using special intonation and leaving the word order unchanged, questions may be denoted by the particle **ли**.

The subject and the verb are usually inverted, and **ли** is put in between:

Бы́ли ли вы в шко́ле сего́дня?	Were you at school today?

Note: If particular stress is required on one word in the question, then that word tends to come at the beginning of the sentence with ли after it:

Сего́дня ли вы идёте в шко́лу?	Is it *today* you are going to school?
Но́вая ли э́то шко́ла?	Is this a *new* school?

In both the above cases the word order could be the same as in a statement, but with сего́дня and но́вая stressed:

Вы идёте **сего́дня** в шко́лу?
Это **но́вая** шко́ла?

6. Conjugation of the Verbs жить, брать, класть, есть, пить

These verbs are difficult and should be learned separately:

Present Tense:

я живу́	беру́	кладу́	ем	пью
ты живёшь	берёшь	кладёшь	ешь	пьёшь
он живёт	берёт	кладёт	ест	пьёт
мы живём	берём	кладём	еди́м	пьём
вы живёте	берёте	кладёте	еди́те	пьёте
они́ живу́т	беру́т	кладу́т	едя́т	пьют

Imperative:

живи́(те)   бери́(те)   клади́(те)   éшь(те)   пе́й(те)

Past Tense:

жил (-á, -о, -и) – брал (-á, -о, -и) – клал (-а, -о, -и)
ел (-а, -о, -и) – пил (-á, -о, -и)
Note the stress shifts in the feminine forms: жила́, брала́, пила́.
класть = to put in a lying position (кладу́ каранда́ш на стол);
whereas ста́вить = to put in a standing position (он ста́вит ла́мпу на стол);
ста́вить, however, is used for putting plates on a table; класть, of course, is used for knives and forks.

ТЕКСТ

1. У меня́ в ко́мнате

Я инжене́р. Моя́ фами́лия Моро́зов.

Моя́ семья́ живёт в Москве́. Здесь у нас небольша́я, но хоро́шая кварти́ра. В кварти́ре есть спа́льня, столо́вая, мой кабине́т, ва́нная и ку́хня.

У меня́ в кабине́те стоя́т пи́сьменный стол и кре́сло. Здесь я чита́ю и пишу́. У меня́ на столе́ лежа́т кни́ги, газе́ты, а та́кже стоя́т часы́ и телефо́н.

В ко́мнате большо́е окно́. Напра́во стои́т дива́н и стои́т кре́сло. Нале́во дверь*; в углу́ стои́т шкаф. В шкафу́ мои́ кни́ги, на стене́ ра́зные карти́ны.

На полу́ лежи́т краси́вый ковёр. Больша́я ла́мпа стои́т у меня́ на столе́.

В де́тстве я жил в Ки́еве. Там у нас то́же была́ больша́я и краси́вая кварти́ра.

* 'door'.

2. В рестора́не

Ива́н и Ви́ктор сидя́т в рестора́не. Они хотя́т есть и Ви́ктор о́чень хо́чет пить.

— Что ты хо́чешь есть? – спра́шивает Ива́н Ви́ктора.

— Не зна́ю. Где меню́?

— Вот меню́. Чита́й. Ну, что хо́чешь?

Официа́нтка та́кже спра́шивает, что они́ хотя́т есть и пить.

— Суп, ры́бу и фру́кты, – говори́т Ива́н.

— А вы? – спра́шивает она́ Ви́ктора.

— Суп, мя́со и сыр, пожа́луйста.

Официа́нтка ста́вит на стол таре́лки, и напра́во кладёт ло́жки и ножи́, нале́во – ви́лки. Пото́м она́ идёт в ку́хню. Ива́н и Ви́ктор сидя́т и говоря́т о спо́рте; они́ о́чень лю́бят те́ннис и футбо́л. Но вот идёт официа́нтка.

— Вот ваш суп, – говори́т она́.

Они́ едя́т суп, но суп о́чень горя́чий. Они́ едя́т ме́дленно. Ви́ктор всё вре́мя пьёт во́ду.

— Не на́до пить так мно́го, – говори́т Ива́н.

— Мне на́до пить. Здесь о́чень жа́рко в рестора́не.

УПРАЖНЕНИЯ

1. Put the nouns in brackets in the appropriate cases:
   (1) В (угол) стои́т стол.
   (2) Кни́ги лежа́т в (шкаф).
   (3) У нас в (ко́мната) хорошо́.
   (4) Мы говори́м о (сад).
   (5) В (сад) хо́лодно.
   (6) Официа́нтка кладёт (ви́лка) на стол.
   (7) Мы е́дем в (Москва́).
   (8) Все чита́ют о (лес).
   (9) Что лежи́т на (пол)?
   (10) Ты ви́дишь (учи́тель)?

2. Fill in the blank spaces with verbs (present and past tenses) selected from the following:

   жить, рабо́тать, игра́ть, сиде́ть, стоя́ть, лежа́ть.

   (1) На столе́ ... газе́та. (2) Ковёр ... на полу́.
   (3) На́ша семья́ ... в го́роде. (4) Мой брат ... в
   Москве́. (5) Они́ ... в саду́. (6) Я ... на дива́не.
   (7) Эта кни́га ... в шкафу́.

3. Translate the following into Russian:
   (1) It was hot and we were sitting in the garden and drinking tea.
   (2) We live in Leningrad where we have a large flat. In our flat there is a kitchen, a dining room, a bedroom, and a study. In my study there is a desk. It stands on the carpet in the corner.
   (3) Please eat. I know you are hungry. No, I'm not, I'm thirsty. Here's some hot soup. Drink it.
   (4) My father is going to the east. Why? He used to live in the south but now he lives in the north. Did you know that Tashkent is his favourite town?
   (5) Can you see the waitress? Look! She is laying the table. Now she is putting the knives and forks on the table. The girl on the right? No, that's my sister. What's she doing here? She lives here. She is not the waitress.

65

УРОК 11

СЛОВАРЬ

везти́ I (вез‖у́, -ёшь, *past tense* вёз, -ла́, -ло́; ли́) to convey, take, drive (by some means of transport)

вести́ I (вед‖у́, -ёшь, *past tense* вёл, -а́, -о́; -и́) to lead, guide (on foot)

води́ть II (вожу́, во́дишь) to lead, guide (on foot)

вози́ть II (вожу́, во́зишь) to convey, take, drive (by some means of transport)

вокза́л *m.* station

го́род *m.* town

грузови́к *m.* (*pl.* грузовики́) lorry

далеко́ *adv.* far

да́льше *adv.* farther

де́вочка *f.* little girl

де́ти *pl.* children

доро́га *f.* road

е́здить II (е́зжу, е́здишь) to go (by some means of transport), to ride, to drive

е́хать I (е́ду, е́дешь) to go (by some means of transport), to ride, to drive

за́втра *adv.* tomorrow

ка́жд‖ый, -ая, -ое; -ые *pron* each

колхо́з (= колле́кти́вное хозя́й-ство) *m.* collective farm

лета́ть I (лета́‖ю, -ешь) to fly

лете́ть II (лечу́, лети́шь) to fly

ле́тн‖ий, -яя, -ее; -ие summer (*attr.*)

ма́сло *n.* butter, oil

молоко́ *n.* milk

мотоци́кл *m.* motor-cycle

нести́ I (нес‖у́, -ёшь, *past tense* нёс, -ла́, -ло́; -ли́) to carry (on foot)

носи́ть II (ношу́, но́сишь) to carry (on foot)

обы́чно *adv.* usually

остана́вливать I (остана́вли-ва‖ю, -ешь) to stop

парк *m.* park

по́чта *f.* post-office, post, mail

почтальо́н *m.* postman

ры́нок *m.* (*pl.* ры́нки) market

стари́к *m.* (*pl.* старики́) old man

фа́брика *f.* factory

фе́рма *f.* farm

ходи́ть II (хожу́, хо́дишь) to go (on foot), walk

че́рез *pr.* (+*acc.*) through, across, via; after

ГРАММАТИКА

1. Verbs of Motion

In order to translate most verbs of motion (to go, drive, fly, etc.) into Russian it is necessary to choose between two separate verbs.

For convenience sake these verbs can be grouped in pairs:

(a) **ходи́ть**
(b) **идти́** } both meaning 'to go' (on foot)

(a) **лета́ть**
(b) **лете́ть** } both meaning 'to fly'

(a) **е́здить**
(b) **е́хать** } both meaning 'to go' (by some means of transport)

The basic distinction between the two verbs in each pair is as follows:

(1) The first verbs of each pair (**ходи́ть, лета́ть, е́здить**) are used to designate a *habitual* or *frequent* or *repetitive* action. E.g.:

Де́ти **хо́дят** в шко́лу.	Children **go** to school (i.e. habitually, in general, usually).
Я ча́сто **лета́ю** в Москву́.	I **frequently fly** to Moscow.
Он **е́здил** в Англию ка́ждый год.	He **used to go** to England every year.

Note: This does not apply to idioms like дождь идёт, which means 'it is raining' or 'it (always) rains', according to the context.

67

(2) The second verbs of each pair (**идти́, лете́ть, éхать**) can only be used: (i) to translate the English '*to be going*' (*I am flying*', '*he was driving*', '*we are going*') *and* (ii) if a direction is mentioned or implied ('I am going *to school*', '*Where* are you going?'). E.g.:

Де́ти **иду́т** в шко́лу.	The children **are going to school.**
Он **лети́т** в Москву́.	He **is flying to Moscow.**
Он **лете́л** в Англию.	He **was flying to England.**
Куда́ ты **éдешь**?	**Where are you going?** (spoken to someone not on foot)

Note: 1. If no direction is mentioned or implied, then, whether the action is habitual or not, the (a)-type verbs are used. Thus: Он **éздит** can mean 'He drives (about the town)' or 'He is driving (about the town)'; Он **ходи́л** – 'He was walking up and down' or 'He (always) used to walk up and down'.

2. The (b)-type verb can be used in the present tense to indicate the near future, just as in English 'I am going home' can refer to the present or the future. Thus Я éду на восто́к can mean 'I am actually on my way to the east', or 'I am going to the east (tomorrow, next year, etc.)'.

The above rules apply as well to other verbs of motion (running, climbing, etc.) which will be given later. They also apply to the three verbs of taking – carrying, conveying, and leading:

(a) **носи́ть** }
(b) **нести́** } 'to carry' (while on foot)

(a) **вози́ть** } 'to convey' (by some form of trans-
(b) **везти́** } port)

(a) **води́ть** } 'to lead, guide' (when both subject
(b) **вести́** } and object are on foot).

68

To illustrate these differences:

Он ча́сто но́сит кни́ги в библиоте́ку.	He **often takes** (on foot) books to the library.
Он несёт (*from* нести́) кни́гу в библиоте́ку.	He **is taking** the book to the library.
Он во́зит сестру́ в Ло́ндон.	He **takes** (by car, train, aeroplane) his sister to London (often, once a week, once a month, etc.).
Он во́зит отца́.	He **drives** his father (around the town, etc.).
Куда́ ты везёшь (*from* везти́) сестру́?	Where **are you taking** (by car etc.) your sister?
Он во́дит бра́та в шко́лу.	He **takes** (on foot) his brother to school.
Он ведёт (*from* вести́) бра́та в шко́лу.	He **is taking** his brother to school (on foot).

2. Conjugation of Verbs of Motion

As all the above verbs are used very frequently, great effort must be made to master their conjugation as soon as possible. As is often the case with commonly used verbs in Russian, their conjugation is at first a little difficult.

All the (a)-type verbs given here are II conjugation (except for **лета́ть** which is regular I conjugation) and in each case the last consonant of the stem changes in the 1st person singular only.

Thus the present tenses of **ходи́ть, е́здить, носи́ть, вози́ть,** and **води́ть** are:

хожу́	е́зжу	ношу́	вожу́	вожу́
хо́дишь	е́здишь	но́сишь	во́зишь	во́дишь
хо́дит	е́здит	но́сит	во́зит	во́дит
хо́дим	е́здим	но́сим	во́зим	во́дим
хо́дите	е́здите	но́сите	во́зите	во́дите
хо́дят	е́здят	но́сят	во́зят	во́дят

The imperatives and past tenses are formed perfectly regularly and present no difficulty:

ходи́(те), е́зди(те), etc.
ходи́л, е́здил, носи́л, etc.

Note: The 1st persons singular of вози́ть and води́ть are the same.

All the (b)-type verbs given in this lesson are I conjugation (except for летéть which is II: лечý, летишь). They are conjugated as follows:

Infinitive:

идти́	éхать	нести́	везти́	вести́

Present Tense:

иду́	éду	несу́	везу́	веду́
идёшь	éдешь	несёшь	везёшь	ведёшь
идёт	éдет	несёт	везёт	ведёт
идём	éдем	несём	везём	ведём
идёте	éдете	несёте	везёте	ведёте
иду́т	éдут	несу́т	везу́т	веду́т

Past Tense:

шёл, шла,	éхал, -а,	нёс, -ла́,	вёз, -ла́,	вёл, -а́,
шло; шли	-о; -и	-ло́; -ли́	-ло́; -ли́	-ó; -и́

The imperatives of the above verbs (except for éхать which has none) are: иди́(те), неси́(те), вези́(те), веди́(те).

3. The Preposition на used to translate 'in', 'at', and 'to'

It will be remembered (see Lesson 9) that на + the prepositional case can sometimes be used to translate 'at' (на уро́ке 'at the lesson') or 'in' (на ю́ге 'in the south'; на Кавка́зе 'in the Caucasus') and that with these same nouns in the accusative it means 'to' (на уро́к 'to the lesson'; на юг 'to the south', etc.) (see Lesson 10).

На is also used to translate 'in', 'at', or 'to' with the following nouns:

фа́брика	factory
заво́д	works, plant, mill, factory
вокза́л	station
по́чта	post-office
ры́нок	market
фе́рма	farm
Ура́л	the Urals
у́лица	street

Мы е́дем **на** фа́брику.	We are going to the factory.
Он был **на** по́чте.	He was at the post-office.

4. The Preposition че́рез

Че́рез + the accusative case can be used in expressions of place or time.

(a) Used with nouns of place it means 'through', 'across', 'over', or 'via':

Мы идём **че́рез** мост.	We are going **over** the bridge.
Мы е́дем в Москву́ **че́рез** Берли́н.	We are travelling to Moscow **via** Berlin.

(b) Used with nouns expressing time it means 'after', 'within':

че́рез час	**after** an hour, **in** an hour

71

ТЕКСТЫ

1. Ле́тний день

Почтальо́н Ко́стин е́дет далеко́. Он е́дет на мотоци́кле на фе́рму. Доро́га идёт че́рез по́ле. Бы́стро е́дут грузовики́: они́ везу́т молоко́ и ма́сло в го́род на ры́нок. Почтальо́н Ко́стин хорошо́ зна́ет доро́гу. Он е́здит ка́ждый день на фе́рму.

Стои́т хоро́шая пого́да. Высоко́ в не́бе лета́ют пти́цы. Почтальо́н ви́дит фе́рму. Она́ ещё далеко́. Он бы́стро е́дет на мотоци́кле. На доро́ге стари́к. Он ведёт де́вочку домо́й. Они́ живу́т на фе́рме и зна́ют Ко́стина хорошо́.

— Здра́вствуй, Никола́й! – говори́т стари́к.

— Здра́вствуйте! – говори́т Ко́стин. Он остана́вливает мотоци́кл, идёт в дом и несёт туда́ по́чту – пи́сьма, журна́лы и газе́ты.

Пото́м он везёт по́чту да́льше. Он до́лжен ещё е́хать о́чень далеко́ в но́вый колхо́з. Он до́лжен быть там че́рез час. Так прия́тно е́здить нам отоци́кле, когда́ пого́да хоро́шая, со́лнце све́тит я́рко и пти́цы пою́т.

2.

Мой дя́дя е́хал на грузовике́. Я стоя́л на у́лице. Вот он остана́вливает грузови́к.

— Куда́ е́дешь? – спра́шиваю я.

— Куда́? Ты зна́ешь, я е́зжу ка́ждый день на вокза́л.

— Нет, не знал. А что ты везёшь на вокза́л сего́дня?

— Сего́дня везу́ молоко́. Но обы́чно вожу́ ма́сло. А ты куда́ идёшь?

— Иду́ на по́чту. Несу́ туда́ пи́сьма. Пото́м я иду́ домо́й. Сестра́ Анно́чка то́же идёт домо́й. Она́ сейча́с в шко́ле.

— А где шко́ла? Там, где Лопухо́вы живу́т?

— Нет, там, где они́ жи́ли. Они́ сейча́с на ю́ге. Тепе́рь Осо́ргины живу́т там, но и они́ то́же е́дут за́втра на юг.

УПРАЖНЕНИЯ

1. Fill in the blank spaces with the appropriate form of one of the two verbs given in brackets:

    (1) Сейча́с я ... в шко́лу. (ходи́ть, идти́)

    (2) Он ча́сто ... на фе́рму. (е́здить, е́хать)

    (3) Мы всегда́ ... молоко́ на ры́нок. (вози́ть, везти́)

    (4) Вчера́ шёл дождь, когда́ мы ... де́вочку в шко́лу. (води́ть, вести́)

    (5) Тепе́рь почтальо́н ... пи́сьма в дом. (носи́ть, нести́)

    (6) Мы ... в Москву́ за́втра. (лета́ть, лете́ть)

    (7) Де́ти ... в па́рке. (ходи́ть, идти́)

    (8) Куда́ ты ... сего́дня? (е́здить, е́хать)

    (9) Я обы́чно ... пи́сьма на по́чту. (носи́ть, нести́)

    (10) Он сейча́с ... мать в го́род. (вози́ть, везти́)

    (11) Как пти́цы высоко́ ...! (лета́ть, лете́ть)

2. Translate into Russian:

    (1) We always go to the Caucasus every year, but this year we are going to the Urals.

    (2) Where is the old man going? I think he is going to Moscow; then he is flying to England.

    (3) In an hour I am taking you in the car to the library.

    (4) The postman was driving to the farm on his motorcycle.

    (5) The Petrovs go to the Caucasus every year and take (their) sister there.

    (6) Tomorrow I am flying east. Do you fly often? Yes, I like flying very much.

СЛОВАРЬ

артист *m.* performer, artist (singer, actor, musician)
весно́й *adv.* in spring
ве́чер *m.* evening
ве́чером *adv.* in the evening
встава́ть I (вста‖ю́, -ёшь) to get up (from one's chair), to get out of bed
встреча́ть I (встреча́‖ю, -ешь) to meet
встреча́ться I (встреча́‖юсь, -ешься) to meet one another
го́лос *m* (*pl.* голоса́) voice
дверь *f.* door
днём *adv.* in the day-time
за́втрак *m.* breakfast[1]
за́втракать I (за́втрака‖ю, -ешь) to have breakfast
закрыва́ть I (закрыва́‖ю, -ешь) to close
закрыва́ться I (закрыва́‖ется) to be closed
засыпа́ть I (засыпа́‖ю, -ешь) to fall asleep
здоро́ваться I (здоро́ва‖юсь, -ешься) to greet (one another), to exchange greetings
здоро́вье *n.* health
зимо́й *adv.* in winter
знамени́тый *adj.* famous
ле́том *adv.* in summer
ложи́ться II (лож‖у́сь, -и́шься) to lie down

музе́й *m.* museum
находи́ть II (нахожу́, нахо́дишь) to find
находи́ться II (нахожу́сь, нахо́дишься) to be situated
ночева́ть I (ночу́‖ю, -ешь) to spend the night
но́чью *adv.* at night
обе́д *m.* dinner[1]
одева́ть I (одева́‖ю, -ешь) to dress, clothe
одева́ться I (одева́‖юсь, -ешься) to dress (oneself)
о́сенью *adv.* in autumn
остана́вливаться I (остана́влива‖юсь, -ешься) to stop, halt
открыва́ть I (открыва́‖ю, -ешь) to open
открыва́ться I (открыва́ется) to be opened
плева́ть I (плю‖ю́, -ёшь) to spit
просыпа́ться I (просыпа́‖юсь, -ешься) to wake up
разгова́ривать I (разгова́рива‖ю, -ешь) to converse, talk
ра́но *adv.* early
ребёнок *m.* child
сади́ться II (сажу́сь, сади́шься) to sit down, to set (of the sun)

себя́ *reflex. pron.* oneself

смея́ться I (сме‖ю́сь, -ёшься) to laugh

сомнева́ться I (сомнева́‖юсь, -ешься) to doubt

танцева́ть I (танцу́‖ю, -ешь) to dance

ти́хий *adj.* quiet

у́жин *m.* supper[1]

умыва́ть I (умыва́‖ю, -ешь) to wash (hands, face, and neck)

умыва́ться I (умыва́‖юсь, -ешься) to wash oneself

у́тро *n.* morning

у́тром *adv.* in the morning

худо́жник *m.* artist, painter

чу́вствовать I (чу́вству‖ю, -ешь) to feel

Note: Henceforth adjectives will no longer be given in the vocabularies with the feminine, neuter, and plural endings, unless there is some irregularity.

1. За́втрак is breakfast, the first meal of the day. Обе́д, 'dinner', is normally given in the Soviet Union between 1 and 2 p.m.; it is sometimes called второ́й за́втрак ('second breakfast'). On special occasions (official banquets, dinner parties) обе́д may occur in the evening (at 8 p.m.). Ужин is always supper and is the last meal of the day.

Выраже́ния

смотре́ть на себя́ в зе́ркало	to look at oneself in the mirror
До́брое у́тро.	Good morning.
До́брый ве́чер.	Good evening.
Споко́йной но́чи.	Good night (*lit.* 'peaceful night').
Пора́ (идти́, ложи́ться) спать.	It is time to go to bed.
Пора́ встава́ть.	It is time to get up.

ГРАММАТИКА

1. Reflexive Verbs

(a) *Formation.* Reflexive verbs in Russian are formed by adding the particle **-ся** or **-сь** to the end of the verb. **-ся** is added when the last letter is a consonant (or a soft sign, or a diphthong ending in **-й**):

одева́ть**ся**   to dress oneself
одева́ет**ся**   he dresses himself, he is dressing

-сь is added when the last letter is a vowel:

одева́ю**сь**   I am dressing myself, I am dressing

75

Thus the present tense of одева́ться is:

одева́юсь
одева́ешься
одева́ется
одева́емся
одева́етесь
одева́ются

The imperative:

одева́йся
одева́йтесь

The past:

одева́лся
одева́лась
одева́лось
одева́лись

(b) *Use*. Verbs formed with the reflexive particle **-ся (-сь)** can have several meanings. The following are the most common:

Reflexive proper. In such verbs the action is directed towards the agent or subject. Thus умыва́ться means 'to wash oneself'; одева́ться – 'to dress oneself'. Such verbs, which are merely compounds of transitive verbs + the particle -ся, are also found in their non-reflexive, transitive forms:

Я умыва́ю ребёнка.	I am washing the child.
(cf. Я умыва́юсь.	I am washing (myself).)
Я одева́ю ребёнка.	I am dressing the child.
(cf. Я одева́юсь.	I am dressing (myself).)

Reciprocal verbs. Here the action is mutual and implies two or more agents; the words 'one another' can often be added to the verb in English. Thus:

встреча́ться = 'to meet (one another)'
здоро́ваться = 'to greet one another'

Они́ встреча́ются и здоро́ваются ка́ждый день.
They meet and exchange greetings every day.

Note: встреча́ть is a normal transitive verb as well, meaning 'to meet'.

Он встреча́ет сестру́. He meets his sister.
Здоро́ваться, however, has no non-reflexive form.

As well as these there are several other types of verb formed with the particle **-ся (-сь)**. Some have no reflexive or reciprocal connotations, such as:

смея́ться   'to laugh'
просыпа́ться   'to wake up'

Note the irregular present of смея́ться: смею́сь, смеёшься ...

Others are merely passive verbs, like находи́ться, 'to be situated', 'to be' (cf. находи́ть, 'to find'):

открыва́ться	'to be opened' (cf. откры-ва́ть, 'to open')
закрыва́ться	'to be closed' (cf. закры-ва́ть)
Где нахо́дится ваш дом?	Where is your house (situated)?
Дверь открыва́ется.	The door opens *or* The door is being opened.
Дверь закрыва́ется.	The door closes *or* The door is being closed.

Note: The two reflexive verbs сади́ться, 'to sit down' and ложи́ться, 'to lie down', are usually followed by **на** + the accusative.

Он сади́тся **на стул**.	He sits down **on the chair.**
Она́ ложи́тся **на дива́н**.	She lies down **on the sofa.**

2. The Reflexive Pronoun себя

The reflexive pronoun **себя**, 'oneself', which is never found in the nominative, may refer to any person, singular or plural. **Себя** is the accusative form; **себе** – the prepositional.

Мы говорим о **себе**.	We are speaking about **ourselves**.
Он говорит о **себе**.	He is speaking about **himself**.
Я смотрю на **себя** в зéркало.	I am looking at **myself** in the mirror.
Я чувствую **себя** плóхо.	I feel ill.

Note: The reflexive чувствоваться means 'to be felt', 'to make oneself felt';

Чувствуется, что ...	One can feel that ...

3. Expressions of Time

In order to express 'time during which' for the different parts of the day the following are used:

ýтром	'in the morning'
вéчером	'in the evening'
днём	'in the day-time', or, sometimes, 'during the afternoon'
нóчью	'in the night', 'at night'

and for the seasons:

весной	'in the spring'
лéтом	'in the summer'
óсенью	'in the autumn'
зимóй	'in the winter'.

These adverbs are, as will be seen later, merely the *instrumental cases* of ýтро, вéчер, день, ночь; весна, лéто, óсень, and зима.

4. Verbs in -овать, -евать

Most verbs with an infinitive ending in **-овать** or
-евать change the **-ова-** or **-ева-** into **у** in the present
tense and the imperative, but retain the **-ова-** and **-ева-**
in the infinitive and past tense.

Thus чу́вствовать has the present tense чу́вствую,
-уешь ..., the imperative чу́вствуй(те), but the past
tense чу́вствовал, -а, -о; -и.

The same applies to танцева́ть, 'to dance', and to all
verbs with a stem ending in ж, ц, ч, ш, ог щ, such as
ночева́ть, 'to spend the night'.

Note: (a) Verbs whose stem does not end in ж, ц, ч, ш, ог щ
and whose infinitive ends in -евать change the -ева- into ю.
Thus плева́ть, 'to spit' has the present tense плюю, плюёшь ...
(b) The verbs здоро́ваться, одева́ть, and сомнева́ться do
not follow the above rules. Their present tenses are:

> здоро́ваюсь, здоро́ваешься ...
> одева́ю, одева́ешь ...
> сомнева́юсь, сомнева́ешься ...

(c) The verb встава́ть, 'to get up' and others ending in -ава́ть
(such as дава́ть, 'to give') have for the present tense -аю́, -аёшь ...
(встаю́, встаёшь ...) and for the imperative -ава́й(те) (вста-
ва́й(те)).

ТЕКСТЫ

1. В лесу́

Мы идём в о́чень краси́вое ме́сто – Абра́мцево. Мы
хоти́м ви́деть дом, где жи́ли знамени́тые ру́сские
худо́жники и арти́сты. Тепе́рь там музе́й.

Мы идём уже́ до́лго. Со́лнце сади́тся. Насту-
па́ет ти́хий ве́чер. Мы остана́вливаемся в лесу́.
Сади́мся на зе́млю и отдыха́ем. Очень прия́тно
сиде́ть ве́чером в лесу́. Всё ти́хо и темно́.

Мы умыва́емся и сади́мся у́жинать. Все разгово-
ва́ривают, смею́тся.

— Пора́ спать, – говорю́ я. — За́втра на́до ра́но встава́ть. Споко́йной но́чи!

— Споко́йной но́чи! – отвеча́ют все.

Я ложу́сь на зе́млю и смотрю́ в тёмное не́бо. Я ду́маю: «как хорошо́ ночева́ть в лесу́!» Я засыпа́ю и сплю о́чень хорошо́.

Я просыпа́юсь – уже́ у́тро. Пою́т пти́цы. Я встаю́, умыва́юсь и за́втракаю. Мои́ това́рищи то́же встаю́т, умыва́ются, одева́ются и за́втракают. Они́ все хорошо́ спа́ли.

— Где Абра́мцево? Далеко́? – спра́шивает Никола́й.

Мы смо́трим на ка́рту. Ви́дим, что Абра́мцево нахо́дится уже́ недалеко́.

Мы идём да́льше.

2. Утро. Я сижу́ у себя́ в ко́мнате. Чу́вствую себя́ о́чень хорошо́ – но́чью хорошо́ спал.

Дверь открыва́ется ме́дленно.

— Мо́жно? – говори́т го́лос.

Я встаю́ и открыва́ю дверь.

— Да, пожа́луйста.

Это мой друг, Ива́н Ильи́ч Про́зоровский. Он сади́тся в кре́сло и закрыва́ет глаза́. Да́же не здоро́вается. Обы́чно он говори́т: «до́брое у́тро», когда́ встреча́ет меня́ у́тром.

— Ох, как у меня́ боли́т голова́! – говори́т он. Он встаёт и смо́трит на себя́ в зе́ркало. Язы́к у него́ совсе́м бе́лый.

— Где ты был вчера́ ве́чером? – спра́шиваю я.

— Я у́жинал у профе́ссора. Пото́м мы до́лго танцева́ли.

— Где ты ночева́л?

— Ночева́л до́ма. Всегда́ ночу́ю до́ма.

— Но почему́ ты себя́ чу́вствуешь так пло́хо?

— Не зна́ю, – говори́т он.

УПРАЖНЕНИЯ

1. Rewrite the following sentences, putting the verbs in brackets in the present and past tenses:

   (1) Наш отéц (вставáть) рáно ýтром.
   (2) Мы, дéти, ещё (спать).
   (3) Потóм мы (просыпáться), (вставáть), (умывáться) и (одевáться).
   (4) Он всегдá (здорóваться), когдá мы (встречáться).
   (5) Кто (смеáться)?
   (6) Я (сомневáться).
   (7) Он (плевáть), когдá он (смеáться).

2. Answer these questions with complete sentences:

   (1) Когдá вы встаёте ýтром?
   (2) Мнóго ли вы гуляете?
   (3) Лю́бите ли вы рабóтать в садý?
   (4) Как вы себя́ чýвствуете сегóдня?
   (5) Чáсто ли вы éздите в Россию?
   (6) Вы спи́те днём?
   (7) Где нахóдится ваш дом?

3. Translate into Russian:

   (1) It is time to get up, to get dressed and to wash.
   (2) When does the museum open? I don't know. In the summer it opens early in the morning and closes early in the evening.
   (3) In the evening he has supper; then he lies down on the sofa and reads the paper. He goes to bed early and gets up early.
   (4) It's raining now. It always rains in the winter. We can't go for a walk. Can we dance? No, not on the carpet.
   (5) Please sit down. I want to have a talk. But I don't want to talk. You're always talking about yourself.
   (6) What is he putting on the table? I think he's putting a book there.

УРОК 13

СЛОВАРЬ

Дни недели	Days of the week

воскресе́нье *n.* Sunday (the Resurrection)

понеде́льник *m.* Monday (the day after неде́ля – the Old Russian for Sunday)

вто́рник *m.* Tuesday (the second day)

среда́ *f.* (*acc.* сре́ду) Wednesday (the middle day)

четве́рг *m.* Thursday (the fourth day)

пя́тница *f.* Friday (the fifth day)

суббо́та *f.* Saturday (the Sabbath)

Note: Days of the week in Russian are written with a small letter, unless, of course, they come first in the sentence.

архите́ктор *m.* architect

архитекту́ра *f.* architecture

афи́ша *f.* bill, poster

быва́ть I (быва́‖ю, -ешь) to be (frequently), to happen

висе́ть II (вишу́, виси́шь) to hang (*intrans.*)

во́здух *m.* air

вход *m.* entrance

гара́ж *m.* (*pl.* гаражи́) garage

гости́ница *f.* hotel

гото́вить II (гото́влю, гото́вишь) to prepare, to cook

дере́вня *f.* village, country

до́брый *adj.* (*short form* добр, -а́, -о; -ы́) good, kind

зда́ние *n.* building

(кино)фи́льм *m.* film

клуб *m.* club

костёр *m.* (*pl.* костры́) camp fire

купа́ться I (купа́‖юсь, -ешься) to bathe, to have a bath

ле́кция *f.* lecture

лю́ди *pl.* people[1]

---

1. челове́к, 'a person', has no plural. Instead лю́ди, 'people', is used.

ме́сяц *m.* month
неде́ля *f.* week
одна́жды *adv.* once, one day
о́зеро *n.* lake
осо́бенно *adv.* especially
о́тдых *m.* rest
о́тпуск *m.* holiday, vacation,
  leave
пляж *m.* beach
по́мнить II (по́мн‖ю, -ишь) to
  remember
при *pr.* (+*prep.*) at[2]
путеше́ствовать I (путеше́ству‖-
  ю, -ешь) to travel

пье́са *f.* play
раз once
ра́ньше *adv.* earlier, formerly,
  before
све́жий *adj.* fresh, cool
ско́ро *adv.* soon, quickly
ску́чный *adj.* boring, dull
сли́шком *adv.* too
слы́шать II (слы́ш‖у, -ишь) to
  hear[3]
та́нец *m.* dance (та́нцы *pl.*
  dancing)
тогда́ *adv.* then
чи́стый *adj.* clean, pure

2. при, which only takes the prepositional case, has several meanings, the most common of which are:
(1) 'Close to', 'hard by':

При вхо́де стоя́ла же́нщина.   At (near) the entrance a
                                woman was standing.

(2) 'Dependent on', 'attached to':

При гости́нице есть гара́ж.   Attached to the hotel is a
                                garage (*or* The hotel has
                                its own garage).

При фа́брике есть клуб.   The factory has its club.

3. Do not confuse слы́шать, to hear (II conjugation) and
              слу́шать to listen to (I conjugation)
Both can be used transitively, i.e. with direct objects in the
              accusative.

Выраже́ния

чита́ть ле́кцию   to give a lecture
смотре́ть (кино)фи́льм   to see a film
(Cf. смотре́ть телеви́зор   to watch television)
смотре́ть **на** дом (*acc.*)   to look at a house
Ничего́.   It doesn't matter *or* Not too bad, so-so
                            (in answer to question 'How are
                            you?')
Как жаль!   What a pity!
дава́ть пье́су   to put on a play
мо́жет быть   perhaps

83

ГРАММАТИКА

1. The Future Tense of the Verb быть

(1) *Formation.* **Быть**, 'to be', is conjugated in the future as follows:

я бу́ду	мы бу́дем
ты бу́дешь	вы бу́дете
он ⎫	они́ бу́дут
она́ ⎬ бу́дет	
оно́ ⎭	

There is also an imperative form – будь, бу́дьте – which means 'be':

Будь так добр ...
Бу́дьте так добры́ ... ⎱ be so kind ...

(2) *Use of the future of* быть. (a) бу́ду, бу́дешь, etc. is used primarily as the future of the link verb 'to be'. E.g.:

Я бу́ду до́ма.	I shall **be** at home.
Ночь бу́дет тёплая.	The night **will be** warm.

(b) The future tense of **быть** is used to denote possession in the future; in other words, it replaces **есть** or **был** in the expressions **у меня́ есть, был**:

У меня́ бу́дет кни́га.	I shall **have** a book.
У вас бу́дет кни́га.	You **will have** a book.
У нас бу́дут кни́ги.	We **will have** books.

As with the present and past tenses, the object of the sentence in English ('I shall have *a book*') becomes the subject in Russian ('A book will be in my possession').

84

(c) **бу́ду**, **бу́дешь**, etc., is used with **до́лжен**, **должна́**, etc., to denote obligation or duty in the future. It almost invariably follows **до́лжен**.

За́втра я до́лжен бу́ду рабо́тать.	Tomorrow I shall have to work.
Ты должна́ бу́дешь отдыха́ть.	You will have to rest.
Де́ти должны́ бу́дут игра́ть до́ма.	The children will have to play at home.

(d) In order to express possibility, necessity, or impossibility in the future, the third person singular, **бу́дет**, is added to **мо́жно**, **ну́жно** (**на́до**) or **нельзя́**, almost always following them.

За́втра мо́жно бу́дет отдыха́ть.	It will be possible to rest tomorrow.
Нельзя́ бу́дет рабо́тать до́ма.	It will be impossible to work at home.

(e) With impersonal sentences formed from the neuter singular of the short form of adjectives, **бу́дет** is used to denote the future. It may precede or follow the adjective.

Ско́ро бу́дет темно́.	It will soon be dark.
Как хорошо́ бу́дет ле́том!	How nice it will be in summer!

2. The Compound Future Tense

Many Russian verbs have a compound future tense formed by the future tense of **быть** – **бу́ду**, **бу́дешь**, **бу́дет** and the infinitive of the verb.

Thus:

Я бу́ду чита́ть.	I will read.
Ты бу́дешь одева́ться.	You will dress.
Он бу́дет писа́ть.	He will write.

85

The verb remains in the infinitive throughout. The compound future tense is used mainly to denote:

(a) A progressive action ('I shall be reading'), in which the verb has some duration.

(b) A habitual action ('I shall read every day'). It cannot be used for an instantaneous or complete action ('I shall shoot you dead', 'He will hit me'); for this it is necessary to employ the simple future, which will be dealt with later on.

Note: The present tense can often be used in Russian as in English, to denote the near future. Thus: За́втра я рабо́таю, meaning 'Tomorrow I am working', could replace За́втра я бу́ду рабо́тать – 'Tomorrow I shall (be) work(ing)'.
This use of the present tense with a future meaning is frequently found with the идти́-е́хать type of verbs of motion.

3. Expressions of Time with в and на + the Accusative Case

B + the accusative is used to translate 'on' when followed by 'day' or one of the days of the week:

В како́й день ты е́дешь в Москву́?	On what day are you going to Moscow?
В понеде́льник.	On Monday.
Во вто́рник.	On Tuesday.
В сре́ду.	On Wednesday, etc.

Note: In order to facilitate pronunciation в becomes во before some nouns beginning with two or more consonants.

в + the accusative is also used to translate 'in' or 'per' after **раз**, 'once':

раз **в** ме́сяц	once a month
раз **в** неде́лю	once a week

Ha + the accusative is used to translate 'for' when denoting *intention* of spending a certain time:

Я е́ду на восто́к **на год**.	I am going to the east for a year.
Он е́хал в Ленингра́д **на неде́лю**.	He was going to Leningrad for a week.

86

ТЕКСТ

1. Наш клуб

У нас при заводе есть клуб – большое и красивое здание.

Сегодня понедельник. На стене при входе висит афиша.

Виктор и Андрей стоят при входе и читают афишу. Там тоже стоит старый инженер Фёдор Фёдорович. Виктор говорит:

— Смотрите, Фёдор Фёдорович, завтра, во вторник, в клубе будет очень интересная лекция о жизни* в Англии.* Лекцию читает знаменитый профессор Ахматов. Он был в Англии летом и хорошо знает страну. В пятницу тоже будет лекция об архитектуре в Москве. Читать будет архитектор Никитин.

— Это не так интересно, – говорит Андрей. — Я уже слышал лекцию об архитектуре в Москве. В среду будет кинофильм «Смелые люди».

— Я уже смотрел этот фильм. Фильм – хороший. Артисты очень хорошо играют, особенно Иван Жуков.

— Я ещё не видел, – говорит Андрей. — Но не могу идти в среду. Моя тётя будет у нас ужинать в этот день.

— Как скучно! Но ничего, в четверг будет концерт. А в субботу будут танцы.

— Когда? – спрашивает Фёдор Фёдорович. — В субботу? Ах, как жаль! Не могу; я должен работать на фабрике в субботу вечером. Я раньше очень любил танцевать. Но теперь я слишком стар. Больше не могу. А что будет в воскресенье?

— В воскресенье будет пьеса. Каждое воскресенье бывает пьеса. Играют не всегда особенно хорошо. В это воскресенье дают пьесу «Месяц в деревне».

* Prepositional case of жизнь and Англия. See below, p. 103.

2. Письмо

Дорогой Миша!

Наступает лето, скоро будет тепло, и я ужé думаю об отдыхе. Может быть, и у тебя и у меня отпуск будет летом, и мы будем отдыхать вместе? Помнишь, однажды мы были вместе на Кавказе? Тогда мы много путешествовали. Теперь я хочу отдыхать на озере Селигер. Там мы ещё не были.[1]

Селигер – очень красивое озеро. Большие пляжи. Воздух чист и свеж. На берегу лес. Там очень приятно будет отдыхать. Можно будет гулять, купаться и плавать. Будем лежать на пляже. Будем готовить обед и ужин на костре. А как приятно будет ночевать на берегу или в лесу! У нас будет прекрасный отдых!

Пиши.

Твой друг Николай.

1. Note the stresses on the negative past of быть:

я, ты, он не был
я, ты, она не была
оно не было
мы, вы, они не были

УПРАЖНЕНИЯ

1. Rewrite the following sentences, putting the verbs in brackets in the present, past, and future tenses:

(1) Моя мать (быть) на Кавказе.
(2) Ты не (читать)?
(3) Когда ты (читать), я (писать).
(4) Где вы (давать) урок?
(5) У кого (быть) урок сегодня?

2. Rewrite the following questions, putting the words in brackets in the appropriate cases, and answer the questions with complete sentences:

(1) Кто э́то сади́тся на (дива́н) у (ты) в (ко́мната)?

(2) Е́дешь ли ты в (Росси́я) на (неде́ля) и́ли на (ме́сяц)?

(3) В како́й день он хо́дит на (ле́кция)?

(4) Кто бу́дет слу́шать (учи́тель)?

(5) Мо́жно ли бу́дет сиде́ть в (лес) и разгова́ривать о (сад)?

3. Translate into Russian:

(1) You will feel very well in a month or even within a week.

(2) I shall have a lesson on Wednesday, and on Thursday I shall have to listen to a lecture in your school.

(3) All these people will be walking in the woods tomorrow, but I won't. I'm going to Leningrad this evening for a week.

(4) On what days will you be working? I am not working now; I am resting. Good, you'll be in the factory club on Tuesday? No, it's too dull there; I want to dance all day and all evening. Don't you want to listen to the lecture on Marxism? No, I don't.

(5) I don't think he can hear what you are saying. Talk loudly and perhaps he will understand. I can't talk loudly; I've got a sore throat.

СЛОВАРЬ

бли́зко *adv.* near

ваго́н *m.* (railway) carriage

вокру́г *pr.* (+*gen.*) around

враг *m.* (*gen.* врага́) enemy

выходи́ть II (выхожу́, вы́-
ходишь) to come out, to go out

давно́ *adv.* long ago

де́рево *n.* (*pl.* дере́вья) wood;
tree

держа́ть II (держу́, де́ржишь)
to hold

из *pr.* (+*gen.*) from, out of,
(made) of

коне́ц *m.* (*gen.* конца́, *pl.* кон-
цы́) end

кино́ *n.* (*indeclinable*) cinema[1]

Кремль *m.* (*gen.* Кремля́)
Kremlin

культу́ра *f.* culture

магази́н *m.* shop

ми́мо *pr.* (+*gen.*) past

муж *m.* (*pl.* мужья́) husband

недалеко́ *adv.* near, not far

о́коло *pr.* (+*gen.*) about, near

от *pr.* (+*gen.*) from

парохо́д *m.* steamer

пе́рвый *adj.* first

платфо́рма *f.* platform

пло́щадь *f.* (*gen. pl.* площаде́й)
square

по́езд *m.* (*pl.* поезда́) train

получа́ть I (получа́‖ю, -ешь)
to receive

приезжа́ть I (приезжа́‖ю, -ешь)
to arrive (on some form of
transport)

про́тив *pr.* (+*gen.*) opposite,
against

с (со) *pr.* (+*gen.*) from, off,
since

светофо́р *m.* traffic-lights

сража́ться I (сража́‖юсь, -ешь-
ся) to fight

стро́ить II (стро́‖ю -ишь) to
build

стро́иться II (стро́ится) to be
built

такси́ *n.* (*indeclinable*) taxi[1]

теа́тр *m.* theatre

университе́т *m.* university

учи́тельница *f.* teacher, school-
mistress

учи́ться II (учу́сь, у́чишься) to
study, to learn[2]

центр *m.* centre

чте́ние *n.* reading

1. There are several foreign words in Russian, such as кино́, 'cinema',
меню́, 'menu', такси́, 'taxi', that do not decline.
2. Учи́ться and учи́ть must not be confused.
   Учи́ться is intransitive and means 'to study' (at school, in a
   university):

90

Где ты учи́лся?   Where were you at school?
                    Where did you study?

Учи́ть means either 'to teach':
Я учи́л ребёнка   I taught the child.
or 'to learn by heart':
Он учи́л уро́к.   He was learning the lesson.
When 'to study' is used transitively, изуча́ть is used:
Он изуча́ет ру́сский язы́к.   He is studying Russian.

Выраже́ния

гото́виться в университе́т	to prepare for (entrance examinations to) the university
держа́ть экза́мен	to take an examination
дверь на балко́н	door (leading) to a balcony
Окно́ выхо́дит на пло́щадь.	The window overlooks (faces) the square.
на сле́дующий день	on the following day

ГРАММАТИКА

1. The Genitive Case

(1) *The formation of the genitive case.* (a) Masculine nouns add

-a, if the nominative ends in a consonant.
    (стул – сту́ла; студе́нт – студе́нта)
-я, if the nominative ends in **-ь** or **-й**
    (автомоби́ль – автомоби́ля; геро́й – геро́я).

(b) Feminine nouns change the ending **-a** into **-ы** (or **-и** if the last consonant of the stem is **г, к, х, ж, ч, ш,** or **щ**).
The endings **-я** and **-ь** change into **-и**.

Thus:

    ко́мната – ко́мнаты
    кни́га – кни́ги
    неде́ля – неде́ли
    фами́лия – фами́лии
    ночь – но́чи

(c) Neuter nouns change the ending **-o** to **-a**, and **-e** to **-я**.

Thus:

> окно́ – о́кна
> мо́ре – моря́
> зда́ние – зда́ния

(2) *Uses of the genitive case.*

(a) The most common uses of the genitive without a preposition are to denote:

Possession (кни́га **де́вочки** – 'the *girl's* book')
Quality   (парк **культу́ры и о́тдыха** – 'park *of culture and rest'*)
Relation (сын **учи́теля** – 'the *teacher's* son')
Object (dependent on a noun of verbal origin)
        (чте́ние **газе́ты** – 'the reading *of the paper'*)

In all the above cases it will be seen that the genitive can be used to translate an English noun preceded by 'of'.

(b) *Prepositions governing the genitive.*

There are several prepositions which govern the genitive:

Из 'from', '(from) out of':

Он е́дет **из Москвы́**.	He is coming **from Moscow**.
Он берёт кни́гу **из шка́фа**.	He takes the book **from the cupboard**.
Он выхо́дит **из ко́мнаты**.	He is coming **out of the room**.

Note that in all cases **из** means 'out of' or 'from the interior of'. It can never be used with people meaning 'from'.

из can also mean 'made of':

Стол **из де́рева**.	The table is **(made) of wood**.

От 'from', 'from the outside of':

от окна́, от две́ри	**from the window, from the door**
Он получа́ет письмо́ **от отца́**.	He receives a letter **from his father**.

С 'from', 'down from', 'from off'.

С is the opposite of **на**, meaning 'on', or 'to' (when used in conjunction with certain nouns, like фа́брика, по́чта – see above, Lesson 11):

Я ста́влю ва́зу **на стол**.	I put the vase **on the table**.
Я беру́ ва́зу **со стола́**.	I take the vase **from (off) the table**.

Note: Like в/во, со is also used to replace с before some nouns beginning with two or more consonants in order to facilitate pronunciation.

Он идёт **на по́чту**.	He is going **to the post-office**.
Он идёт **с по́чты**.	He is coming **from the post-office**.
Он е́дет **с ю́га**.	He is travelling **from the south**.
Он встаёт **с дива́на**.	He gets up **from the sofa**.

С is also used in expressions of time to translate 'since'.

Вчера́ он рабо́тал **с утра́**.	Yesterday he worked **from the morning**.

Note: The expression далеко́ от, 'far from', is unchangeable, no matter what noun follows it. Thus:

далеко́ от го́рода
далеко́ от по́чты (*not* с по́чты)

The same applies to недалеко́ от and бли́зко от.

До 'up to', 'as far as', 'until', 'before'.

До can be used with nouns denoting space or time:

Мы éхали до Ленингрáда.	We were travelling **as far as Leningrad.**
Далекó до Москвы́?	Is it far **to Moscow?**
Я рабóтал до зáвтрака.	I worked **before** (*or* **up to**) **breakfast.**
Погóда стоя́ла хорóшая до вéчера.	The weather kept fine **till the evening.**

У 'in the presence of', 'at the house of', 'near', 'hard by'. Apart from being used to denote 'in the possession of' (see above, Lesson 8), **y** can also mean 'at the house of' (cf. French *chez*) or 'in the presence of':

Они́ у нас у́жинали.	They had supper **with us** (at our place).
Вчерá я был у дóктора.	I was **at the doctor's** (with the doctor) yesterday.

A further meaning is 'near', 'close by':

Стол стои́т у окнá.	The table stands **by the window.**

The following prepositions also govern the genitive:

Около 'near' or 'approximately':

Мы живём óколо пáрка.	We live **near the park.**
Я жил там óколо гóда.	I lived there **about a year.**

Вокру́г 'around':

Мы сиди́м вокру́г столá.	We are sitting **around the table.**

94

Против 'opposite', 'against':

Он сиди́т **про́тив** дру́га.	He is sitting **opposite his friend.**
Бу́дем сража́ться **про́тив** врага́.	We will fight **against the enemy.**

Ми́мо 'past':

Мы е́хали **ми́мо дере́вни.**	We rode **past the village.**

2. The Present Perfect Continuous

The present tense in Russian can be used to denote an action which has been going on for a certain time and is still going on. In English the perfect tense is used:

Я **зна́ю** его́ с де́тства.	I **have known** him since childhood.

(я **знал** его́ с де́тства means 'I **knew** him from childhood', implying that he is dead or that I no longer know him now.)

Я уже́ год **живу́** здесь.	I **have been living** here for a year.
Он **рабо́тает** со вто́рника.	He **has been working** since Tuesday.

In order to translate 'for a long time' with the present continuous, the adverb **давно́** ('a long time ago'), and not **до́лго**, is used:

Он **давно́ рабо́тает.**	He **has been working for a long time.**

(Он **до́лго** рабо́тает means 'He (always) works for a long time').

With the past tense **давно́** means 'a long time ago':

Он **давно́ рабо́тал.**	He **worked a long time ago.**

3. Use of ходи́ть/идти́ with Nouns Denoting Means of Transport

Whereas the verbs е́здить/е́хать must be used for people travelling by any means of transport, the verbs ходи́ть/идти́ are used to denote the movement of some vehicles, such as по́езд, 'train', and парохо́д, 'steamer'.

Thus:

Мы е́дем на парохо́де.	We are going by steamer.

But:

Парохо́д хо́дит из Ло́ндона в Ленингра́д.	The boat goes from London to Leningrad.

Е́хать, however, is usually used with the word автомоби́ль.

Автомоби́ль е́дет ми́мо вокза́ла.	The car goes by the station.

ТЕКСТЫ

1.

В де́тстве Игорь Мака́ров жил на Ура́ле в го́роде Магнитого́рске. Игорь хорошо́ по́мнит, как стро́ился э́тот молодо́й сове́тский го́род. Стро́ились но́вые зда́ния, заво́ды, теа́тры, дома́, магази́ны.

Тепе́рь в го́роде больши́е дома́, широ́кие у́лицы, краси́вые пло́щади. На берегу́ реки́ парк культу́ры и о́тдыха. В го́роде теа́тры, кино́, библиоте́ки и шко́лы.

Оте́ц и мать Игоря живу́т в Магнитого́рске давно́. Их кварти́ра нахо́дится в це́нтре го́рода, на углу́ у́лицы Ле́нина. Оте́ц Игоря – до́ктор. Сестра́ Игоря – учи́тельница. Вся семья́ живёт вме́сте.

Игорь учи́лся в Магнитого́рске. Учи́лся он всегда́ хорошо́. Тепе́рь он уже́ год рабо́тает на заво́де. Он то́же гото́вится в университе́т. Он хо́чет е́хать в Москву́ и держа́ть там экза́мен.

— Я до́лжен е́хать в Москву́ че́рез неде́лю, — говори́т оте́ц. — Мы мо́жем е́хать вме́сте.

— Очень хорошо́.

И че́рез неде́лю оте́ц и сын е́дут вме́сте в Москву́.

До́ктор Мака́ров и Игорь приезжа́ют в Москву́. Они́ выхо́дят из ваго́на на платфо́рму вокза́ла а пото́м на пло́щадь. Здесь они́ беру́т такси́ и е́дут с вокза́ла в гости́ницу «Москва́».

Бы́стро е́дет автомоби́ль «Во́лга». От вокза́ла до гости́ницы не о́чень далеко́. Вот уже́ пло́щадь Свердло́ва[1] и Большо́й теа́тр. Автомоби́ль остана́вливается у светофо́ра. Оте́ц и сын смо́трят на Большо́й теа́тр. Зда́ние теа́тра о́чень краси́во. Автомоби́ль е́дет да́льше, ми́мо теа́тра, и остана́вливается у гости́ницы «Москва́».

Гости́ница «Москва́» — большо́е зда́ние в це́нтре го́рода. В ко́мнате Мака́рова больши́е о́кна, дверь на балко́н. Окна выхо́дят на пло́щадь.

Игорь пе́рвый раз в Москве́. С де́тства он мно́го чита́л о Москве́, но ещё не был там. Он выхо́дит из ко́мнаты на балко́н и смо́трит на Кремль. Гости́ница нахо́дится совсе́м бли́зко от Кремля́. Около Кремля́, нале́во, Кра́сная пло́щадь. Напра́во Игорь ви́дит ста́рое зда́ние университе́та и совсе́м бли́зко напра́во – у́лицу Го́рького.[2]

1. Sverdlov Square, in which stands the Bolshoy Theatre, is in the centre of Moscow. It is named after Yakov Mikhaylovich Sverdlov, one of the early Communist party leaders.

2. Gorky Street – the main street of Moscow, named after the writer Aleksey Maksimovich Gorky (1868–1936).

УПРАЖНЕНИЯ

1. Fill in the blank spaces with prepositions to suit the meanings of the sentences:

   (1) Вчера́ мы бы́ли ... теа́тре. ... теа́тра мы е́хали ... автомоби́ле.
   (2) Я до́лго жил ... ю́ге. Тепе́рь я е́ду ... ю́га ... се́вер.
   (3) Ма́ша рабо́тает ... фа́брике. Она́ идёт ... фа́брики ... клуб.
   (4) Мы живём ... у́лице Го́рького недалеко́ ... Кра́сной пло́щади.
   (5) Он живёт ... университе́та.
   (6) Мы е́здим ... го́рода ... го́род, ... фа́брики ... фа́брику.

2. Put the nouns and verbs in brackets in their correct forms.

   (1) Брат (оте́ц) (жить) на (у́лица) Го́рького.
   (2) Ты до́лго (учи́ться) у (учи́тельница)?
   (3) Около (зда́ние) (находи́ться) парк (культу́ра) и (о́тдых).
   (4) Он всегда́ (рабо́тать) с (у́тро) до (ве́чер).

3. Translate into Russian:

   (1) Since the spring I have been studying in the university. I am studying Russian and every day I learn a lesson.
   (2) We will be living not far from the post-office in Gorky Street, near the building where your uncle used to work.
   (3) When we watch the television I usually sit by the door. Before the end I get up and go out of the room. I take my books from the table near the window and go to my bedroom and read.

(4) On what day will it be possible to go to the cinema? On Thursday? Good, I'm not working on Thursday.

(5) The boat goes on Friday. I am going to Leningrad for a month. I shall have to read a lot about the U.S.S.R. Have you been to Russia?* Yes, a long time ago. I worked there for a long time.

(6) When people dance the whole evening and drink too much they usually feel bad the next day.

(7) Once a month I get a letter from my sister. She is a teacher in a school near Magnitogorsk.

* For prepositional case of Россия, see below, p. 103.

УРОК 15

СЛОВАРЬ

аппети́т *m.* appetite

аэродро́м *m.* aerodrome

без *pr.* (+*gen.*) without

боль *f.* pain

бо́льше *adv.* more; бо́льше не no longer

влеза́ть I (влеза́‖ю, -ешь) to climb in

вопро́с *m.* question

гото́вый *adj.* ready

для *pr.* (+*gen.*) for (the sake of)

из-за *pr.* (+*gen.*) from behind; because of

инстру́ктор *m.* instructor

кома́нда *f.* command, order; team

копе́йка *f.* copeck

лу́чше *adv.* better

мину́та *f.* minute

меша́ть I (меша́‖ю, -ешь) to hinder, prevent, stop

наде́яться I (наде́‖юсь,[1] -ешь-ся) to hope

ни ... ни neither ... nor

нигде́ *adv.* nowhere

никогда́ *adv.* never

никто́ *pron.* (*gen.* никого́) nobody

ничто́ *pron.* (*gen.* ничего́) nothing

носи́ть II (ношу́, но́сишь) to wear[2]

парашю́т *m.* parachute; парашю́тное де́ло parachute jumping

поднима́ться I (поднима́‖юсь, -ешься) to go up, rise

подходи́ть II (подхожу́, подхо́дишь) to come up to, approach

помога́ть I (помога́‖ю, -ешь) to help

посеща́ть I (посеща́‖ю, -ешь) to visit

по́сле *pr.* (+*gen.*) after

посте́ль *f.* bed, bedding

почему́ *adv.* why

приближа́ться I (приближа́‖-юсь, -ешься) to approach

пры́гать I (пры́га‖ю, -ешь) to jump

прыжо́к *m.* (*gen.* прыжка́) jump

раскрыва́ться I (раскрыва́ется) to open up

рециди́в *m.* relapse, recurrence of an illness

самолёт *m.* aeroplane

1. Наде́яться, like смея́ться, loses its first я in the present tense.

2. носи́ть, as well as 'to carry', also means 'to wear' or 'to be wearing'. The form нести́ is never used with this meaning.

советовать I (сове́ту‖ю, -ешь) to advise
спортклу́б *m.* sports club
спуска́ться I (спуска́‖юсь, -ешься) to descend, come down

устро́йство *n.* structure, working, arrangement
ху́же *adv.* worse
член *m.* member
шля́па *f.* hat

Выраже́ния

лежа́ть в больни́це	to be in hospital
сиде́ть в тюрьме́	to be in prison
к сожале́нию	unfortunately

ГРАММАТИКА

1. Uses of the Negative

(a) In order to express absence in Russian, the word **нет** (a contraction of **не есть**) is used with the *genitive* case.

В ко́мнате есть дива́н.	There is a sofa in the room.
В ко́мнате **нет** дива́на.	**There is no** sofa in the room.

In the past and future **нет** is replaced by **не́ было** and **не бу́дет** respectively, no matter what the gender or number of the noun.

На столе́ **не́ было** таре́лки.	**There was no** plate on the table.
За́втра **не бу́дет** уро́ка.	**There will be no** lesson tomorrow.

Note: In order to express absence of human beings it is not always necessary to use this construction; a simple negative personal construction may be used:

До́ктор не́ был до́ма.	⎫ The doctor was not at home.
До́ктора не́ было до́ма.	⎭

101

The first of these two sentences, however, implies that you are going to say where he was – Он был в театре for example. The second is a categorical statement of his absence: 'He was not there, and that's all I know.'

Do not confuse a simple negative with an impersonal нет+the genitive:

Тарéлка не на столé.	The plate is not on the table.
На столé нет тарéлки.	There is no plate on the table.

(b) In order to negate expressions of possession (у меня есть, etc.), the verbs есть, был, бýдет, etc. are replaced by нет, нé было, and не бýдет, irrespective of the gender or number of the object possessed. The object possessed is *always* in the genitive.

У меня нет карандашá.	I **have not got** a pencil, I have **no** pencil.
У дóктора нé было сестры́.	The doctor **had no** sister.
У нас не бýдет газéты.	We **shall not have** a newspaper.

(c) The object of a transitive verb in the negative is usually in the genitive instead of the accusative.

Я не вижу столá.	I do **not** see the table.
Он не встречáет сестры́.	He is **not** meeting his sister.

(d) *The double negative.* When using the negative pronouns никтó 'nobody' and ничтó 'nothing' and the adverbs никогдá 'never' and нигдé 'nowhere', it is essential to use the negative particle не with the verb:

Никтó не знáет.	**Nobody** knows.
Он никогдá не читáет.	He **never** reads.

The genitive of никто́ and ничто́ is никого́ and ни-
чего́ respectively. Thus:

| Он **ничего́ не** пи́шет. | He is writing **nothing**, he is **not** writing **anything**. |

More than one negative pronoun or adverb may be used
in a sentence, the particle **не** still being retained:

| Он **никогда́ ничего́ не** чита́ет. | He **never** reads **anything**. |

With **ни** ... **ни** 'neither ... nor', **не** is always used
with the verb:

| Он **не** чита́ет **ни** кни́ги, **ни** газе́ты. | He reads **neither** the book **nor** the newspaper. |
| У меня́ **нет** (=не есть) **ни** бра́та, **ни** сестры́. | I have **neither** brother **nor** sister. |

Ни may also be used by itself for stress in a negative
sentence:

| У него́ **не́ было ни** ко-пе́йки. | He hadn't a copeck (100th part of a rouble). |

2. The Dative Case

(1) *The formation of the dative case.* (a) Masculine nouns
add: **-у** if the stem ends in a consonant (стул – сту́лу;
това́рищ – това́рищу); **-ю** if the nominative ends in
-ь or **-й** (дождь – дождю́; чай – ча́ю).
(b) Feminine nouns change the ending **-а** or **-я** into **-е**
(кни́га – кни́ге; неде́ля – неде́ле).
Those which end in **-ь**, however, have the dative in
-и (ночь – но́чи). The prepositional is the same.
Feminine nouns ending in **-ия** have the dative (as
well as the prepositional) in **-ии** (фами́лия – фами́-
лии).
(c) Neuter nouns change the ending **-о** to **-у**; **-е** to **-ю**:

окно́ – окну́
по́ле – по́лю
зда́ние – зда́нию

(2) *Uses of the dative.* (a) *Without a preposition.* The dative is the 'giving case' in Russian and is used mainly as the *indirect object*, usually of persons.

Я даю книгу **брату**.	I give the book (*direct object*) **to my brother** (*indirect object*).
Он пишет письмо **отцу**.	He is writing a letter **to his father**.

It is also used after verbs of saying, etc.:

Он говорит **сестре**, что его не будет дома.	He tells **his sister** that he will not be at home.
Сын отвечает **отцу**.	The son answers **his father**.

(Cf. отвечать **на** письмо 'to answer **a letter**')

The dative is frequently used with *impersonal constructions* such as:

Брату жарко.	My brother is hot.
Сестре холодно.	My sister is cold.
Учителю лучше.	The teacher is (feeling) better.

Certain transitive verbs take a direct object in the dative, the most common being: помогать 'to help', советовать 'to advise', and мешать 'to hinder':

Кто помогает Николаю?	Who is helping Nicholas?
Он мешает дяде работать.	He is stopping his uncle from working.

(b) *With prepositions.* The two most common prepositions taking the dative are:

К 'towards', 'up to', 'to' (but not 'into'):

Я иду **к отцу**.	I am going **to my father**.
Он шёл **к окну**.	He was going **to the window**.

Note: The opposite of к is от 'from'.

К can also be used in expressions of time to mean 'by':

К ве́черу я до́лжен быть здесь.	I must be here **by evening.**
Ко вто́рнику всё бу́дет гото́во.	Everything will be ready **by Tuesday.**

Note: Like в/во, с/со, ко is sometimes used before nouns beginning with two or more consonants.

По The most common meaning of **по** + the dative is 'along':

Он идёт **по у́лице.**	He is going **along the street.**

or 'about', 'up and down':

Он хо́дит **по ко́мнате.**	He is walking **up and down the room.**

It is frequently used to translate 'according to':

Мы рабо́таем **по пла́ну.**	We work **according to plan.**

ТЕКСТЫ

I.

Моя́ мать лежи́т в больни́це. Она́ уже́ давно́ там. Я её посеща́ю раз в неде́лю, в суббо́ту днём. Сего́дня она́ чу́вствует себя́ лу́чше; у неё бо́льше нет бо́ли. Она́ говори́т, что она́ никогда́ не чу́вствовала себя́ пло́хо, что у неё никогда́ не́ было бо́ли. Но я зна́ю, что э́то не пра́вда.

Я сижу́ у её посте́ли. Мы разгова́риваем о до́ме, о са́де. А вот до́ктор. Я его́ хорошо́ зна́ю – он ста́рый друг семьи́. Он подхо́дит к посте́ли. Мы здоро́ваемся.

— Анне Миха́йловне лу́чше сего́дня, – говори́т он.
— Но к сожале́нию она́ ничего́ не ест. Почему́ вы ничего́ не хоти́те есть? Что меша́ет вам* есть? – он спра́шивает мать.
— Ах, я не зна́ю, – она́ отвеча́ет до́ктору. — У меня́ нет аппети́та. У меня́ не́ было аппети́та ни вчера́, ни в воскресе́нье. Мо́жет быть, за́втра бу́дет лу́чше.
— Наде́юсь, что вам бу́дет лу́чше. Но е́сли вы не бу́дете есть, вам бу́дет ху́же. Я вам сове́тую – е́шьте, что мо́жете. У вас не бу́дет рециди́ва. Че́рез ме́сяц вы бу́дете опя́ть гуля́ть в па́рке.

2. Пе́рвый прыжо́к

Ли́да Моро́зова рабо́тает на фа́брике у нас в го́роде. Она́ член спортклу́ба при фа́брике. Она́ о́чень сме́лая де́вушка и в спортклу́бе она́ изуча́ет параша́тное де́ло. Инстру́ктор мно́го помога́ет Ли́де; он объясня́ет де́вушке устро́йство парашю́та. Она́ его́ слу́шает и отвеча́ет на все его́ вопро́сы. Она́ ча́сто лета́ет на самолёте.

Одна́жды инстру́ктор подхо́дит к Ли́де и говори́т:
— Бу́дьте гото́вы ко вто́рнику. Во вто́рник по пла́ну ваш пе́рвый прыжо́к.

Во вто́рник она́ с утра́ на аэродро́ме. Пого́да хоро́шая. Она́ подхо́дит к самолёту и влеза́ет. Инстру́ктор то́же влеза́ет. Самолёт поднима́ется.

Вот инстру́ктор даёт Ли́де кома́нду. По его́ кома́нде Ли́да сме́ло пры́гает с самолёта. Парашю́т раскрыва́ется, и она́ ме́дленно спуска́ется. Она́ ви́дит широ́кое по́ле. Она́ приближа́ется к земле́. Ещё мину́та, и де́вушка уже́ на земле́. Самолёт лети́т к аэродро́му.

* Dative of вы.

УПРАЖНЕНИЯ

1. Put the nouns in brackets in the following sentences in the apprropriate cases:

   (1) У (учи́тельница) не́ было (кни́га).
   (2) Из-за (дождь) он не ви́дит (самолёт).
   (3) Никто́ (ничто́) не понима́ет.
   (4) Отвеча́йте (до́ктор), когда́ он сове́тует (вы).
   (5) Кто помога́ет (инстру́ктор)?
   (6) Мой друг подхо́дит к (зда́ние).

2. Put the following sentences in the negative:

   (1) У Ли́ды был парашю́т.
   (2) Он всегда́ чита́ет газе́ту по́сле за́втрака.
   (3) Я ви́жу и сестру́ и бра́та.
   (4) Ножи́ и ви́лки на столе́.

3. Translate into Russian:

   (1) I never had either a house or a flat.
   (2) Who is stopping you working?
   (3) Unfortunately my uncle is in hospital and my aunt is in prison. I visit my uncle once a week but it is not possible to visit my aunt.
   (4) Because of the rain it is impossible to run about the garden today.
   (5) Who is that man without a hat going up to your sister? Her husband? Why doesn't he ever wear a hat in winter?
   (6) I hope the teacher is not cold; I know it's not hot in the classroom, but it's not too bad for winter.

УРОК 16

СЛОВАРЬ

Африка *f.* Africa
великий *adj.* great
возвраща́ться I (возвраща́‖-
  юсь, -ешься) to return
де́латься I (де́ла‖юсь, -ешься)
  to become
дово́льный *adj.* (*short form*
  дово́лен, дово́льна, -о; -ы)
  satisfied, pleased
за *pr.* (+*acc.*, +*instr.*) behind,
  beyond
занима́ться I (занима́ю‖сь,
  -ешься) to be engaged in, to
  study
иногда́ *adv.* sometimes
интере́с *m.* interest
интересова́ться I (интересу́‖-
  юсь, -ешься) to be interested
  in
исто́рия *f.* history; story
каза́ться I (кажу́сь, ка́жешься)
  to seem
ко́фе *m.* (*indeclinable*) coffee
лимо́н *m.* lemon
му́зыка *f.* music
над *pr.* (+*instr.*) over
офице́р *m.* officer

пе́ние *n.* singing
пе́ред *pr.* (+*instr.*) before, in
  front of
под *pr.* (+*instr.*) under
поднима́ть I (поднима́‖ю, -ешь)
  to raise, lift
по́льзоваться I (по́льзу‖юсь,
  -ешься) to make use of
почему́-то for some reason or
  other
привы́чка *f.* habit
роя́ль *m.* (grand) piano
ружьё *n.* (*pl.* ру́жья) rifle, gun
с *pr.* (+*instr.*) with
секрета́рь *m.* (*gen.* секретаря́)
  secretary
служи́ть II (служу́, слу́жишь)
  to serve
слух *m.* hearing, ear[1]
снача́ла *adv.* at first
солда́т *m.* soldier
станови́ться II (становлю́сь,
  стано́вишься) to become
тигр *m.* tiger
уби́тый *part.* (*short form* уби́т,
  -а, -о; -ы) killed
яйцо́ *n.* (*pl.* я́йца) egg

1. Слух only means 'ear' in the sense 'he has a good ear' – у него́
   хоро́ший слух. The Russian for 'an ear' is у́хо (*pl.* у́ши).

Выраже́ния

мы с отцо́м	my father and I
мы с ним, мы с ва́ми	he and I, you and I
хлеб с ма́слом	bread and butter
за за́втраком, обе́дом, etc.	at breakfast, dinner, etc.
ходи́ть/е́здить за до́ктором	to fetch the doctor
ходи́ть за кни́гой	to go and fetch a book
по́льзоваться успе́хом	to enjoy success
игра́ть на роя́ле	to play the piano

ГРАММАТИКА

1. The Instrumental Case

(1) *The formation of the instrumental case.* (a) Masculine nouns ending in a consonant add -ом for the instrumental case.

Those ending in ж, ц, ч, ш, and щ have the instrumental in -ом if the stress is on the last syllable, or -ем if the stress is not on the last syllable. Thus: стол – столо́м; нож – ножо́м; това́рищ – това́рищем. Masculine nouns ending in -ь or -й have -ем in the instrumental (or -ём if the stress is on the end). Thus: учи́тель – учи́телем; ча́й – ча́ем; слова́рь – словарём.

(b) Feminine nouns change the -а ending of the nominative to -ой (or, more rarely, -ою) unless the last consonant of the stem is ж, ц, ч, ш, or щ, in which case the instrumental ending is -ей (-ею). Feminine nouns in -я have the instrumental in -ей (-ею) (or -ёй, if the stress is on the end).

Feminine nouns in -ь simply add -ю for the instrumental.

Thus: ко́мната – ко́мнатой; учи́тельница – учи́тельницей; неде́ля – неде́лей; Росси́я – Росси́ей; земля́ – землёй; о́сень – о́сенью.

(c) Neuter nouns change the ending -о into -ом; -е into -ем; -ё into -ём.

Thus: окно́ – окно́м; зда́ние – зда́нием; ружьё – ружьём.

(2) *Uses of the instrumental.* (a) The main use of the instrumental is to denote the instrument, agent, or means with or by which a thing is done. It often translates an English noun or pronoun preceded by 'with' or 'by'. It can **never** be used, however, to translate 'together with':

Я пишу́ карандашо́м.	I write **with** a pencil.
Он был уби́т ти́гром.	He was killed **by** a tiger.

(b) The complement of the verb 'to be' in the past, future, or imperative (but *very rarely* in the present) is frequently in the instrumental, particularly when a temporary state is implied:

Он **был** инжене́ром	He **was** an engineer.
Вы бу́дете до́ктором.	You **will be** a doctor.
But Мой брат – до́ктор.	My brother is a doctor.

The nominative can be used with the past tense, but it tends to indicate a permanent rather than a temporary state:

Пу́шкин был вели́кий поэ́т.	Pushkin was a great poet (and still is).

Note: The complement of the following link-verbs is always in the instrumental, no matter what the tense: каза́ться 'to seem, to look'; станови́ться, де́латься 'to become'; служи́ть 'to serve (as)':

Он слу́жит секретарём клу́ба.	He serves as (is) secretary of the club.
Офице́р каза́лся ма́льчиком.	The officer looked like a boy.

Каза́ться, however, is more frequently used impersonally:

Он, каза́лось, был бо́лен.	He seemed to be ill.
Ка́жется, кино́ откры́то.	It looks as though (I think) the cinema is open.

(c) Certain verbs in Russian are always followed by the instrumental. Common amongst these are: занима́ться 'to be engaged in', 'to study'; интересова́ться 'to be interested in'; по́льзоваться 'to make use of':

Я занима́юсь грамма́тикой.   I am studying grammar.

Note: When the adjective дово́льный 'pleased', 'satisfied', used in its short form, is followed by a complement ('pleased with him'), the latter is always in the instrumental:

Я о́чень дово́лен ученико́м.   I am very satisfied with my pupil.

(3) *Prepositions taking the instrumental.* **C** 'with', 'together with':

Он гуля́ет **с** бра́**том**.   He is walking **with** his brother.

Note: If 'with' in English cannot be replaced by 'by means of', 'by the agent of', then **c**+the instrumental must be used, although it may not literally translate 'together with':

Cf. Он не ест ножо́м.   He does not eat **with** (by means of) a knife.

Он ест **с** аппети́том.   He eats **with** appetite.

'To talk to' is translated in Russian by говори́ть **c**+instr.:

Он говори́л с отцо́м.   He was talking to his father.

This must not be confused with говори́ть+dat. which means 'to say to':

Он говори́л отцу́, что мо́жно кури́ть.   He was telling his father that it was possible to smoke.

Над; под; за 'Over'; 'under'; 'behind'.

All these prepositions+the instrumental indicate 'place where':

Он сиди́т **над** (**под**) (**за**) мосто́м.   He sits **over** (**under**) (**behind**) the bridge.

III

When 'motion towards' is implied, then **под** and **за** are followed by the accusative. **Над** can never be followed by the accusative and must be replaced by **чѐрез** 'across':

Я кладу́ каранда́ш **под** (**за**) кни́гу.	I am putting the pencil **under** (**behind**) the book.
Он сади́тся **за** стол.	He sits down **at** (**behind**) the table.
Он идёт **чѐрез** мост.	He is going **over** the bridge.

Пе́ред, which can only take the instrumental, means *either* 'in front of':

Он сиди́т **пе́ред** до́мом.	He is sitting **in front of** the house.

or '(just) before', in expressions of time:

Пе́ред у́жином он рабо́тал.	(**Just**) **before** supper he was working.

2. Declension of Personal Pronouns

The full declension of personal pronouns is as follows:

Nom.	я	ты	он оно́ она́	
Acc. Gen.	меня́	тебя́	его́	её
Dat.	мне	тебе́	ему́	ей
Instr.	мной (мно́ю)	тобо́й (тобо́ю)	им	ей (е́ю)
Prep.	мне	тебе́	нём	ней

Nom.	мы	вы	они́
Acc. Gen.	нас	вас	их
Dat.	нам	вам	им
Instr.	на́ми	ва́ми	и́ми
Prep.	нас	вас	них

Whenever a personal pronoun beginning with a vowel is preceded by a preposition it is prefixed with **н-** for the sake of consonance (с **н**им, у **н**её, к **н**им, без **н**их). The prepositional case of он (оно́), она́, они́ (нём, ней, них) always has this prefix, as it can never be used without a preposition.

When, however, его́, её, or их mean 'his' (its), 'her' or 'their', they are *never* prefixed with **-н**.

Thus:

в **его́** до́ме   in **his** house
у **её** сестры́   at **her** sister's

Note: The prepositions **к**, **пе́ред**, and **с**, when used with **я** become ко, пе́редо, со. When **о** is used with the prepositional мне it becomes обо мне́, the stress falling entirely on мне.

кто and **что** are declined:

Nom.	кто	что
Acc.	кого́	что
Gen.	кого́	чего́
Dat.	кому́	чему́
Instr.	кем	чем
Prep.	ком	чём

ТЕКСТ

Ка́ждое у́тро мы с бра́том встаём ра́но, одева́емся и спуска́емся. За́втракаем обы́чно вме́сте с отцо́м. Он сиди́т за столо́м и чита́ет с интере́сом газе́ту и́ли кни́гу. С на́ми он почти́ никогда́ не говори́т за за́втраком. Ра́ньше он был профе́ссором и почему́-то всегда́ гото́вил ле́кции за за́втраком. Вот почему́ у него́ така́я привы́чка – чита́ть и молча́ть за столо́м. Но когда́ мы сади́мся за стол, он поднима́ет го́лову и говори́т нам:
— Здра́вствуйте, де́ти! Как спа́ли? Хорошо́?
— Ничего́, па́па, – мы всегда́ отвеча́ем.

Пото́м мы начина́ем есть с аппети́том. Брат мой обы́чно ест яйцо́ ло́жкой. Я ем хлеб с ма́слом; иногда́ ем немно́жко сы́ра то́же. Мы пьём ко́фе с молоко́м.

Сестра́ на́ша не лю́бит ко́фе; она́ пьёт чай с лимо́ном. Она́ встаёт ра́ньше и за́втракает до нас; она́ должна́ идти́ в университе́т, где она́ занима́ется исто́рией. Ве́чером она́ возвраща́ется домо́й и мы все у́жинаем вме́сте.

По́сле у́жина мы сиди́м вме́сте и разгова́риваем. Это о́чень прия́тно. Но иногда́ моя́ сестра́ игра́ет на роя́ле и мой брат поёт. Хотя́ я интересу́юсь му́зыкой и о́чень люблю́ её, я всегда́ недово́лен, когда́ они́ даю́т тако́й конце́рт. К сожале́нию, сестра́ о́чень пло́хо игра́ет – она́ никогда́ не по́льзовалась успе́хом. А у бра́та Серге́я совсе́м нет слу́ха. Когда́ они́ начина́ют, я говорю́ им, что я до́лжен занима́ться у себя́ в ко́мнате. Но па́па почему́-то о́чень дово́лен пе́нием Серге́я и слу́шает его с интере́сом.

УПРАЖНЕНИЯ

1. Put the words in brackets in the right cases:

   (1) Серге́й идёт за (кни́га) (оте́ц).
   (2) (Кто) ты недово́лен? (Мы) и́ли (они́)?
   (3) (Что) ест ма́льчик мя́со?
   (4) За (река́) по́ле, за (по́ле) лес.
   (5) Я говори́л с (она́) о (он) и о (ты).
   (6) Он кладёт письмо́ под её (таре́лка).

2. Fill in the blank spaces with verbs (present and past) selected from the following:
   служи́ть, лежа́ть, есть, идти́, каза́ться, интересо-
   ва́ться

   (1) Высоко́ в не́бе самолёт ... пти́цей.
   (2) Кто ... секретарём клу́ба?
   (3) Я о́чень ... исто́рией.
   (4) Мы ... мя́со ножо́м и ви́лкой.
   (5) Он ... под мосто́м.
   (6) Кто э́то ... за карандашо́м?

3. **Translate into Russian:**

   (1) If no one is satisfied with him or his work, he must stay at home.

   (2) While he was talking to her brother about the weather, she was already going home.

   (3) Please go and fetch a doctor before lunch. I am feeling very ill.

   (4) My poor friend was killed by a soldier when he was in Africa.

   (5) What do you usually write with – a pencil or a pen?

   (6) I was listening to the professor with interest. He seemed to be talking intelligently. He knows how to talk.

   (7) At first he was a soldier, then a doctor. He was a clever man.

УРОК 17

СЛОВАРЬ

ата́ка *f.* attack
атакова́ть I (атаку́‖ю, -ешь) to attack
вдруг *adv.* suddenly
взро́слый *adj.* (*also used as noun*) grown-up, adult
волк *m.* (*gen. pl.* волко́в) wolf
воро́та *pl.* (*gen.* воро́т) gate; goal (in football)
живо́й *adj.* live, living
жили́ще *n.* dwelling (place)
защи́тник *m.* defender; full-back (in football)
зверь *m.* (*gen. pl.* звере́й) (wild) animal
зоопа́рк *m.* zoo
капита́н *m.* captain
киломе́тр *m.* kilometre
копьё *n.* (*gen. pl.* ко́пий) spear
кружо́к *m.* (*gen.* кружка́) circle, group
лев *m.* (*gen.* льва) lion
матч *m.* match
ме́жду *pr.* (+*instr.*) between

моме́нт *m.* moment
москви́ч *m.* (*gen.* москвича́) Muscovite, inhabitant of Moscow
мяч *m.* (*gen.* мяча́) ball
наблюда́ть I (наблюда́‖ю, -ешь) to observe
наконе́ц *adv.* at last
нау́чный *adj.* scientific
не́сколько several[1]
ня́ня *f.* nurse, nanny
обезья́на *f.* monkey, ape
полови́на *f.* half
полоте́нце *n.* (*gen. pl.* полоте́нец) towel
популя́рный *adj.* (*short form* популя́рен, популя́рна, -о; -ы) popular
посети́тель *m.* visitor
после́дний *adj.* last
приходи́ть II (прихожу́, прихо́дишь) to come (on foot)
продолжа́ть I (продолжа́‖ю, -ешь) to continue[2]

1. When мно́го and не́сколько mean 'many' and 'several' they are followed by the genitive plural.
2. Продолжа́ть can be used with an object (продолжа́ть ата́ку 'to continue the attack') or an infinitive (продолжа́ть чита́ть 'to continue reading'). It can also be used reflexively (ата́ка продолжа́ется 'the attack continues').

рубль *m.* (*gen.* рубля́) rouble
свисто́к *m.* (*gen.* свистка́) whistle
слон *m.* (*gen.* слона́) elephant
сно́ва *adv.* again
стадио́н *m.* stadium
ста́нция *f.* station; centre
судья́ *m.* (*nom. pl.* су́дьи, *gen. pl.* су́дей) judge; referee

счёт *m.* score; bill, account
уда́р *m.* blow, kick, stroke
учени́к *m.* (*gen.* ученика́) pupil
часть *f.* (*gen. pl.* часте́й) part; military unit
шко́льник *m.* schoolboy
штрафно́й *adj.* penalty (*attr.*)
экску́рсия *f.* excursion, trip

Выраже́ния

по суббо́там, воскресе́ньям	on Saturdays, Sundays, etc.
по вечера́м	in the evenings
в три часа́	at three o'clock
дава́ть свисто́к	to blow the whistle
пожима́ть ру́ки	to shake hands
забива́ть гол	to score a goal

ГРАММАТИКА

1. Declension of Nouns in the Plural

(1) Masculine nouns ending in a consonant are declined in the following way:

Nom.	столы́
Acc.	столы́
Gen.	столо́в
Dat.	стола́м
Instr.	стола́ми
Prep.	стола́х

Three rules must be remembered:

(a) If the noun ends in г, к, х, ж, ч, ш, or щ, then the nominative plural has -и in place of -ы. E.g.: враг – враги́; това́рищ – това́рищи.

(b) If the noun ends in ж, ч, ш, or щ, the genitive plural will end in -ей. Thus: нож – ноже́й; това́рищ – това́рищей.

(c) If the noun ends in ц the genitive plural will be -о́в (if the stress is on the last syllable) or -ев (if it is on a preceding syllable). Thus: оте́ц – отцо́в; ме́сяц – ме́сяцев.

Masculine nouns ending in **-ь** or **-й** are declined in the plural as follows:

Nom.	словари́	геро́и
Acc.	словари́	геро́ев
Gen.	словаре́й	геро́ев
Dat.	словаря́м	геро́ям
Instr.	словаря́ми	геро́ями
Prep.	словаря́х	геро́ях

Note the difference in the genitive plural. Some masculine nouns have the nominative plural in **-а́** or **-я́** (always stressed). The most common are: леса́, глаза́, берега́, города́, вечера́, доктора́, учителя́, поезда́, дома́.

(2) Feminine nouns ending in **-а** have the following plural:

Nom.	ко́мнаты
Acc.	ко́мнаты
Gen.	ко́мнат
Dat.	ко́мнатам
Instr.	ко́мнатами
Prep.	ко́мнатах

If the stem of the noun ends in г, к, х, ж, ч, ш, or щ, then the ending -ы will be replaced by -и. E.g. кни́га – кни́ги.

If the stem of the noun ends in two or more consonants, then in the genitive plural the last two consonants are usually separated by -о-, -е-, or -ё-. Thus: ви́лка – ви́лок; де́вушка – де́вушек; сестра́ – сестёр. The rules governing the choice of this so-called 'mobile vowel' are complicated and need not bother the student at this stage. Such genitive plurals should merely be noted and memorized individually. If a soft sign (ь) separates the last two consonants of the stem, then it will be replaced by -е-. E.g. тюрьма́ – тю́рем. Note the genitive plural of копе́йка – копе́ек.

Feminine nouns ending in **-ь**, **-я**, and **-ия** have the following plurals:

Nom.	ча́сти	ня́ни	фами́лии
Acc.	ча́сти	ня́нь	фами́лии
Gen.	часте́й	ня́нь	фами́лий
Dat.	частя́м	ня́ням	фами́лиям
Instr.	частя́ми	ня́нями	фами́лиями
Prep.	частя́х	ня́нях	фами́лиях

From the declension of герóй and ня́ня it will be seen
that in the plural *all* animate nouns (i.e. nouns denoting human beings or animals), be they masculine *or*
feminine, have the same accusative as the genitive.
The accusative plural of all inanimate nouns is always
the same as the nominative.

Note the following: (a) Feminines ending in -жь, -чь, ог -шь
have the dative, instrumental, and prepositional in -ам, -ами,
-ах:

> ночь – ноча́м, ноча́ми, ноча́х.

(b) If the ending -я is preceded by two or more consonants,
then again a 'mobile vowel' will generally be inserted between the last two consonants in the genitive plural. Thus:
земля́ – земéль.

(3) Neuter nouns ending in **-о, -е**, and **-ие** decline as
follows in the plural:

Nom.	слова́	поля́	зда́ния
Acc.	слова́	поля́	зда́ния
Gen.	слов	полéй	зда́ний
Dat.	слова́м	поля́м	зда́ниям
Instr.	слова́ми	поля́ми	зда́ниями
Prep.	слова́х	поля́х	зда́ниях

Note 1. There are a few neuter nouns in -ье or -ьё. These are
declined in the plural like зда́ние, but the -и- is replaced by -ь-
except in the genitive which ends in -ий.
E.g. копьё 'a spear' – ко́пья, ко́пья, ко́пий, ко́пьям, etc.
Ружьё, however, has the genitive ру́жей.
2. A 'mobile vowel' will usually appear in the genitive if there
are two or more consonants at the end of the stem. E.g. окно́ –
о́кон; письмо́ – пи́сем.
3. There are a few neuters in -це and -ще. These usually decline
like слова́. E.g. полоте́нце (*gen. pl.* полоте́нец), жили́ще.

2. Numerals

Cardinal numbers from nought to one hundred are as follows:

0 ноль

1	оди́н, одна́, одно́	11	оди́ннадцать
2	два, две	12	двена́дцать
3	три	13	трина́дцать
4	четы́ре	14	четы́рнадцать
5	пять	15	пятна́дцать
6	шесть	16	шестна́дцать
7	семь	17	семна́дцать
8	во́семь	18	восемна́дцать
9	де́вять	19	девятна́дцать

10	де́сять	60	шестьдеся́т
20	два́дцать	70	се́мьдесят
30	три́дцать	80	во́семьдесят
40	со́рок	90	девяно́сто
50	пятьдеся́т	100	сто

Note: The suffix -дцать (pronounced -ццать) found in 11 – 19, 20, and 30 is a contraction of де́сять. Thus оди́ннадцать 'eleven' is simply a telescopic form of оди́н на де́сять 'one on to ten'.

Care should be taken with the spelling and stressing of 50, 60, 70, and 80 (-десят in each case is a form of the genitive plural – thus пять-деся́т is 'five tens'). The unstressed syllables are very lightly pronounced. Пятьдеся́т tends to sound like *pidissyát*.

(1) *Compound numbers*. Compound numbers are formed as in English (but without the conjunction 'and' or hyphens). Thus: сто се́мьдесят пять one hundred and seventy-five.

(2) *Nouns qualified by numerals*. (a) The number 'one' (оди́н, одна́, одно́) agrees in gender with the noun following it:

оди́н стол; одна́ же́нщина; одно́ перо́.

120

(b) **Два** (for masculine and neuter nouns) and **две** (for feminine nouns) are followed by the genitive singular:

> два стола́; две же́нщины

The same applies to **о́ба, о́бе** 'both':

> о́ба стола́; о́бе ко́мнаты

(c) **Три** and **четы́ре** (all genders) are also followed by the genitive singular:

> три часа́; четы́ре учи́тельницы

Note: три часа́ can either mean 'three hours' or 'three o'clock'.

(d) The numerals 'five' to 'twenty', 'thirty', 'forty', 'fifty' ... 'one hundred' are all followed by the genitive plural:

> семь столо́в; шестна́дцать часо́в; во́семьдесят мину́т

(e) Nouns following compound numbers are governed by the *last* numeral in the compound:

> два́дцать оди́н рубль
> три́дцать одна́ ко́мната
> со́рок две мину́ты (*gen. sing.*)
> сто се́мьдесят пять рубле́й
> пятьдеся́т де́вять киломе́тров

3. Indeterminate Sentences

The 3rd person plural of the verb (without the pronoun) is often used in Russian to give an indefinite meaning to a sentence. In English the verb is usually preceded by the pronoun 'they' (cf. French *on*, German *man*), or the passive is used.

Говоря́т, что он бо́лен.	**It is said (they say)** that he is ill.
В шко́ле **изуча́ли** ру́сский язы́к.	**Russian used to be studied** at school.

ТЕКСТЫ

1. Моско́вский зоопа́рк

Моско́вский зоопа́рк о́чень популя́рен. Зоопа́рк посеща́ют и взро́слые, и шко́льники, и де́ти. Здесь быва́ют посети́тели по утра́м и по́сле обе́да. Шко́лы де́лают экску́рсии в зоопа́рк. Вме́сте с ученика́ми прихо́дят их учителя́. Осо́бенно мно́го посети́телей быва́ет в зоопа́рке по воскресе́ньям.

В зоопа́рке живу́т зве́ри, пти́цы и ры́бы со всех* концо́в земли́. Посети́тели осо́бенно интересу́ются слона́ми и льва́ми, ти́грами и волка́ми. И взро́слые и де́ти всегда́ лю́бят смотре́ть на обезья́н.

Моско́вский зоопа́рк не то́лько «живо́й музе́й», э́то то́же нау́чная ста́нция, где рабо́тают студе́нты. Они́ изуча́ют привы́чки звере́й. При зоопа́рке есть та́кже кружо́к шко́льников. Их у́чат наблюда́ть приро́ду, звере́й и птиц и им расска́зывают исто́рии о зверя́х.

2. На футбо́ле

Сего́дня воскресе́нье. Москвичи́ иду́т на стадио́н «Дина́мо». В три часа́ бу́дет футбо́льный матч ме́жду кома́ндами «Дина́мо» и «Спарта́к». Судья́ даёт свисто́к и о́бе кома́нды выхо́дят на по́ле. Капита́ны кома́нд пожима́ют ру́ки, и игра́ начина́ется. Уже́ в пе́рвые мину́ты дина́мовцы забива́ют гол в воро́та «Спартака́». Дина́мовцы продолжа́ют ата́ку. Но спарта́ковцы игра́ют о́чень хорошо́. Че́рез со́рок мину́т они́ забива́ют гол в воро́та «Дина́мо». В э́тот моме́нт судья́ даёт свисто́к. Пе́рвая полови́на игры́ конча́ется. Счёт 1:1.

Че́рез пятна́дцать мину́т кома́нды сно́ва выхо́дят на по́ле, и игра́ начина́ется опя́ть. Обе кома́нды сме́ло атаку́ют и продолжа́ют игра́ть хорошо́.

* Gen. pl. of весь.

Наконец динамовцы забивают ещё гол. Теперь счёт 2:1. Но в последние минуты один защитник «Динамо» останавливает мяч руками перед воротами. Штрафной удар в ворота «Динамо»! Гол!! Матч кончается со счётом 2:2.

УПРАЖНЕНИЯ

1. Put the following sentences in the plural:

 (1) Книга лежит в шкафу.
 (2) У меня не было товарища.
 (3) Отец героя доволен им.
 (4) На столе нож и вилка, но тарелки нет.
 (5) Человек приходит рассказывать историю.
 (6) Дом находится на берегу реки.

2. Write out the following in full in Russian:

 (1) 31 books.
 (2) 48 houses.
 (3) At 7 o'clock.
 (4) At 7.30.
 (5) 5 dictionaries.
 (6) 18 hours 33 minutes.
 (7) 62 minutes.
 (8) 2 sisters and 2 brothers.
 (9) 44 roubles 5 copecks.
 (10) 15 roubles 3 copecks.

3. Translate into Russian:

 (1) On Saturdays at seven o'clock we always go to the cinema.
 (2) It is said that he has three pens and six pencils.
 (3) In the zoo I saw lions, tigers, elephants, wolves, and apes.
 (4) She has three towels in her room.
 (5) In the cupboard there are many exercise books and several books for reading.
 (6) Is it far to Moscow? No, only 25 kilometres.
 (7) There are no dwelling places beyond the river, but between the lake and the stadium there are nearly fifty houses.
 (8) When the judge comes everyone stands up. Unfortunately he is not very popular.
 (9) Sergey went on reading the paper.

СЛОВАРЬ

бакалея *f.* (*no pl.*) groceries

банка *f.* (*gen. pl.* банок) jar, tin, can

бутылка *f.* (*gen. pl.* бутылок) bottle

ветчина *f.* ham

вино *n.* wine

война *f.* (*pl.* войны) war

вспоминать I (вспоминаю, -ешь) to recall, recollect, remember

входить II (вхожу, входишь) to go in, enter

выход *m.* exit, way out

гастрономический *adj.* delicatessen (*attr.*)

грамм *m.* gramme

деньги *pl.* (*gen.* денег) money

другой *adj.* other; another

икра *f.* caviare

карман *m.* pocket

касса *f.* desk, till, cash counter

килограмм *m.* (кило *n. indeclinable*) kilogramme

колбаса *f.* sausage (usually smoked)

консервы *m. pl.* tinned goods

крепкий *adj.* (*short form* крепок, крепка, -о; -и) strong

кусок *m.* (*gen.* куска) piece

лист *m.* (*pl.* листья) leaf

мало little, few

мёд *m.* honey

мир *m.* peace

отдел *m.* department, section

папироса *f.* cigarette[1]

пачка *f.* (*gen. pl.* пачек) packet

платить II (плачу, платишь) to pay[2]

покупатель *m.* customer, purchaser, buyer

покупать I (покупаю, -ешь) to buy

покупка *f.* (*gen. pl.* покупок) purchase, parcel, thing bought

прилавок *m.* (*gen.* прилавка) counter (in a shop)

продавать I (продаю, -ёшь) to sell

продавец *m.* (*gen.* продавца) salesman, shop assistant

продукты *m. pl.* food stuffs, provisions

сахар *m.* sugar

сдача *f.* change (money)

сигарета *f.* cigarette[1]

стакан *m.* glass

1. Папироса is a Russian cigarette – i.e. with an empty cardboard mouthpiece (мундштук) some two inches long. A European-type cigarette, without a mouthpiece, is a сигарета.
2. To pay *for* something is платить за +the *acc.*

сколько how much, how many
стоить II (стоит, стоят) to cost[3]
считать I (счита‖ю, -ешь) to count; to consider[4]

товар *m.* merchandise, goods
цена *f.* (*pl.* цены) price
чашка *f.* (*gen. pl.* чашек) cup
ярлычок *m.* (*gen.* ярлычка) ticket, label

3. Стоить is used with the accusative of the amount a thing costs: Часы стоят 20 рублей. The watch costs 20 roubles. It can also mean 'to be worth (while)' and can either be used by itself (не стоит 'it's not worth it') or with the infinitive (стоит работать 'it's worth while working').

4. When считать means 'to consider', what you consider the object to be goes into the *instr.*: Я считаю его героем I consider him (to be) a hero.

Выражения

делать покупки	to shop
идти (ходить) за покупками	to go shopping
и т. д. = и так далее	and so on, etc.
платить в кассу	to pay at the desk
Сколько ему лет?	How old is he?

ГРАММАТИКА

1. Numerals (continued)

Cardinal numbers from 100 onwards are as follows:

100	сто	600	шестьсот
200	двести	700	семьсот
300	триста	800	восемьсот
400	четыреста	900	девятьсот
500	пятьсот		
1000	(одна) тысяча	73,000	семьдесят три тысячи
2000	две тысячи	97,000	девяносто семь тысяч
5000	пять тысяч	100,000	сто тысяч
21,000	двадцать одна тысяча	300,000	триста тысяч
22,000	двадцать две тысячи	500,000	пятьсот тысяч
28,000	двадцать восемь тысяч		
1,000,000	один миллион	5,000,000	пять миллионов
2,000,000	два миллиона	100,000,000	сто миллионов

125

In the 'hundreds', the second element of the numeral -сти, -ста, -сот, is a derivative of сто.

All the above numbers are followed by the genitive plural of the noun; when, of course, they occur in compound numbers, then the noun is governed by the last numeral of the compound:

двести домо́в	200 houses
пять ты́сяч три́ста три до́ма	5303 houses

2. Agreement of Predicate with Numerals and Quantitative Substantives

When a numeral + a noun is the subject of a sentence, the verb in most cases may be either in the singular or the plural. In the past tense the verb, if used in the singular, will be in the neuter.

В кла́ссе **сидя́т** (**сиди́т**) пять ученико́в.	Five pupils sit in the class-room.
На столе́ **лежа́ли** (**лежа́ло**) три кни́ги.	There were three books lying on the table.

In expressions of money, time, and age (in other words where the *numeral* quality of the subject is stressed), the singular only is used:

У него́ **бы́ло** пятьдеся́т рубле́й.	He had fifty roubles.
Бы́ло пять часо́в.	It was five o'clock.
Ему́ **бы́ло** два́дцать два го́да.	He was twenty-two years old.
Ива́ну **бы́ло** три́дцать лет.	Ivan was thirty.

Note that in expressions of age the dative of the person is used and that год, го́да is used for the singular, whereas лет, the genitive plural of ле́то 'summer', is used with numerals instead of годо́в.

When the subject of a sentence is composed of a word expressing an indefinite quantity (such as **мно́го** 'many', **ма́ло** 'few', **ско́лько** 'how many' and **не́сколько** 'several') and a noun in the genitive plural, then the verb, particularly if it precedes the subject, tends to be in the singular, although it *can* be used in the plural:

В магази́не **бы́ло** мно́го люде́й.	There were many people in the shop.

Note that after numerals taking the genitive plural and after не́сколько 'several' and ско́лько 'how many', челове́к (genitive plural of челове́к) is used, and not люде́й. After мно́го and ма́ло, however, люде́й is used:

17 челове́к, 22 челове́ка не́сколько челове́к	17 people, 22 people several people

When **мно́го** or **ма́ло**, meaning 'much' or 'little', are used with the genitive singular, then the verb can only be in the singular:

На столе́ **бы́ло** мно́го хле́ба.	There was a lot of bread on the table.

3. Partitive Genitive

In order to express part of a substance in Russian the genitive is used. Sometimes this will translate the English 'some':

Да́йте мне воды́, вина́.	Give me some water, some wine.
Cf. Да́йте мне во́ду, вино́.	Give me the water, the wine.

Note: да́й(те) is the imperative of дать, which is what is known as a perfective verb (see below, Lesson 19). The meaning is: 'give me once (not many times)'.

Several masculine nouns signifying divisible matter (such as tea, sugar, etc.) have a genitive in **-у** or **-ю**, which is used (as an alternative to the normal genitive in **-а, -я**) when *part* of the whole is indicated. Common among these are чай, сáхар, сыр, мёд:

Дáйте мне, пожáлуйста, чáю и мёду. (чáя и мёда)	Please give me some tea and honey.
чáшка чáю (чáя)	a cup of tea
кусóк сáхару (сáхара)	a lump of sugar
килогрáмм сыру (сыра)	a kilogram of cheese

If, however, no idea of quantity is expressed ('the colour of tea' for instance) or an adjective is used with the noun ('a pound of soft cheese'), then *only* the genitive in **-а, -я** may be used:

ценá сыра	the price of cheese
стакáн крéпкого (*gen. m. sing.* of крéпкий) чáя	a glass of strong tea

4. Plurals in -ья

Some masculine and neuter nouns have a soft plural in **-ья**. The full plural declension of **брат**, for instance, is: брáтья, брáтьев, брáтьев, брáтьям, брáтьями, брáтьях. Similar to брат are лист (лúстья), перó (пéрья), дéрево (дерéвья).

Друг (in which the **г** softens to **з** in the plural) and муж, however, are stressed on the end in the plural and have the genitive in **-ей**:

друзья́, друзéй, друзéй, друзья́м, друзья́ми, друзья́х. Similar is сын, to which is added the suffix **-ов-**: сыновья́, сыновéй, сыновéй, сыновья́м.

5. Use of ли in Indirect Questions

The particle **ли** is used in the subordinate clause of an indirect question to translate 'whether' or 'if'. The subordinate clause is usually put in the same form (i.e. same tense and word order) as the original question, as it would have been used by the speaker. Thus in the sentence 'he was asking if she was at home', 'if she was at home' becomes 'is she at home' – до́ма ли она́, which is preceded by 'he was asking': он спра́шивал, до́ма ли она́.

Она́ не зна́ет, е́дет ли он на восто́к.	She doesn't know if he's going to the east.

ТЕКСТ

В магази́не «Гастроно́м»

В Москве́ о́чень мно́го магази́нов «Гастроно́м».[1] У нас на у́лице то́же есть большо́й и краси́вый «Гастроно́м». В магази́н всё вре́мя вхо́дят покупа́тели. Они́ выхо́дят с поку́пками в рука́х.

Еле́на Никола́евна то́же сейча́с де́лает там поку́пки. Она́ всегда́ хо́дит за поку́пками в э́тот магази́н.

В «Гастроно́ме» мно́го отде́лов. Нале́во от вхо́да продаю́т мя́со, ры́бу и други́е проду́кты. Напра́во от вхо́да продаю́т бакале́ю, гастрономи́ческие това́ры, фру́кты, вино́ и т. д.

За прила́вками стоя́т продавцы́. На прила́вках лежа́т това́ры. Вися́т ярлычки́ с це́нами. Все ви́дят, ско́лько сто́ит това́р.

Еле́на Никола́евна подхо́дит к прила́вку, где продаю́т колбасу́ и ветчину́. Здесь уже́ сто́ит не́сколько покупа́телей. Оди́н покупа́ет 800 гра́ммов колбасы́, друго́й 500 гра́ммов ветчины́. Еле́на Никола́евна то́же берёт 400 гра́ммов ветчины́.

1. When the name of a place, a book, a ship, etc., is preceded by an appellative noun ('the *novel* War and Peace'), then it always remains in the nominative, no matter what the case of the appellative. в магази́не «Гастроно́м»; о́коло гости́ницы «Москва́»; в рома́не «Война́ и Мир». Cf. в «Гастроно́ме»; о́коло «Москвы́»; в «Войне́ и Ми́ре».

Потом она́ идёт за ма́слом и сы́ром. Она́ покупа́ет 400 гра́ммов ма́сла и кусо́к сы́ру, пять яи́ц и буты́лку молока́.

В отде́ле ры́бы Еле́на Никола́евна покупа́ет немно́го икры́ и две ба́нки консе́рвов. Пото́м она́ берёт ещё два кило́ са́хару и две па́чки ча́ю. Ка́жется, всё. Еле́на Никола́евна пла́тит де́ньги в ка́ссу, получа́ет и счита́ет сда́чу и возвраща́ется за поку́пками. Пото́м она́ идёт к вы́ходу, но тут вспомина́ет о папиро́сах для бра́тьев и сынове́й. Сыновья́ её ку́рят, хотя́ одному́ то́лько семна́дцать и друго́му восемна́дцать лет. Она́ возвраща́ется, пла́тит в ка́ссу за папиро́сы, получа́ет четы́ре па́чки, выхо́дит из магази́на и идёт с поку́пками домо́й.

УПРАЖНЕНИЯ

1. Answer the following questions on the text:

    (1) Куда́ хо́дит Еле́на Никола́евна за поку́пками?
    (2) Что продаю́т в магази́не «Гастроно́м»?
    (3) Где стоя́т продавцы́?
    (4) Что покупа́ет Еле́на Никола́евна?
    (5) Почему́ она́ покупа́ет папиро́сы?

2. Put the words in brackets in the appropriate cases:

    (1) У него́ бы́ло се́мьдесят семь (рубль) и три (копе́йка).
    (2) Пожа́луйста, иди́ за (папиро́са *pl.*).
    (3) Да́йте мне кило́ (са́хар), 400 (грамм) (чай), 750 (грамм) (колбаса́) и шесть (па́чка) (сигаре́та).
    (4) У меня́ нет ни (брат *pl.*), ни (сестра́ *pl.*).
    (5) В магази́не стоя́ло мно́го (челове́к), но ма́ло (продаве́ц). Не́сколько (челове́к) покупа́ли (ры́ба).
    (6) (Он) бы́ло 23 (год), когда́ мне бы́ло 30 (год).

3. Translate into Russian:

   (1) How much does this sausage cost? One rouble a
       kilo? That's too expensive. Give me some ham
       please.
   (2) I had twenty-five roubles in my pocket this
       morning. Now I have only fifty copecks.
   (3) How much do these cigarettes cost? A packet
       costs eighteen copecks. And how many cigarettes
       are there in a packet? Twenty.
   (4) I did not know if he was working.
   (5) How old is the captain of the team? Only twenty-
       one? When will he be twenty-two?
   (6) It's not worth talking to him. All that he sells is
       very expensive (he sells everything very expen-
       sively). It's better to go to a big shop for your
       shopping.
   (7) Please give me a packet of tea, a jar of caviare,
       500 grammes of ham, and a piece of cheese.
   (8) The customer pays at the desk.
   (9) There were no leaves on the trees in the winter.
   (10) Do you consider him intelligent?

УРОК 19

СЛОВАРЬ

благодари́ть II (благодар‖ю́,
  -и́шь) to thank
весь, вся, всё; все *pron.* all
взять I *pf.* (возьм‖у́, -ёшь) to
  take
встре́тить II *pf.* (встре́чу
  встре́тишь) to meet
вы́писка *f.* (*gen. pl.* вы́писок)
  excerpt, extract
вы́учить II *pf.* (вы́уч‖у, -ишь)
  to learn (by heart)
госуда́рство *n.* State
дать *mixed conj. pf.* (дам, дашь,
  даст, дади́м, дади́те, даду́т)
  to give
диссерта́ция *f.* dissertation,
  thesis
докла́д *m.* lecture, talk, paper,
  report
засмея́ться I *pf.* (засме‖ю́сь,
  -ёшься) to laugh
засну́ть I *pf.* (засн‖у́, -ёшь) to
  fall asleep
изучи́ть II *pf.* (изучу́, из-
  у́чишь) to study
конфере́нция *f.* conference
конча́ть I (конча́‖ю, -ешь) to
  finish
ко́нчить II *pf.* (ко́нч‖у, -ишь)
  to finish
купи́ть II *pf.* (куплю́, ку́пишь)
  to buy

материа́л *m.* material
написа́ть I *pf.* (напишу́, на-
  пи́шешь) to write
нача́ть I *pf.* (начн‖у́, -ёшь,
  past tense на́чал, -а́, на́чало;
  на́чали) to begin
начина́ть I (начина́‖ю, -ешь) to
  begin
ну́жный *adj.* necessary
образова́ться I *impf. and pf.*
  (образу́ется) to be formed
поблагодари́ть II *pf.* (побла-
  годар‖ю́, -и́шь) to thank
посети́ть II *pf.* (посещу́, по-
  сети́шь) to visit
посиде́ть II *pf.* (посижу́, по-
  сиди́шь) to sit (for a while)
поспа́ть II *pf.* (посплю́, по-
  спи́шь) to sleep (for a while)
постро́ить II *pf.* (постро́‖ю,
  -ишь) to build
пригото́вить II *pf.* (приго-
  то́влю, пригото́вишь) to prepare; to cook
прода́ть *mixed conj. pf.* (*see*
  дать) to sell
прочита́ть I *pf.* (прочита́‖ю,
  -ешь) to read
пры́гнуть I *pf.* (пры́гн‖у, -ешь)
  to jump
ру́копись *f.* manuscript

сде́лать I *pf.* (сде́ла‖ю, -ешь) to do

сесть I *pf.* (ся́д‖у, -ешь, *past tense* сел, -а, -о; -и) to sit down

сказа́ть I *pf.* (скажу́, ска́жешь) to say

соба́ка *f.* dog

собира́ть I (собира́‖ю, -ешь) to collect

собра́ть I *pf.* (собер‖у́, -ёшь) to collect

те́ма *f.* theme, subject, topic

убива́ть I (убива́‖ю, -ешь) to kill

уби́ть I *pf.* (убь‖ю́, -ёшь) to kill

уви́деть II *pf.* (уви́жу, уви́дишь) to see

Выраже́ния

не то́лько ... но и ...	not only ... but also ...
благодари́ть за + *acc.*	to thank for ...
во вре́мя ...	during ...
во вре́мя войны́	during the war

ГРАММА́ТИКА

1. The Aspects

(1) *General remarks.* It will have been realized by now that with the verbs given so far in this book we can only express a limited number of actions. Я покупа́л, for instance, can only mean 'I was buying' or 'I used to buy'; it cannot mean 'I bought (once)' or 'I had bought'; я бу́ду покупа́ть means 'I will be buying' or 'I will buy (frequently)'. This is because all the verbs given so far have been what is known as *imperfective* verbs or verbs of the *imperfective aspect* ('aspect' is merely a way of considering the action expressed by a verb). Now nearly all *imperfective* verbs have corresponding *perfective* verbs, which are used to express a different type of action. Usually the corresponding or 'pair'-verb in the *perfective* aspect is fairly similar to the *imperfective* verb – e.g. писа́ть – написа́ть (*pf.*[1]); продава́ть – прода́ть (*pf.*).

> 1. Note: From now on all verbs in the perfective aspect will have *pf.* written after them in the vocabularies.

(2) *Differences in usage.* Verbs in the *imperfective aspect* are used to express:

(a) *Habitual or repetitive action*

Мы ка́ждый день **чита́ли** газе́ты.	We **used to read** the papers every day.
Я **пишу́** отцу́ раз в неде́лю.	I **write** to my father once a week.

(b) *Continuous or uncompleted action*

Он **одева́лся**.	He **was getting dressed.**
Я **чита́ю** сестре́.	I **am reading** to my sister.

Note: я чита́ю сестре́ could of course, mean 'I read (frequently) to my sister' just as я пишу́ отцу́ could also mean 'I am writing to my father'.

Verbs in the *perfective aspect* are used to express:

(a) *Instantaneous action*

Он **уби́л** соба́ку.   He **killed** the dog.

(b) *The beginning of an action*

Он **засмея́лся**.   He **began to laugh,** he **laughed,** he **gave a laugh.**

(c) *The end or completion of an action*

Мы **прочита́ли** газе́ту.   We **have read** the paper (i.e. we **have finished reading** it).

Often, of course, the meaning of the perfective simply depends on the meaning inherent in the verb itself. However we translate он засмея́лся ('he laughed', 'he burst out laughing') it will only mean 'he began to laugh', and not 'he finished laughing'. Similarly он прочита́л кни́гу will mean 'he finished reading' and not 'he began reading'. In order to translate 'he finished laughing' or 'he began reading', a separate verb for 'finished' and 'began' must be used + the infinitive of 'laugh' and 'read'.

134

(d) *A certain time spent in an action.* Certain verbs prefixed with **по-** have the meaning 'to do a bit of ...'.

Thus:

Он **посидéл** со мной.	He **sat for a while** with me. (He **spent a certain time sitting** with me.)
Он **поспáл** пóсле ýжина.	He **had a sleep** after supper.

It must be noted that the verbs посидéть and поспáть do not mean 'to sit down' and 'to fall asleep'. There are separate verbs for these in Russian, both of which have an imperfective and a perfective form: садúться (*pf.* сесть) and засыпáть (*pf.* заснýть). It must also be noted that if an action is habitual the verb will *always* be imperfective. Thus, to translate 'he always had a nap after lunch', поспáть cannot be used; only спать 'to sleep' is possible.

(3) *Parts of the verb and aspects.* (a) *The Past Tense.* In the past tense either the imperfective or the perfective aspect may be used, depending on the type of action it is intended to express:

Он **убивáл** собáку.	He **was killing** the dog.
Он **убúл** собáку.	He **killed** the dog.

(b) *The Present Tense.* In order to translate the present tense in Russian, *only* the imperfective aspect can be used, as all actions in the present tense are continuous.

(c) *The Future Tense.* For an imperfective action in the future, the compound future (**бýду**, **бýдешь**, etc. +*imperfective* infinitive – see Lesson 13) is used:

Я **бýду писáть** тебé чáсто.	I **shall write** to you often.
Пóсле ýжина я **бýду писáть** пúсьма.	After supper I **shall write (shall be writing)** letters.

For a perfective action in the future, however, what appears to be the present tense of the perfective aspect is used:

Я убью́ соба́ку.	I shall kill the dog.
За́втра я прочита́ю кни́гу.	I shall finish reading the book tomorrow (*or* I shall have read the book tomorrow).

In order to decide which aspect to use in the future it often helps to ask the question 'how many times?' If once, then the perfective is usually used; if many times – the imperfective.

(d) *The Infinitive*. Both aspects of the verb can be used in the infinitive, the choice often depending on the answer to the question 'how many times?'

Я хочу́ покупа́ть (*impf.*) кни́ги.	I want to buy books (i.e. on several occasions, many times).
Я хочу́ купи́ть (*pf.*) соба́ку.	I want to buy a dog (once only).

After the verbs начина́ть (нача́ть), конча́ть (ко́нчить), and продолжа́ть (perfective rarely used), however, the infinitive is *only* found in the imperfective aspect.

Он начина́ет понима́ть.	He is beginning to understand.
Мы на́чали чита́ть.	We began reading.
Вы ко́нчили писа́ть письмо́?	Have you finished writing the letter?
Он продолжа́л смея́ться.	He went on laughing.

Note: начина́ть and конча́ть can also be used with direct objects (ты ко́нчил письмо́? 'have you finished the letter?'). They can also be used reflexively (война́ начала́сь и ко́нчилась 'the war began and ended').
In the future tense of нача́ть an -н- is inserted: начну́, начнёшь.

(4) *The formation of pairs of imperfective and perfective verbs.* Many perfective verbs are derived from imperfective verbs by:

(a) *adding a prefix.* The most common prefixes are:

по-, с-, у-, за-, вы-, про-, при-.

Thus, the perfective of **стро́ить** is **постро́ить;**

> **де́лать/сде́лать**
> **писа́ть/написа́ть**
> **ви́деть/уви́деть**
> **смея́ться/засмея́ться**
> **учи́ть/вы́учить**
> **чита́ть/прочита́ть**
> **гото́вить/пригото́вить**

(Note, however, **покупа́ть/купи́ть**)

Note: All perfective verbs with the prefix вы- have the stress on the вы́- in all parts of the verb.

(b) *changing the suffix.*

Imperfective	Perfective
изуча́ть	**изучи́ть**
конча́ть	**ко́нчить**
дава́ть	**дать**
пры́гать	**пры́гнуть**

Sometimes the last consonant of the stem of the verb changes with the suffix. Thus:

> **посеща́ть/посети́ть**
> **встреча́ть/встре́тить**

Note that in all the examples given in (b), with the exception of пры́гать/пры́гнуть, the imperfective is in fact formed from the perfective and not, as in (a), the perfective from the imperfective.

Sometimes there is no corresponding perfective or imperfective for a verb. In this case completely separate verbs are linked together. Thus the perfective verb paired with **говори́ть** 'to say' is **сказа́ть** (the perfective verb paired with **говори́ть** 'to talk', however, is **поговори́ть** 'to have a talk').

Кто тебе́ **сказа́л**, что он постро́ил э́тот дом ?	Who **told** you that he built this house ?
Он **поговори́л** с ней вчера́.	He **had a talk** with her yesterday.

A similar 'unrelated' pair is **брать/взять** 'to take'. The student need not bother unduly at this stage about the formation of pairs of verbs; he should simply try to learn verbs as they come, in pairs.

2. Declension of Neuter Nouns in -мя

There are only ten neuter nouns ending in **-мя**, the most common of which are **и́мя** 'name' and **вре́мя** 'time'. They decline as follows:

	Singular	Plural
Nom., Acc.	и́мя	имена́
Gen.	и́мени	имён
Dat.	и́мени	имена́м
Instr.	и́менем	имена́ми
Prep.	и́мени	имена́х

ТЕКСТ

Алексе́й Во́лков с де́тства интересу́ется исто́рией и весь э́тот год он писа́л диссерта́цию. Те́ма его́: «Как образова́лось ру́сское госуда́рство».

Он с интере́сом собира́л материа́лы, чита́л нау́чные кни́ги. Он ча́сто посеща́л Библиоте́ку и́мени Ле́нина, где он получа́л не то́лько ну́жные кни́ги и журна́лы, но и ру́кописи. Он изуча́л материа́лы, де́лал вы́писки. Ча́сто он расска́зывал това́рищам, как идёт рабо́та. Его́ профессор в университете советовал ему, как надо работать. Алексей благодарил его и снова собирал материал, читал и писал. Это продолжалось долго.

Через несколько месяцев Алексей собрал много материала. Он сказал профессору, что он хочет сделать доклад на конференции студентов. Во время доклада он прочитал студентам выписки из рукописей. Доклад был хороший. Все слушали с интересом. Когда он кончил доклад, профессор ему сказал: «Хороший доклад. Вы очень хорошо изучили вопрос, и тема ваша очень интересная. Но когда вы кончите диссертацию?» Алексей засмеялся, поблагодарил его за тёплые слова и сказал: «Не знаю, но надеюсь кончить её через год.»

УПРАЖНЕНИЯ

1. Fill in the blanks with one of the two verbs in brackets in the past tense:

(1) Вчера я долго ... урок, и наконец я хорошо его ... (учить, выучить)

(2) Он всегда мне ... пять рублей, но сегодня он ... мне только три рубля. (давать, дать)

(3) Она никогда не ... меня, но вчера она меня ... (благодарить, поблагодарить)

(4) Когда мы читали ему письмо, он вдруг ... (смеяться, засмеяться)

2. Fill in the blanks with one of the two verbs in brackets in the future tense:

(1) Я всегда ... вас в больнице. (посещать, посетить)

(2) Завтра мы в первый раз ... тётю. (видеть, увидеть)

(3) Когда вы ... первый урок? Завтра. Я ... уроки каждый понедельник. (брать, взять)

(4) Я ... весь день и завтра я ... книгу до конца. (читать, прочитать)

3. **Translate into Russian:**

(1) I had a talk with him yesterday and I told him that I had killed the dog.

(2) When he began to read we all sat down.

(3) I don't want to give it to you. You must buy it; you must always buy everything.

(4) Will you be reading the book tomorrow? Yes, I hope to finish it by the evening.

(5) Have you collected much material for your thesis?

(6) On Thursday he jumped from an aeroplane. He has now made twenty jumps since the autumn.

(7) When I meet Ivan I always tell him that I am very fond of his sister.

(8) I will tell you what she will do tomorrow. She will cook lunch, then she will sit down by the window and will finish writing to you.

(9) Will you give him a lesson tomorrow? No, I haven't got time.

УРОК 20

СЛОВАРЬ

верну́ться I *pf.* (верн‖у́сь, -ёшься) to return[1]

вид *m.* view; aspect

войти́ I *pf.* (войд‖у́, -ёшь) to enter

вылета́ть I (вылета́‖ю, -ешь) to fly off

вы́лететь II *pf.* (вы́лечу, вы́летишь) to fly off

гора́ *f.* (*nom. pl.* го́ры) mountain, hill

го́рный *adj.* mountain (*attr.*), mountainous

достра́ивать I (достра́ива‖ю, -ешь) to finish building

достро́ить II *pf.* (достро́‖ю, -ишь) to finish building

забыва́ть I (забыва́‖ю, -ешь) to forget

забы́ть I *pf.* (забу́д‖у, -ешь) to forget

записа́ть I *pf.* (запишу́, запи́шешь) to write down, to record

запи́сывать I (запи́сыва‖ю, -ешь) to write down, to record

киноопера́тор *m.* cameraman

киносту́дия *f.* film studio

ло́шадь *f.* (*gen. pl.* лошаде́й) horse

наве́рх *adv.* upstairs[2]

отпра́вить II *pf.* (отпра́влю, отпра́вишь) to send off

отпра́виться II *pf.* (отпра́влюсь, отпра́вишься) to set off[3]

отту́да *adv.* from there

пасту́х *m.* (*pl.* пастухи́) shepherd

перева́л *m.* (mountain) pass

переде́лать I *pf.* (переде́ла‖ю, -ешь) to remake, alter

переде́лывать I (переде́лыва‖ю, -ешь) to remake, alter

переписа́ть I *pf.* (перепишу́, перепи́шешь) to rewrite

перепи́сывать I (перепи́сыва‖ю, -ешь) to rewrite

пик *m.* peak

побе́да *f.* victory

подня́ться I *pf.* (поднимусь, подни́мешься, *past tense:*

1. Both верну́ться and возврати́ться (возвращу́сь, возврати́шься) are used as the perfective of возвраща́ться 'to return' (either on foot or by means of transport).
2. Наве́рх (вниз – 'downstairs') implies motion. Наверху́ (внизу́) implies rest. Он пошёл наве́рх 'he went upstairs'; он живёт внизу́ 'he lives downstairs'.
3. Отпра́виться (imperfective отправля́ться I) means 'to set off' either on foot or by means of transport.

подня́лся, подняла́сь, -о́сь;
-и́сь) to climb, go up[4]

подписа́ть I *pf.* (подпишу́, под-
пи́шешь) to sign

подпи́сывать I (подпи́сыва‖ю,
-ешь) to sign

пое́хать I *pf.* (пое́д‖у, -ешь) to
go (not on foot)

пойти́ I *pf.* (пойд‖у́, -ёшь, *past
tense* пошёл) to go (on foot)

полете́ть II *pf.* (полечу́, по-
лети́шь) to fly

послу́шать I *pf.* (послу́ша‖ю,
-ешь) to listen to

потому́ что *cj.* because

походи́ть II *pf.* (похожу́, по-
хо́дишь) to walk a little

привезти́ I *pf.* (привез‖у́, -ёшь)
to bring (not on foot)

привози́ть II (привожу́, при-
во́зишь) to bring (not on
foot)

придти́ I *pf.* (прид‖у́, -ёшь,
past tense пришёл) to come
(on foot)

прие́хать I *pf.* (прие́д‖у, -ешь)
to come, arrive (not on foot)

прилете́ть II *pf.* (прилечу́
прилети́шь) to arrive (by
plane)

провести́ I *pf.* (провед‖у́, -ёшь)
to spend (of time)

пройти́ I *pf.* (пройд‖у́, -ёшь,
past tense прошёл) to pass,
go by[5]

пуска́ть I (пуска́‖ю, -ешь) to
let (go)

пусти́ть II *pf.* (пущу́, пу́стишь)
to let (go)

путеше́ствие *n.* journey

реша́ть I (реша́‖ю, -ешь) to
decide

склон *m.* slope

снять I *pf.* (сниму́, сни́мешь) to
photograph; to take off[6]

собра́ться I *pf.* (соберёмся ...
соберу́тся) to gather (*intrans.*)

среди́ *pr.* (+*gen.*) among, between, in the midst of

экспеди́ция *f.* expedition

я́сный *adj.* clear

4. Подня́ться (imperfective поднима́ться I) means 'to ascend', 'to
rise'; it can be used for climbing or for going upstairs. The opposite is спусти́ться (спущу́сь, спу́стишься), спуска́ться.

5. Пройти́ (imperfective проходи́ть) means 'to go by' (on foot):
мы прошли́ ми́мо села́ 'we walked past the village' – or 'to pass'
(of time): прошло́ не́сколько часо́в 'a few hours passed'. It can
also be used as a transitive verb meaning 'to go through', 'to
complete' (проходи́ть шко́лу, курс (course), уро́к etc.).

6. Снять (imperfective снима́ть) means either 'to photograph' or
'to take off' (он снял ро́зы со стола́, он снял шля́пу).

ГРАММАТИКА

1. Aspects (continued)

(a) *The imperative.* The imperative can be used in either the imperfective or the perfective aspect, depending on the type of action required.

Читáйте по-рýсски кáждый день.	**Read** Russian every day.
Вы пи́шете письмó? Ну, **пиши́те!**	Are you writing a letter? Well, **go on writing!**
Скажи́те мне, что нáдо купи́ть.	**Tell** me what I've got to buy.
Прочитáйте егó письмó, и всё бýдет я́сно.	Read his letter and everything will be clear.

Note: Sometimes the infinitive is used to convey a peremptory order:

Не кури́ть.	No smoking.
Встать!	Stand up!

In order to convey an admonition or a request in the 3rd person ('*let him go* to Moscow'), the words **пусть** or **пускáй** (themselves imperatives of пусти́ть, пускáть 'to let go') are used with the 3rd person singular or plural of the present tense (imperfective or perfective):

Пусть (пускáй) он спит!	**Let** him sleep (go on sleeping)!
Пусть они́ скáжут!	**Let** them say!

To translate '*let us ...*', the 1st person plural of the future of the perfective aspect is used without the personal pronoun мы.

Поблагодари́м егó.	**Let us thank** him.
Поспи́м немнóжко.	**Let's sleep** for a while.

Sometimes -те is added, often for politeness' sake:

Поговори́мте.	Let us talk a bit.

Although поговори́м implies ты и я as subjects and поговори́мте – вы и я, the two forms are frequently confused in speech.

143

With **идти** and **éхать** the 1st person plural of the present tense (imperfective) can be used:

Едем!	Let's go (on wheels)!
Идём(те) в рестора́н!	Let's go to a restaurant!

Note also the following additional ways of expressing exhortations:

Дава́й(те) чай пить.	Let's have tea.
Дава́й(те) посиди́м вме́сте.	Let's sit a while together.
Тепе́рь бу́дем рабо́тать.	Let's work now.

(b) *Negative imperatives.* The negative imperative is nearly always expressed by *imperfective* verbs, even though a 'perfective' action is implied:

Не говори́ ему, что ты сде́лал.	**Don't tell** him what you did.
Не дава́йте ей де́нег!	**Don't give** her any money!

Only when a warning ('mind you don't ...') is implied can a perfective verb be used in the negative imperative:

Не забу́дь(те)!	Mind you don't forget!

Note the ending in -ь(те) instead of -й(те). This occurs in verbs in which the stem of the infinitive is accented.

отпра́вить – отпра́вь(те); встре́тить – встре́ть(те).

(c) *The formation of pairs of imperfective and perfective verbs* (*continued*). In the previous lesson it was shown that the addition of a prefix to an imperfective verb usually makes it perfective. In the examples given the prefixes added little or nothing to the *meaning* of the verb; they merely made the verb perfective.

Sometimes, however, a prefix may give a *different* meaning to a verb. **Пере-**, for instance, often gives the verb an idea of change, of re-doing something. Thus when **де́лать** has **пере-** added to it (**переде́лать**) it not only becomes perfective but also changes its meaning to 'to re-do', 'to alter'.

Now if you want to use the imperfective aspect of 'alter' in Russian ('he is altering the house'), it is no use simply removing the **пере-** as this will only give you 'do'. Instead an imperfective verb is derived from **переде́лать**. In this case it is done by adding the suffix **-ыва-**. Thus we get the pair:

> **переде́лывать** (imperfective)/**переде́лать** (perfective)

Cf. **перепи́сывать/переписа́ть** 'to rewrite'.

This use of the suffix **-ыва-** (or **-ива-** after a vowel or a soft consonant) is very common, not only with the prefix **пере-** but with other prefixes such as **до-, за-, под-**, which may also change the meaning of the verb.

Thus, **достро́ить** 'to finish building' has the imperfective **достра́ивать**; **записа́ть** 'to write down'/**запи́сывать**; **подписа́ть** 'to sign'/**подпи́сывать**.

2. The Perfective of Verbs of Motion

In order to form the perfective of the verbs of motion which have two forms in the imperfective (**ходи́ть/ идти́, лета́ть/лете́ть, е́здить/е́хать, вози́ть/ везти́**, etc., see Lesson 11), **по-** is simply added to the *second* verb of each pair; **пойти́** (contraction of по + идти́), **полете́ть, пое́хать**, etc.

This does not alter the meaning of the verb (except in so far as it implies the *beginning* of the action; он пошёл means 'he went' or 'he set off'):

Мы **пойдём** в кино́.	We **will go** to the cinema.
Он **полете́л** в Москву́.	He **flew** to Moscow.
Когда́ ты **пое́дешь** до-мо́й?	When **will you go** home?

Note: (по)е́хать has no imperative; instead поезжа́й(те) (from the verb поезжа́ть, which is only found in this form) is used.

Note also: по- can be added to the indeterminate forms ходи́ть, лета́ть, е́здить, etc.; it merely gives them the normal meaning of по- 'to do a bit of ...'. Thus, походи́ть (*pf.*) means 'to walk a little'.

3. Compounded Verbs of Motion

When it is required to give a verb of motion a particular direction ('to go away', 'to arrive', 'to fly off', etc.) then an appropriate prefix is added *either* to the first of the pair (**ходи́ть, лета́ть**, etc.) the result being an *imperfective* verb (**приходи́ть, вылета́ть**)

(**е́здить**, however, is replaced by **-езжа́ть** in compounds – **при-езжа́ть**)

or to the second of the pair (**идти́, е́хать**, etc.), the result being a *perfective* verb (**придти́ (при+идти́)**, **вы́лететь**). Thus the following pairs of verbs are formed:

Imperfective		Perfective
приходи́ть	'to arrive, come'	придти́
входи́ть	'to enter'	войти́ (во+идти́)
приезжа́ть	'to arrive' (not on foot)	прие́хать
вылета́ть	'to fly off'	вы́лететь
привози́ть	'to bring' (not on foot)	привезти́

It must be understood that in these prefixed or 'directional' verbs of motion there is now only *one* form of the imperfective (compare ходи́ть/идти́).

Я прихожу́, therefore, means either 'I come frequently' or 'I am coming'.

Note: As **е́хать** has no imperative, the imperfective imperative must always be used in compounds. Eg. **приезжа́й(те)**.

4. Sequence of Tense in the Future

When a clause is introduced by **е́сли** or **когда́** and the time implied is the future, then the future must be used in this clause in Russian. This is confusing, as in English the present is usually found in the temporal or conditional clause.

Е́сли он пое́дет в Ленингра́д, он уви́дит отца́.	**If he goes** to Leningrad he will see his father.
Скажи́ ему́ э́то, **когда́ ты уви́дишь** его́.	Tell him this, **when you see** him.

146

В горах Киргизии[1]

Ленинградской киностудии нужно было снять горные виды. Решили отправить экспедицию в горы Тянь-Шаня. План путешествия был такой; в мае экспедиция вылетит в Киргизию, проведёт два месяца в горах Тянь-Шаня и потом вернётся в Ленинград. В экспедиции был и я как кинооператор.

Наша экспедиция вылетела из Ленинграда в конце мая. Мы прилетели в город Фрунзе[2] и оттуда через два дня отправились в горы. Сначала мы ехали на автомобилях, потом на лошадях. Я никогда не забуду путешествия. Как там красиво! Мы поднялись на перевал. Какие красивые виды снимали мы здесь в ясные дни! Мы провели в горах несколько дней среди пастухов. Однажды сюда приехали артисты из Фрунзе. Пастухи и их семьи собрались на склоне горы послушать их пение. Мы тоже слушали их. Очень было интересно и красиво.

Быстро прошло время в горах. Мы сняли Пик Победы, горное озеро Иссык-Куль. Наша экспедиция привезла прекрасные горные виды для кинофильма. Ничего не надо было переделывать в киностудии.

Через год мы опять поедем в горы и привезём новый материал. Это очень интересное путешествие.

---

1. Киргизия – Kirghiz Soviet Socialist Republic in Central Asia; it is one of the sixteen republics which make up the U.S.S.R.
2. Фрунзе (indeclinable) – capital of the Kirghiz Soviet Socialist Republic. This town was renamed in 1935 in honour of M. V. Frunze, a famous Soviet general who was born there.

УПРАЖНЕНИЯ

1. Replace the verbs in the following sentences with their corresponding imperfective forms, retaining the same tense.

   (1) Мы прие́хали домо́й ве́чером и се́ли пе́ред телеви́зором.
   (2) Кто прие́дет в го́род Фру́нзе?
   (3) Он переписа́л письмо́ и подписа́л его́.
   (4) Они́ достро́или го́род.
   (5) Мы не пройдём ми́мо их до́ма.

2. Answer the following questions on the text:

   (1) Почему́ реши́ли отпра́вить экспеди́цию в го́ры Тянь-Ша́ня?
   (2) Ско́лько вре́мени экспеди́ция должна́ была́ провести́ в Кирги́зии?
   (3) Где нахо́дится го́род Фру́нзе?
   (4) Как е́хала экспеди́ция из Фру́нзе?
   (5) Каки́е ви́ды снял кинооперáтор экспеди́ции?

3. Translate into Russian:

   (1) Let's go to the cinema tonight.
   (2) If he wants to go to Leningrad, let him go.
   (3) Go to London in two weeks and spend six days there. Then come back.
   (4) Don't write his name down, but write down our names.
   (5) He went upstairs and slept for a little.
   (6) If it is fine tomorrow we will all go to the country.
   (7) Who brought you all that material from Moscow?
   (8) He entered the room and sat down.
   (9) The expedition set off in the end of May.

УРОК 21

СЛОВАРЬ

восхища́ться I (восхища́‖юсь, -ешься) +*instr.* to admire, be carried away by[1]

вско́ре *adv.* in a short time

вы́йти I *pf.* (вы́йд‖у, -ешь, *past tense* вы́шел) to go out

желе́зная доро́га *f.* railway (*lit.* 'iron road')

замеча́тельный *adj.* wonderful

изве́стный *adj.* (*short form* изве́стен, изве́стна, -о; -ы) well-known

исполня́ть I (исполня́‖ю, -ешь) to fulfil, carry out

каби́на *f.* driving cab (in lorry); cockpit (in plane)

карье́ра *f.* career

колхо́зный (*adj.*) collective farm (*adj.*)

компози́тор *m.* composer

консервато́рия *f.* conservatoire, academy of music

кото́рый *relative pron.* which, who

ли́сий *adj.* fox's

ма́ленький *adj.* small

медве́жий *adj.* bear's

наро́дный *adj.* folk (*attr.*), national

настрое́ние *n.* mood, temper

о́пера *f.* opera

откры́ться I *pf.* (откро́ется) to be opened

певе́ц *m.* (*gen.* певца́) singer

пе́сня *f.* (*gen. pl.* пе́сен) song

плохо́й *adj.* bad

подойти́ I *pf.* (подойд‖у́, -ёшь, *past tense* подошёл) to approach, to come up to

поду́мать I *pf.* (поду́ма‖ю, -ешь) to think

поступи́ть II *pf.* (поступлю́, посту́пишь) to act; to enter

принести́ I *pf.* (принес‖у́, -ёшь) to bring (on foot)

профессиона́льный *adj.* professional

пу́блика *f.* public

ра́дио *n. indeclinable* radio

роди́тели *pl.* (*gen.* роди́телей) parents

роль *f.* rule, part (in a play)

света́ть I (света́ет) to grow light, to dawn

свобо́дный *adj.* (*short form* свобо́ден, свобо́дна, -о; -ы) free

слу́жба *f.* service, work, employment

1. Восхища́ться is one of the few verbs which takes a direct object in the instrumental. It means to admire something *intangible* — i.e. qualities, virtues, abilities. Любова́ться I (любу́‖юсь, -ешься), also +*instr.*, is used for admiring physical qualities.

смерка́ться I (смерка́ется) to grow dark

соба́чий *adj.* dog's[2]

сойти́ I *pf.* (сойд‖у́, -ёшь, *past tense* сошёл) to go down

сра́зу *adv.* immediately

стать I *pf.* (ста́н‖у, -ешь) to become; to begin[3]

тако́й *demonstrative pron.* such

тала́нт *m.* talent

тре́тий *num.* third

тру́ппа *f.* troupe, company (theatrical)

тяжёлый *adj.* heavy

удово́льствие *n.* pleasure

узна́ть I *pf.* (узна́‖ю, -ешь (to find out; to recognize[4]

хоте́ться I (хо́чется) to feel like

чемода́н *m.* suit-case

я́блоко *n.* apple

2. Соба́чий is frequently used for 'filthy', 'wretched' (lit. 'currish'): Он в соба́чьем настрое́нии. He's in a foul mood.

3. стать (imperfective станови́ться) has two principal meanings: (a). 'to become'. What the subject becomes normally goes into the instrumental: он стал до́ктором; (b) 'to begin' (usually the perfective only). It is always followed by the imperfective infinitive: он стал чита́ть.

4. Узна́ть (imperfective узнава́ть – узна‖ю́, -ёшь. Note the stress!) means either 'to get to know', 'to find out' (Я узна́л, что он был там. I found out that he had been there), or 'to recognize' (Ты не узнаёшь меня́? Don't you recognize me?)

Выраже́ния

мы с ва́ми (=вы и я) ⎫
мы с тобо́й (=ты и я) ⎬ you and I

мы с Никола́ем   Nicholas and I

мы с ним   he and I

(The verb in such cases is in the 1st person plural: Мы с тобо́й разгова́ривали. You and I were conversing.)

исполня́ть роль	to play a part
С удово́льствием!	With pleasure!
говори́ть по ра́дио	to talk on the wireless
поступи́ть в университе́т ⎫	to enter the university
поступи́ть на слу́жбу ⎰	to go to work

ГРАММАТИКА

1. Declension of Adjectives

It will be remembered (see Lesson 7) that in Russian there are three types of adjectives, 'hard', 'soft', and the so-called 'mixed'. Provided certain basic rules are remembered, no difficulty should be experienced with adjectives. All are regular: there are no exceptions.

(1) *'Hard' adjectives.* All 'hard' adjectives, i.e. those with the nominative masculine singular in **-ый** (or **-ой** when the stress is on the last syllable – молодо́й) are declined in the following manner:

	Singular			Plural
	Masc.	Fem.	Neuter	All Genders
Nom.	но́вый	но́вая	но́вое	но́вые
Acc.	но́вый (но́вого)	но́вую	но́вое	но́вые (но́вых)
Gen.	но́вого	но́вой	но́вого	но́вых
Dat.	но́вому	но́вой	но́вому	но́вым
Instr.	но́вым	но́вой	но́вым	но́выми
Prep.	но́вом	но́вой	но́вом	но́вых

Note: (a) There is *no* distinction in gender in the plural of adjectives.

(b) The accusative masculine singular and the accusative plural have alternative forms:

но́вый, но́вые if the noun is *inanimate* (я купи́л но́вый стол, но́вые столы́);

но́вого, но́вых if the noun is *animate* (no matter whether masculine or feminine in the plural) (ты ви́дел но́вого учи́теля, но́вых учителе́й, но́вых учи́тельниц?).

(c) There is an alternative form **-ою** for the instrumental feminine singular, but it is rarely found outside poetry.

151

(d) The ending of the genitive masculine singular is pronounced -*vo*. This applies to all adjectives, hard, soft, or mixed.

(2) '*Soft*' adjectives. Nearly all soft adjectives are those with the endings **-ний**. They are few in number and are declined as follows:

	Singular			Plural
	Masc.	Fem.	Neuter	All Genders
Nom.	си́ний	си́няя	си́нее	си́ние
Acc.	си́ний	си́нюю	си́нее	си́ние
	(си́него)			(си́них)
Gen.	си́него	си́ней	си́него	си́них
Dat.	си́нему	си́ней	си́нему	си́ним
Instr.	си́ним	си́ней	си́ним	си́ними
Prep.	си́нем	си́ней	си́нем	си́них

It will be seen from the above that 'soft' adjectives are in fact the same as 'hard' ones except that the hard vowels, **a, y, o**, and **ы** are replaced by their corresponding soft ones (**я, ю, е, и**).

There are one or two adjectives ending in -ий (not -ний) which can also be termed 'soft'; they are declined like the ordinal number тре́тий 'third':

	Singular			Plural
	Masc.	Fem.	Neuter	All Genders
Nom.	тре́тий	тре́тья	тре́тье	тре́тьи
Acc.	тре́тий	тре́тью	тре́тье	тре́тьи
	(тре́тьего)			(тре́тьих)
Gen.	тре́тьего	тре́тьей	тре́тьего	тре́тьих
Dat.	тре́тьему	тре́тьей	тре́тьему	тре́тьим
Instr.	тре́тьим	тре́тьей	тре́тьим	тре́тьими
Prep.	тре́тьем	тре́тьей	тре́тьем	тре́тьих

Adjectives of this type are mostly relative adjectives and are derived from names of animals: медве́жий 'bear's' (made of a bear), ли́сий 'fox's', соба́чий 'dog's'.

(3) '*Mixed*' *adjectives*. These are of two types: (a) Those
with the stem ending in г, к, or х. These are declined
in exactly the same way as но́вый except that the
letter ы is replaced by и. If the stress is on the end,
then the nominative masculine singular will end in
-о́й (плохо́й, дорого́й).

Thus ру́сский is declined as follows:

	Singular			Plural
	Masc.	Fem.	Neuter	All Genders
Nom.	ру́сский	ру́сская	ру́сское	ру́сские
Acc.	ру́сский	ру́сскую	ру́сское	ру́сские
	(ру́сского)			(ру́сских)
Gen.	ру́сского	ру́сской	ру́сского	ру́сских
Dat.	ру́сскому	ру́сской	ру́сскому	ру́сским
Instr.	ру́сским	ру́сской	ру́сским	ру́сскими
Prep.	ру́сском	ру́сской	ру́сском	ру́сских

The interrogative pronoun како́й and the demonstrative pronoun тако́й 'such' are declined in the same
way as ру́сский, плохо́й.
(b) These with the stem ending in ж, ч, ш, or щ.
Again the letter ы is replaced by и (хоро́ший); the
letter о (when not stressed) is replaced by е. If the
stress is on the *end*, then the nominative masculine
singular will end in -о́й and the о of the other cases
will be retained throughout. Thus, хоро́ший and
большо́й are declined as follows:

	Singular			
	Masc.		Fem.	
Nom.	хоро́ший	большо́й	хоро́шая	больша́я
Acc.	хоро́ший	большо́й	хоро́шую	большу́ю
	(хоро́шего	большо́го)		
Gen.	хоро́шего	большо́го	хоро́шей	большо́й
Dat.	хоро́шему	большо́му	хоро́шей	большо́й
Instr.	хоро́шим	больши́м	хоро́шей	большо́й
Prep.	хоро́шем	большо́м	хоро́шей	большо́й

	Singular		Plural	
	Neuter		All Genders	
Nom.	хоро́шее	большо́е	хоро́шие	больши́е
Acc.	хоро́шее	большо́е	хоро́шие	больши́е
			(хоро́ших	больши́х)
Gen.	хоро́шего	большо́го	хоро́ших	больши́х
Dat.	хоро́шему	большо́му	хоро́шим	больши́м
Instr.	хоро́шим	больши́м	хоро́шими	больши́ми
Prep.	хоро́шем	большо́м	хоро́ших	больши́х

Note: When 'such' or 'so' are used with adjectives in Russian, if the adjective is in the long form, then **тако́й, така́я, тако́е** must be used:

Мы живём в **тако́м** большо́м го́роде.	We live in **such** a big town.
Эта кни́га **така́я** интере́сная.	This book is **so** interesting.

When, however, the short or predicative form of the adjective is used, then *only* **так** may be used.

Эта кни́га **так** интере́сна.	This book is **so** interesting.

2. Relative Clauses

In order to translate 'who', 'which' in a relative clause in Russian, the relative pronoun **кото́рый** is used. It declines exactly like но́вый (**кото́рый, кото́рая, кото́рое**). Its gender in the singular is determinded by the noun it refers to:

Челове́к, **кото́рый** там сиди́т, ...	The man who is sitting there ...
Я́блоко, **кото́рое** лежа́ло на столе́, ...	The apple which was lying on the table ...

154

Its case is determined by its function in the relative clause:

| Челове́к, **кото́рому** (*dat.*) я дал я́блоко, ... | The man **to whom** I gave an apple ... |
| Же́нщина, **кото́рую** (*acc.*) ты ви́дел, ... | The woman you saw ... |

It can also be used with prepositions:

| Кни́га, о **кото́рой** (*prep.*) я говори́л, ... | The book I was talking about ... |

In order to translate '*whose*' in a relative clause the genitive of **кото́рый** is used and is usually placed second in the clause:

| Челове́к, сестру́ **кото́рого** ты зна́ешь, ... | The man whose sister you know ... |

Note that a relative clause in Russian is always preceded (and, if possible, ended) by a comma.
Do not confuse **како́й** 'which', 'what' with **кото́рый**. The former is usually confined to questions and exclamations:

| **Каку́ю** шля́пу ты носи́ла? | **Which** hat were you wearing? |
| **Како́й** краси́вый вид! | **What** a beautiful view! |

Кото́рый, although sometimes used for questions (e.g. кото́рый час? 'what time is it?') is mostly confined to relative clauses.

3. The Reflexive Pronoun себя́

As has been mentioned above (Lesson 12), the reflexive pronoun **себя́**, which means 'oneself', is *not* found in the nominative as it can never be the subject of a sentence. It is declined as follows:

Acc.	**себя́**
Gen.	**себя́**
Dat.	**себе́**
Instr.	**собо́й (собо́ю)**
Prep.	**себе́**

Себя can only refer to the subject of the sentence and can be used to refer to any person, gender or number. It can be used with prepositions as well. E.g.:

Он купи́л **себе́** (*dat.*) (or для себя́) кни́гу.	He bought **himself** a book.
Мы говори́ли о **себе́**.	We were talking about **ourselves**.
Ты ви́дишь **себя́** в зе́ркале?	Can you see **yourself** in the mirror?

Note particularly the expressions принести́ (привезти́) с собо́й 'to bring with one' and взять с собо́й 'to take with one':

Принеси́ кни́ги **с собо́й**.	Bring your books **with you**.
Он взял **с собо́й** паке́т.	He took the parcel **with him**.

4. Impersonal Verbs

There are a few impersonal verbs in Russian which are limited to the third person singular (and to the neuter, if the verb is in the past). They usually express a phenomenon of nature, such as **свете́ет** 'it is getting light', **смерка́лось** 'it was getting dark'.

Sometimes a verb (usually intransitive) when made reflexive can be used impersonally with the dative of the person to whom the action refers. The verb then expresses an action which takes place independently of the will of the person (e.g. мне не рабо́тается 'I don't feel like working'). A verb frequently used in this way is **хоте́ться**:

Мне **хоте́лось** пойти́ в теа́тр.	I **felt like** going to the theatre.
Ему́ **хо́чется** есть.	He is hungry.

As can be seen from the above examples there is little or no difference from хоте́ть (cf. я хоте́л пойти́ в теа́тр; он хо́чет есть).

ТЕКСТЫ

1.

Однажды в Большо́м теа́тре шла о́пера ру́сского компози́тора Гли́нки «Ива́н Суса́нин». Роль наро́дного геро́я исполня́л совсе́м молодо́й арти́ст, карье́ра кото́рого о́чень интере́сна. С больши́м удово́льствием слу́шали его́ прекра́сное пе́ние и восхища́лись его́ замеча́тельным тала́нтом. Вско́ре и́мя молодо́го певца́ ста́ло широко́ изве́стно в стране́.

О молодо́м арти́сте, кото́рым все так восхища́лись, ста́ли писа́ть в газе́тах, говори́ть по ра́дио. Пу́блика узна́ла, как он стал арти́стом.

По́сле шко́лы он на́чал рабо́тать на желе́зной доро́ге. В э́то вре́мя он ещё не ду́мал, что он бу́дет профессиона́льным арти́стом; ему́ да́же не хоте́лось стать профессиона́льным певцо́м. Но в свобо́дное вре́мя он ча́сто пел в клу́бе. Он пел ру́сские наро́дные пе́сни, кото́рые его́ това́рищи слу́шали с больши́м удово́льствием. В клу́бе он ско́ро стал изве́стен, и наконе́ц его́ отпра́вили в консервато́рию учи́ться пе́нию. По́сле консервато́рии он поступи́л в тру́ппу Большо́го теа́тра. Так пе́ред молоды́м певцо́м откры́лась но́вая жизнь.

2.

По́езд подошёл к ста́нции. Молодо́й инжене́р Михаи́л Соколо́в сошёл с тяжёлым чемода́ном на платфо́рму и пошёл к вы́ходу на пло́щадь.

«Нет ли на пло́щади автомоби́ля из колхо́за?» – поду́мал он.

Михаи́л е́хал к ста́рым роди́телям, кото́рые жи́ли в колхо́зе «Но́вая жизнь», а от ста́нции до дере́вни бы́ло три́дцать киломе́тров. Он вы́шел на пло́щадь. Тут он уви́дел пе́ред собо́й ста́рого дру́га Ва́сю, кото́рый стоя́л о́коло но́вого грузовика́.

— Ва́ся, здра́вствуй! – сказа́л он.

— Здра́вствуй, Ми́ша! Не сра́зу я узна́л тебя́. Ты к роди́телям?

— Да, я реши́л посети́ть отца́ и мать. А что ты де́лаешь?

— Я с грузовико́м. Везу́ в колхо́зный магази́н ра́зные това́ры. Мы с тобо́й пое́дем вме́сте. Сади́сь ко мне в каби́ну.

Они́ до́лго е́хали и всё вре́мя разгова́ривали ме́жду собо́й. Уже́ смерка́лось, когда́ грузови́к стал приближа́ться к колхо́зу.

УПРАЖНЕНИЯ

1. Put the words in brackets in the appropriate cases:

   (1) В (Большо́й теа́тр) пе́ли наро́дные арти́сты, о (кото́рые) я мно́го слы́шал.

   (2) У меня́ нет (свобо́дное вре́мя).

   (3) Мы разгова́ривали с (тако́й интере́сный челове́к).

   (4) Не будь в (тако́е соба́чье настрое́ние)! Будь в (хоро́шее настрое́ние)!

   (5) Челове́к, с сы́ном (кото́рый) ты говори́л, живёт в (ма́ленький дом).

   (6) Ро́зы стоя́т в (си́няя ва́за).

   (7) Что ты взял с (себя́)?

   (8) Не люблю́ (лю́ди), кото́рые говоря́т то́лько о (себя́).

   (9) Ты никогда́ не ста́нешь (вели́кий певе́ц).

2. Insert suitable adjectives in the blank spaces:

   (1) Я о́чень люблю́ ... пе́сни.

   (2) Мы все восхища́емся ... арти́стом.

   (3) На ... не́бе свети́ло ... со́лнце.

   (4) Она́ носи́ла ... шля́пу.

   (5) Он купи́л себе́ не́сколько ... книг.

   (6) Он никогда́ не пел в тако́м ... теа́тре.

3. Translate into Russian:

(1) I did not know that there are no new teachers.

(2) I did not recognize your Russian uncle when he came up to me in the street.

(3) The book I bought yesterday seems a very good one.

(4) Nicholas and I entered the university together.

(5) Have you brought with you the letter he wrote you yesterday?

(6) Which house do you live in?

(7) It was growing light when the train approached the station.

(8) Who is that wonderful woman who lives in the third house on the left? Oh, that's his sister. Do you want to talk to her?

(9) I feel like dancing tonight but I don't know who to dance with.

(10) Don't think that the public admires such bad singing.

СЛОВАРЬ

богáтый *adj.* rich

ботѝнок *m.* (*gen. sing.* ботѝнка *gen. pl.* ботѝнок) shoe

брюки *pl.* (*gen.* брюк) trousers

весёлый *adj.* happy, gay, jolly

выставка *f.* exhibition

гáлстук *m.* tie

горáздо *adv.* far, much

дешёвый *adj.* (*short form* дёшев, дешевá, дёшево; -ы) cheap

запрóс *m.* request, demand

изя́щный *adj.* elegant, graceful

конéчно *adv.* of course

костюм *m.* costume, suit

крóме *pr.* +*gen.* besides, apart from

матéрия *f.* cloth, fabric, material; matter

модéль *f.* model

модельéр *m.* (dress) designer

назначéние *n.* purpose, designation

нѝзкий *adj.* (*short form* нѝзок, низкá, нѝзко; -и) low

óбувь *f.* footwear

одéжда *f.* clothes

отвéт *m.* answer

отвéтить II *pf.* (отвéчу, отвéтишь) to answer

оригинáльный *adj.* original

открытие *n.* opening; discovery

пальтó *n. indeclinable* (over)coat

перчáтка *f.* (*gen. pl.* перчáток) glove

пиджáк *m.* (*gen.* пиджакá) jacket

плáтье *n.* dress, frock

попросѝть II *pf.* (попрошу, попрóсишь) to ask, demand[1]

простóй *adj.* simple

рабóтница *f.* woman-worker

разнообрáзный *adj.* of great variety, varied, various

свéтлый *adj.* light, light-coloured

скóрый *adj.* quick

скрóмный *adj.* modest

создáть *mixed conj. pf.* (*see* дать, past tense сóздал, создалá, сóздало; -и) to create

спросѝть II *pf.* (спрошу, спрóсишь) to ask, to question[1]

1. Do not confuse попросѝть (imperfective просѝть II) 'to ask', 'to request' with спросѝть (imperfective спрáшивать) 'to ask', 'to question'. Compare the following sentences:

Он попросѝл меня́ выйти из кóмнаты.	He asked me to leave the room.
Он спросѝл меня́, éду ли я в Москву	He asked me if I was going to Moscow.

сумочка *f.* (*gen. pl.* сумочек)
(hand)bag
требовательный *adj.* demanding, exacting, particular
туфля *f.* (*gen. pl.* туфель) shoe,
slipper
удобный *adj.* convenient, comfortable
фасон *m.* fashion, style
цвет *m.* (*nom. pl.* цвета *gen. pl.*
цветов) colour[2]
центральный *adj.* central

2. Цвет 'colour' with its plural цвета should not be confused with цветок (*gen. sing.* цветка) 'flower', which has as its plural цветы, цветов.

Выражения

всё больше	more and more
работать над + *instr.* ...	to work at ...
с каждым годом	year in, year out; with each year
в то же время	at the same time
в ответ на + *acc.* ...	in answer to ...
задолго до + *gen.* ...	long before ...

ГРАММАТИКА

1. Degrees of Comparison

(1) *The comparative of adjectives.* There are three types of comparative adjective in Russian:

    (a) The compound comparative (cf. English '*more stupid*')

    (b) The short comparative (cf. English '*stupider*')

    (c) The short comparative with adjectival ending.

(a) *The Compound Comparative.* This is formed by using the unchangeable adverb **более** ('more') + the long form of the adjective in any gender, case, or number.

более красивая деревня	**a more beautiful** village
более красивые деревья	**more beautiful** trees
Мы живём в **более новом** доме.	We live in a **newer** house.

The adverb **менее** 'less' can be used in exactly the same way:

менее умный студент	**a less intelligent** student

(b) *The Short Comparative*. This is formed either by adding **-ee** or **-ей** to the end of the stem:

краси́вее (**-ей**), нове́е (**-éй**), умне́е (**-éй**)

The stress on such comparatives is on the end if the adjective is of two syllables, or as in the positive if it is of three or more syllables (краси́вее) with the following exceptions: холодне́е, горячее, веселе́е.

or, if the stem ends in **г, к, х, д**, or **т**, by adding **-е** and softening the last consonant of the stem:

дорого́й – доро́же; я́ркий – я́рче; ти́хий – ти́ше; молодо́й – моло́же; бога́тый – бога́че.

Some comparatives of this latter type are irregular: e.g.

высо́кий – вы́ше; широ́кий – ши́ре; дешёвый – деше́вле; хоро́ший – лу́чше; плохо́й – ху́же; большо́й – бо́льше; ма́ленький – ме́ньше; далёкий – да́льше, да́лее.

The short comparative is used *either* predicatively:

Этот го́род ещё **краси́вее**.	This town is even **more beautiful**.

or as the comparative of the adverb:

Он идёт **скоре́е**.	He is walking **more quickly**.

It can only *very rarely* be used as an attribute:

Я не зна́ю челове́ка умне́е его́.	I do not know of a man cleverer than he.

It follows, therefore, that if a comparative *precedes* a noun, the long form *must* be used. 'A quicker train' can only be translated by **бо́лее ско́рый** по́езд. Скоре́е по́езд is impossible.

If the comparative is used predicatively, it is nearly always preferable to use the short form (provided it exists). In other words it is better to say э́тот по́езд **скоре́е** than э́тот по́езд бо́лее ско́рый. Certain

162

adjectives, however (such as those ending in **-иче-ский**) have *no* short comparative forms – and, indeed, no short forms in general. With them the long form must be used on all occasions.

(c) *The Short (Declinable) Comparative*. There are four pairs of adjectives with short adjectival comparative forms. They decline like ordinary adjectives:

бо́льший 'greater' – **ме́ньший** 'lesser', 'smaller'
лу́чший 'better' – **ху́дший** 'worse'
вы́сший 'superior' – **ни́зший** 'inferior'
ста́рший 'elder', 'senior' – **мла́дший** 'younger', 'junior'

Only the first pair are comparatives proper and must be used when the comparative is required as an attribute. E.g.:

> Мы живём в **бо́льшем**   We live in a **bigger** (**small-**
> (**ме́ньшем**) до́ме.   **er**) house.

(**бо́лее большо́й** cannot be used).
The rest are really superlatives ('best', 'worst', 'highest', etc.) which can also be used as comparatives. Note that **вы́сший** and **ни́зший** are not used to mean 'higher' and 'lower' in a physical sense; for these **бо́лее высо́кий**, **бо́лее ни́зкий** must be used when required as attributes (e.g. **бо́лее высо́кий дом** 'a taller house'):
None of these forms is *ever* used predicatively. There is a special short or predicative form in **-e** for each:

бо́льше 'bigger' – **ме́ньше** 'smaller'
лу́чше 'better' – **ху́же** 'worse'
вы́ше 'higher' – **ни́же** 'lower'
ста́рше 'older' – **моло́же** 'younger'

> Он **вы́ше** и **ста́рше** и   He is **taller** and **older** and
> игра́ет **лу́чше**.   plays **better**.

Note: **бо́льше** and **ме́ньше** are also used as the comparatives of **мно́го** 'much' and **ма́ло** 'little'; as such they are followed by the genitive. **Бо́льше хле́ба** 'more bread'.

(2) *The object of comparison.* In Russian the object of comparison is *either*

(a) introduced by the conjunction **чем** (preceded by a comma):

Я пою́ **ху́же, чем** Ири́на.	I sing **worse than** Irina.
Моя́ ко́мната **ши́ре, чем** ва́ша.	My room is **wider than** yours.

or (b) placed in the genitive:

Вы **вы́ше меня́.**	You are **taller than I** (am).
Он **умне́е её.**	He is **cleverer than she** (is).

With the short form of the comparative (b) tends to be used more than (a). (a), however, *must* be used with the compound comparative *and* when the objects compared are not in the nominative case:

Он интересу́ется **исто́рией бо́льше, чем** англи́йским языко́м.	He is **more** interested in **history than in** English.

It is also essential to use **чем** when the object of comparison is 'his', 'hers', 'theirs', etc.

На́ша ко́мната **ме́ньше, чем их.**	Our room is **smaller than theirs.**

(на́ша ко́мната ме́ньше **их** would mean 'our room is smaller *than them*').

Note: when the expression 'more than that of ...' is translated into Russian ('the climate in England is worse than that of Russia') the subject of the main clause must be repeated to replace 'that': кли́мат Англии ху́же, чем кли́мат Росси́и.
Also that in order to qualify the comparative ('*a little* cleverer') the prefix по- may be added to the short form: поумне́е, повы́ше.
And that to translate 'much', 'far' with the comparative, the word гора́здо is used.

Он гора́здо умне́е меня́.	He is far cleverer than I.

(3) *The superlative of adjectives.* There are two kinds of superlative in Russian.

(a) The compound superlative.
(b) The short (or suffixal) superlative.

(a) The Compound Superlative is formed by putting before the positive form of the adjective **са́мый**, which declines itself like an adjective and agrees in case, number, and gender with the adjective.

са́мая ску́чная же́нщина	**the most boring** woman
Я говори́л с **са́мым у́м-** **ным** ученико́м.	I talked to **the cleverest** pupil.

There is no short form and no adverbial form.

Note: With the eight adjectives which have a short declinable comparative (see above (1) (c)), the superlative is usually made by adding са́мый to the comparative form: са́мый лу́чший 'the best'. To translate 'tallest' and 'lowest' (physically) са́мый высо́кий and са́мый ни́зкий must be used.

The compound superlative can also be formed by putting the indeclinable **наибо́лее** 'the most' before the long form of the adjective.

Этот сад **наибо́лее краси́-** **вый** в го́роде.	This garden is **the most beautiful** in the town.

It can also be used with an adverb:

Наибо́лее краси́во пе́ла Ольга.	Olga sang **the most beautifully**.

The object of comparison after a superlative is usually expressed by **из** + the genitive plural:

са́мый у́мный **из студе́н-** **тов**	the cleverest **of students**

(b) *The Short or Suffixal Superlative.* This is formed by adding **-ейший** (or **-айший**, if the preceding letter is **ж, ч, ш,** or **щ**) to the stem of the adjective.

Only adjectives which have a short comparative in -ee or -e can have this type of superlative (новéйший, тишáйший), and not all of these. They are declined like adjectives and there is *no* short form.

There is very rarely any comparative force in such superlatives; they usually express the absolute superlative. Thus, он добрéйший человéк means 'he is an extremely kind man', 'he is the kindest of men'.

Sometimes наи- can be added to this type of superlative to intensify the meaning. Наидобрéйший 'exceptionally kind'.

A frequent way of expressing the superlative in Russian is the use of the comparative + всегó or всех:

Я бóльше всегó интересýюсь истóрией.	I am **most of all** interested in history (*lit.* more than anything).
Этот ученѝк **умнéе всех** в шкóле.	This pupil is **the cleverest of all** in the school (*lit.* cleverer than all).

2. Relative Clauses after тот, то, те, and всё

In order to translate 'he who' and 'those who' into Russian, тот and те are often used with кто instead of котóрый. After те, кто, the verb in the relative clause is either in the singular or the plural.

Тот, кто знáет э́то, у́мный человéк.	He **who** knows this is a clever man.
Те, кто хóчет (хотя́т) пóехать, должны́ мне дать дéньги.	**Those who** want to go must give me the money.

After всё 'everything' and то 'that', что is used.

Всё, что ты сказáл, прáвда.	Everything you said is the truth.

'All who' is translated in Russian by все, кто. The verb goes into the singular or the plural.

ТЕКСТ

Весна́. Со́лнце све́тит всё я́рче. В Москве́ откры́лась вы́ставка оде́жды.

Худо́жники ста́ли гото́виться к вы́ставке задо́лго до её откры́тия. Моделье́ры бо́льше ме́сяца рабо́тали над моде́лями. Они́ изуча́ли запро́сы пу́блики, кото́рые стано́вятся всё тре́бовательнее с ка́ждым го́дом. Так, наприме́р, рабо́тницы одно́й фа́брики попроси́ли Центра́льный дом моде́лей созда́ть не́сколько но́вых фасо́нов оде́жды для рабо́ты, бо́лее просты́х и удо́бных, чем ра́ньше, и в то же вре́мя бо́лее краси́вых. В отве́т на э́тот запро́с моделье́ры со́здали не́сколько фасо́нов пла́тьев и костю́мов, кото́рые бы́ли гора́здо удо́бнее для рабо́ты на фа́брике; рабо́тницы то́же счита́ли, что они́ краси́вее.

На вы́ставке посети́тели уви́дели пальто́, пла́тья и костю́мы из разнообра́знейших мате́рий. Коне́чно, там бо́льше оде́жды для же́нщин, чем для мужчи́н, хотя́ там бы́ли пальто́, пиджаки́, брю́ки и костю́мы для мужчи́н. Оде́жда на вы́ставке была́ са́мого разнообра́зного назначе́ния и фасо́на: и для до́ма, и для у́лицы, и для рабо́ты, и для теа́тра и вечеро́в.[1] Цвета́ оде́жды то́же бы́ли са́мые разнообра́зные: для молоды́х я́рче и светле́е, для люде́й поста́рше – темне́е и скромне́е.

Кро́ме оде́жды, на вы́ставке мо́жно бы́ло уви́деть та́кже шля́пы, перча́тки, су́мочки, га́лстуки, о́бувь – боти́нки, ту́фли, са́мых изя́щных и оригина́льных фасо́нов.

1. The word ве́чер (*pl.* вечера́), apart from meaning 'evening', can also be used for 'party'. The word вечери́нка likewise means 'party'.

УПРАЖНЕНИЯ

1. Put the adjective or the adverb in the following sentences (a) in the comparative and (b) in the superlative degree:

   (1) Мы живём в краси́вом до́ме.
   (2) Он идёт бы́стро.

(3) Этот челове́к бога́т.

(4) Я купи́л дешёвое мя́со.

(5) У неё удо́бные и изя́щные ту́фли.

(6) Тут в э́той ко́мнате хо́лодно.

(7) Мой брат высо́кий.

(8) У него́ хоро́шие кни́ги.

2. Add a suitable second term of comparison to the following

(e.g. он вы́ше – он вы́ше меня́ or чем я.):

(1) Он бо́льше интересу́ется грамма́тикой ...

(2) Этот по́езд са́мый ме́дленный ...

(3) Ты ста́рше ... ?

(4) Он купи́л бо́лее я́ркий га́лстук ...

(5) Этот модельёр гора́здо оригина́льнее ...

(6) Он лу́чше игра́ет на роя́ле ...

3. Translate into Russian:

(1) He who told you this is more intelligent than I thought.

(2) Everything he knows is interesting.

(3) This tie is far brighter than his.

(4) I am more interested in the theatre than in the cinema.

(5) He asked me to go a little quicker.

(6) Why do you think that dress designers wear brighter clothes than factory workers?

(7) I went to the shop but was unable to buy either trousers, gloves, or a jacket.

(8) He asked me if cigarettes were cheaper in Russia than in England.

(9) My elder sister has fewer dresses than you have.

(10) Every year he works more and more on the book he started when he was twenty-two.

(11) She is the most intelligent and at the same time the most modest woman I know. Unfortunately she is not at all beautiful.

(12) What are you most interested in?

(13) Mind you don't forget your bag and gloves.

УРОК 23

СЛОВАРЬ

áктовый зал assembly hall

аспирáнт *m.* research student, postgraduate student

аудитóрия *f.* lecture room; audience

бассéйн *m.* basin, pool

бáшня *f.* (*gen. pl.* бáшен) tower

бородá *f.* (*acc. sing.* бóроду) *nom. pl.* бóроды) beard

ботанúческий *adj.* botanical

ведýщий *part.* leading

возвышáться I (возвышá‖юсь, -ешься) to rise up

вуз *m.* higher educational institution[1]

гектáр *m.* hectare (10,000 sq. metres, 2.471 acres)

городóк *m.* (*gen.* городкá) little town

госудáрственный *adj.* state (*attr.*)

десятóк *m.* (*gen.* десяткá) ten[2]

доцéнт *m.* university lecturer

живопúсный *adj.* picturesque

занимáть I (занимá‖ю, -ешь) to occupy[3]

лаборатóрия *f.* laboratory

обсерватóрия *f.* observatory

огрóмный *adj.* huge

отдéльный *adj.* separate

пáмятник *m.* monument[4]

плáвание *n.* swimming

площáдка *f.* (*gen. pl.* площáдок) ground; спортúвная площáдка sports ground, playing field

пóлный *adj.* (*short form* пóлон, полнá, -ó; -ы) full

скульптýра *f.* sculpture; statue

спортúвный *adj.* sporting; sport(s) (*attr.*)

столúца *f.* capital

сторонá *f.* (*acc. sing.* стóрону, *nom. pl.* стóроны, *gen. pl.* сторóн) side

1. Вуз is an abbreviation formed from the initial letters of вы́сшее учéбное заведéние 'higher educational institution'.

2. Десяток is not a numeral but a noun (like the English 'dozen') meaning 'ten' (of identical things).

3. Занимáть means either to occupy physically (он занимáет моё мéсто 'he is occupying my place') or 'to interest' (меня óчень занимáет этот вопрóс 'I am very interested in this question').

4. Пáмятник is followed by the dative of the person or thing the monument represents: пáмятник Пýшкину.

территория *f.* territory
учёный *adj.* learned. *As noun*
scientist, scholar
факультёт *m.* faculty
физи́ческий *adj.* physical; physics (*attr.*)

хими́ческий *adj.* chemical,
chemistry (*attr.*)
це́лый *adj.* whole, entire
явля́ться I (явля́‖юсь, -ешься)
to appear; to be[5]

5. Явля́ться, the first meaning of which is 'to appear', 'to present oneself' (явля́ться в суд is 'to appear before court') is also used as a strong auxiliary verb 'to be'. When it has this meaning it is followed by the instrumental: он явля́ется дире́ктором 'he is the director'.

Выраже́ния

в са́мом де́ле   in actual fact, actually
Само́ собо́ю разуме́ется.   It goes without saying.

ГРАММА́ТИКА

1. Possessive Pronouns

The possessive pronouns **мой** 'my', **наш** 'our', and **чей** 'whose' are declined as follows:

Singular

	Masc.	Fem.
Nom.	мой, наш, чей	моя́, на́ша, чья
Acc.	мой, наш, чей (моего́, на́шего, чьего́)	мою́, на́шу, чью
Gen.	моего́, на́шего, чьего́	мое́й, на́шей, чьей
Dat.	моему́, на́шему, чьему́	мое́й, на́шей, чьей
Instr.	мои́м, на́шим, чьим	мое́й, на́шей, чьей
Prep.	моём, на́шем, чьём	мое́й, на́шей, чьей

	Singular Neuter	Plural All Genders
Nom.	моё, на́ше, чьё	мои́, на́ши, чьи
Acc.	моё, на́ше, чьё	мои́, на́ши, чьи (мои́х, на́ших, чьих)
Gen.	моего́, на́шего, чьего́	мои́х, на́ших, чьих
Dat.	моему́, на́шему, чьему́	мои́м, на́шим, чьим
Instr.	мои́м, на́шим, чьим	мои́ми, на́шими, чьи́ми
Prep.	моём, на́шем, чьём	мои́х, на́ших, чьих

твой 'your' ('thy') is declined like **мой**;
ваш 'you' is declined like **наш**.

As with adjectives, there are alternative forms for the accusative masculine singular and the accusative plural:

мой, мои if the noun is *inanimate* (он видел **мой** дом, **твой** книги).

моего, моих if the noun is *animate* (no matter whether masculine or feminine in the plural) (он встретил **моего** друга, **наших** друзей).

The instrumental feminine singular of all pronouns also has an alternative form **-ею** which is rarely found outside poetry.

Чей 'whose' is almost exclusively used for questions and indirect questions:

Я не знаю, на **чьём** месте он сидит.	I don't know **whose** place he is sitting in.

It is only very rarely used to translate 'whose' in a relative clause; instead, the genitive of **который** is used, see Lesson 21.

2. The Reflexive Possessive Pronoun свой

The reflexive possessive pronoun **свой**, which is declined like **мой**, must be studied very carefully. It means 'one's own', like *suus* in Latin, and refers usually to the *subject* of the sentence, whether this be 'I', 'you', 'he', 'we' or any other person – in other words, it replaces 'my', 'your', 'his', 'our', etc. when 'I', 'you', 'he', etc., are the subject of the sentence:

Я забыл **свои** деньги.	I have forgotten **my** money.
Ты любишь **свою** родину?	Do **you** love **your** country?
Он принёс **свою** книгу.	He brought **his** book.
Мы убили **свою** собаку.	We killed **our** dog.

171

In the preceding sentences remember that **свой**, while it refers to the subject, does *not* qualify it. In fact, it may be used in any position (e.g. with the direct or indirect object, after a preposition, etc.) provided it does *not* qualify the subject:

Он живёт в **своём** до́ме.	He lives in **his** (own) house.
Ты пи́шешь **своему́** дру́гу?	Are you writing to **your** friend?

Do not be misled by the fact that 'his', 'her', etc., in English, while it may *refer to* the subject of the sentence, may none the less *qualify* the subject of a subordinate clause. In this case **свой** may *not* be used. Thus in the sentence, 'he says that his sister is in Moscow', '*his*' must be translated by **его́**, because it qualifies the subject ('sister') of the clause: он говори́т, что **его́** сестра́ в Москве́.

Try to remember these two rules:

(1) **свой** *must* refer to the subject of the nearest verb.
(2) **свой** must *never* qualify the subject of a sentence.

Now in certain cases, even when **свой** satisfies the above two conditions, it need not necessarily be used. When the subject of the sentence is **я**, **мы**, or **вы**, it can be replaced by **мой**, **наш**, or **ваш**:

Мы принесли́ **на́ши** (or **свои́**) кни́ги.	**We** brought **our** books.

When **ты** is the subject, however, it is almost obligatory to use **свой**:

Ты чита́ешь **свою́** (not твою́) кни́гу?	Are you reading your book?

When the subject of the verb is in the 3rd person, however, then it is *obligatory* to use **свой** (provided, of course, it refers to the subject); **его́**, **её**, or **их** would mean 'somebody else's'. Thus, Ива́н уби́л **свою́** соба́ку means 'Ivan killed *his* (Ivan's) dog'; Иван уби́л **его́** соба́ку would mean 'Ivan killed *his* (Nicholas's) dog'.

If it is possible to omit the reflexive pronoun in Russian without spoiling the sense of the sentence, then omit it. Thus, to translate 'she loves her mother' there is no need to put in свою. Она́ лю́бит мать is quite unambiguous.

Note: There are of course one or two occasions when the above rules are broken and свой may qualify the subject of the sentence. Свой may, for instance, be used to stress ownership in у меня́, у тебя́ phrases:

У нас есть свой дом в дере́вне.	We've got our own house in the country.

It is also used in one or two set phrases such as:

Он у нас свой челове́к.	He's one of us, one of the family, one of the boys.
Своя́ руба́шка бли́же к те́лу.	One's own shirt is closer to the body (i.e. I'm all right, Jack).
Кто там бу́дет? То́лько свой.	Who'll be there? Only close friends (relations, etc.), no outsiders.

3. Demonstrative Pronouns э́тот and тот

The demonstrative pronoun э́тот is declined as follows:

	Singular			Plural
	Masc.	Fem.	Neuter	All Genders
Nom.	э́тот	э́та	э́то	э́ти
Acc.	э́тот (э́того)	э́ту	э́то	э́ти (э́тих)
Gen.	э́того	э́той	э́того	э́тих
Dat.	э́тому	э́той	э́тому	э́тим
Instr.	э́тим	э́той	э́тим	э́тими
Prep.	э́том	э́той	э́том	э́тих

173

Тот, та, то 'that' is declined in the same way except that **и** is replaced throughout by **е** (i.e. **те, те́ми**, etc.).

Тот, apart from being used in conjunction with **кто** to translate 'he who' (see Lesson 22), is used to translate 'that (yonder)', often in contrast to **э́тот** 'this (close by)':

Эта кни́га моя́, а **та** (кни́га) твоя́.	**This** book is mine, and **that** one is yours.

Note that **оди́н, одна́, одно́** 'one' is declined like **э́тот**; the **и** in **оди́н** disappears in all other cases and the stress is on the last syllable.

4. Determinative Pronouns **сам, са́мый, весь**

Сам '-self' is declined like **э́тот** (**самого́, самому́**, etc.). The stress, however, is always on the end, except for the nominative plural (**са́ми**) and the instrumental plural (**сами́ми**), and there is an alternative form of the accusative feminine singular (**само́ё** and, more commonly, **саму́**).

Сам is used to add emphasis, usually to personal pronouns denoting human beings. It generally follows the personal pronoun or noun it adds emphasis to; but it may be placed in any position in the sentence to give particular stress.

Я **сам** э́то сде́лаю. (or я э́то сде́лаю **сам**)	I shall do it **myself**.
Сам профе́ссор сказа́л э́то.	The professor said this **himself**.
Мы **са́ми** пое́дем.	We **ourselves** will go.
Он уе́хал с **сами́м** учи́телем.	He left with the teacher **himself**.

The determinative pronoun **са́мый**, which declines like **но́вый** and retains the stress throughout on the first syllable, apart from being used to form the superlative (**са́мый** но́вый) is also used for emphasis, but for emphasis of inanimate nouns. It usually precedes the noun it stresses:

Са́мый го́род о́чень краси́вый.	The town **itself** is very beautiful.
Он рабо́тает с **са́мого** утра́.	He has been working **right** from the morning.

Note that when it is required to emphasize a noun and that noun is qualified by an adjective, then сам must be used to avoid confusion with the superlative:

самó центра́льное зда́ние   the central building itself

(са́мое центра́льное зда́ние would mean 'the most central building')

Са́мый is also used to emphasize **э́тот** and **тот**:

тот **са́мый** челове́к	**that very** man
э́та **са́мая** кни́га	**this very** book

With **тот же** 'same' it can also be used for stress:

Он живёт в **том же** (са́мом) до́ме.	He lives in the (**very**) **same** house.

Весь 'all', 'whole' is declined as follows:

		Singular		Plural
	Masc.	Fem.	Neuter	All Genders
Nom.	весь	вся	всё	все
Acc.	весь (всего́)	всю	всё	все (всех)
Gen.	всего́	всей	всего́	всех
Dat.	всему́	всей	всему́	всем
Instr.	всем	всей	всем	все́ми
Prep.	всём	всей	всём	всех

N.B. The preposition о with всём, всей, всех can also become обо (*cf.* обо мне).

175

Весь can mean *either* 'whole':

Весь дом был по́лон.	The **whole** house was full.
Он ходи́л по **всей** ко́мнате.	He walked up and down the **whole** room.

or, in the plural, 'all', 'every':

Приходи́ли со **всех** концо́в страны́.	They came from **all** ends of the country.

The neuter singular всё and the plural все can also mean 'everything' and 'everybody':

Все говоря́т, что он хорошо́ поёт.	**Everyone** says he sings well.
Он **всем** интересу́ется.	He is interested in **everything**.

5. The Compound Pronoun друг дру́га

In order to translate 'one another' **друг дру́га** is used. Only the second element is declined, and that like a noun. There is *no* distinction for gender:

Acc.	друг дру́га
Gen.	друг дру́га
Dat.	друг дру́гу
Instr.	друг дру́гом
Prep.	друг дру́ге

The case is determined by the verb or by a preposition. Thus, in 'we love one another' the accusative or genitive form is used; in 'we give one another presents' – the dative. If a preposition is used ('they were talking about each other'), then the preposition goes between the two elements (друг **о** дру́ге):

Они́ разгова́ривают **друг с дру́гом**.	They are talking **to one another**.
Вы лю́бите **друг дру́га**?	Do you love **one another**?

176

ТЕКСТ

Моско́вский госуда́рственный университе́т и́мени Ломоно́сова явля́ется веду́щим среди́ всех сове́тских ву́зов.

Университе́т занима́ет не́сколько зда́ний. Ста́рые зда́ния нахо́дятся в са́мом це́нтре Москвы́, недалеко́ от Кремля́. Но́вые зда́ния университе́та нахо́дятся на высо́ком берегу́ Москвы́-реки́, на Ле́нинских гора́х. Это це́лый университе́тский городо́к, кото́рый занима́ет террито́рию в три́ста два́дцать гекта́ров.[1] В э́том городке́ не́сколько деся́тков зда́ний. На пло́щади ме́жду ни́ми стои́т па́мятник Ломоно́сову. По сторона́м большо́го бассе́йна, пе́ред зда́нием физи́ческого и хими́ческого факульте́тов, шесть скульпту́р ру́сских учёных – фи́зиков и хи́миков.

В но́вых зда́ниях университе́та мно́го аудито́рий и лаборато́рий. В са́мом гла́вном зда́нии, кро́ме аудито́рий, нахо́дятся а́ктовый зал на 1500 челове́к,[1] клуб, спорти́вные за́лы.

Часть университе́тских зда́ний занима́ют кварти́ры для профессоро́в и доце́нтов университе́та. В тех же зда́ниях есть и удо́бные отде́льные ко́мнаты для студе́нтов и аспира́нтов.

На террито́рии университе́та огро́мный ботани́ческий сад и обсервато́рия, спорти́вные площа́дки и бассе́йны для пла́вания.

Само́ центра́льное зда́ние МГУ,[2] вме́сте с ба́шней, возвыша́ется на три́ста семна́дцать ме́тров[1] над Москво́й-реко́й. С ба́шни открыва́ется прекра́сный вид на всю столи́цу.

1. Note the idiomatic use of prepositions with numerals in the following cases:

террито́рия **в** 320 гекта́ров	an area **of** 320 hectares
а́ктовый зал **на** 1500 челове́к	an assembly hall **to seat** 1500 people
Зда́ние возвыша́ется **на** 317 метров.	The building rises **to a height of** 317 metres.

2. МГУ = Моско́вский госуда́рственный университе́т.

УПРАЖНЕНИЯ

1. Put the words in brackets in the appropriate case:

   (1) На (чьё) месте вы сидели со (все ваши) товарищами?

   (2) За (этот) столом сидел Павел; за (тот) – Михаил.

   (3) Мы вчера говорили о (всё это).

   (4) Что они дали (друг друга)?

   (5) Анне хочется (сама) сказать мне об (это).

   (6) Перед (самая) лекцией все студенты вышли из аудитории.

2. Insert either сам or самый in the appropriate case, gender, and number:

   (1) Ей ... хотелось слушать лекцию.

   (2) С ... утра мы работали.

   (3) ... бассейн находится перед этими зданиями, а ... спортивные площадки за ними.

   (4) Он учится в том же ... классе, как я.

3. Insert свой, or, if this is impossible, a suitable possessive pronoun in the blank spaces:

   (1) Мы идём к ... друзьям.

   (2) Он говорит, что ... отец болен.

   (3) Ольга не знает, что ... муж рассказывает о ... жизни.

   (4) Старик, который сидит и читает ... книгу, брат ... дяди.

   (5) Ты получила письмо от ... мужа?

4. Translate into Russian:

   (1) My aunt and my uncle were talking to each other about everything they could think of.

   (2) Ever since morning he's been working in his study.

   (3) He bought his suit and his shoes in London.

(4) In actual fact he doesn't know whose bed he slept in yesterday.

(5) She said that her uncle would spend two weeks with her.

(6) I learned from the professor himself that the university was closed.

(7) Everybody knows when she's in the swimming bath.

(8) We've got our very own flat in London. Right in the centre too.

(9) In the same faculty there are three professors.

(10) I can't say that I'm particularly interested in this problem.

(11) This man's a professor, that one's a lecturer, and the one with the beard is a postgraduate student.

УРОК 24

СЛОВАРЬ

боя́ться II (бо‖ю́сь, -и́шься)
+*gen.* to fear
велосипе́д *m.* bicycle
велосипеди́ст *m.* cyclist
вме́сто *pr.* (+*gen.*) instead of
возвраще́ние *n.* return
выезжа́ть I (выезжа́‖ю, -ешь)
to ride out, drive out
вы́расти I *pf.* (вы́раст‖у, -ешь,
past tense вы́рос, -ла, -ло;
-ли) to grow up
гости́ть II (гощу́, гости́шь) to
stay, be on a visit
гру́ппа *f.* group
гудо́к *m.* (*gen.* гудка́) hoot,
hooting; horn, hooter
густо́й *adj.* thick
де́ло *n.* (*pl.* дела́) matter, business, affair

до́мик *m.* little house
забо́титься II (забо́чусь, за-
бо́тишься) to worry, take care
of, trouble
зае́хать I *pf.* (зае́д‖у, -ешь) to
visit, call on[1]
за́яц *m.* (*gen.* за́йца, *pl.* за́йцы)
hare
име́ть I (име́‖ю, -ешь) to have[2]
лесни́к *m.* (*gen.* лесника́)
forester
медве́дь *m.* bear
надое́сть *pf.* (надое́м, надое́шь,
see есть) to bore[3]
надо́лго *adv.* for long[4]
наза́д *adv.* back, ago[5]
наруша́ть I (наруша́‖ю, -ешь)
to break, disturb

1. Зае́хать (imperfective заезжа́ть) к+dative means 'to call on someone', 'to visit' (by some form of transport). For visiting on foot
зайти́ (заходи́ть) is used. Зае́хать, зайти́ за+*instr.* means to call
for (and fetch) someone:

> Он зашёл за мной.   He called for me.

2. Име́ть 'to have' is rarely used to express simple possession – for
this у меня́, у тебя́, etc. are used. It is, however, used in certain
fixed formulas, such as име́ть удово́льствие 'to have the pleasure';
не име́ть никако́го поня́тия 'to have no idea'; име́ть честь 'to
have the honour'; име́ть пра́во 'to have the right'; име́ть ме́сто
'to take place'.

3. Надое́сть is usually used impersonally with the dative. Мне
надое́ло ... means 'I am bored, sick of ...'. It can have a subject
(она́ мне надое́ла) or can be followed by an infinitive: мне на-
дое́ло смотре́ть на него́.

неожи́данно *adv.* unexpectedly

никако́й *pron.* none, no, none ... whatever

никуда́ *adv.* nowhere

ниче́й *pron.* nobody's

око́нчить II *pf.* (око́нч‖у, -ишь) to finish (off)

останови́ть II *pf.* (остановлю́, остано́вишь) to stop

останови́ться II *pf.* (остановлю́сь, остано́вишься) to stop (*intrans.*)

оста́ться I *pf.* (оста́н‖усь, -ешься) to stay, remain

откры́тый *adj.* open

охо́та *f.* hunt, hunting

охо́титься II (охо́чусь, охо́тишься) to hunt

охо́тник *m.* hunter

поня́тие *n.* idea, understanding, conception

посла́ть I *pf.* (пошл‖ю́, -ёшь) to send

посмотре́ть II *pf.* (посмотрю́, посмо́тришь) to look

пра́во *n.* right

прое́хать I *pf.* (прое́д‖у, -ешь) to go by (not on foot), to drive by

проложи́ть II *pf.* (пролож‖у́, проло́жишь) to lay (of roads)

сове́т *m.* advice

стра́шный *adj.* terrible, dreadful, frightening

тайга́ *f.* taiga (wild forest district)

тишина́ *f.* quiet, silence

убега́ть I (убега́‖ю, -ешь) to run away

честь *f.* honour

шоссе́ *n.* (*indeclinable*) highway

шофёр *m.* driver

4. Надо́лго means 'for long' when the intention of spending time is understood (see Lesson 13).

> Он уе́хал надо́лго.　　　　　He has gone away for a long time.

5. Наза́д (or тому́ наза́д) is used after expressions of time in the accusative to mean 'ago'.

> неде́лю (тому́) наза́д　　　　a week ago

Выраже́ния

сади́ться (сесть) в автомоби́ль	to get into a car
ни за что	not for anything
(ни за что не пойду́)	(I won't go for anything; nothing would make me go)
дать гудо́к	to hoot the horn
идти́ (ходи́ть) на охо́ту	to go hunting

181

ГРАММАТИКА

1. Negative Pronouns and Adverbs

(a) *The negative pronouns* **никто́** *and* **ничто́**. **Никто́**
'nobody' and **ничто́** 'nothing' are declined in exactly
the same way as **кто** and **что** (see Lesson 16).

When they are used with a verb, no matter what case
they may be in, the negative particle **не** is *always*
inserted before the verb.

Он **ничём не** интересу́- ется.	He is interested in **nothing**

When a preposition is used with **никто́** or **ничто́**,
it goes between the particle **ни** and the declinable
pronoun **кто** or **что**, the three parts being written
separately.

Мы **ни с кем** не говори́ли.	We talked **to nobody**.

Note that the accusative of **ничто́** is usually the same as the
genitive **ничего́**. This is because it is usually the object of a
negative verb and negative verbs tend to be followed by an
object in the genitive. If, however, **ничто́** is governed by a
preposition taking the accusative, then the accusative is **ничто́**.

Он **ни за что** не пла́тит.	He pays for nothing.

(b) *The negative pronouns* **никако́й** *and* **ниче́й**. **Ни-
како́й** 'no' and **ниче́й** 'no one's' are declined like
како́й and **чей**. The same rules of usage apply to them
as to **никто́** and **ничто́**. **Никако́й** is used to stress
the negation:

Он **ни на каки́х** вечера́х **не́** был.	He did**n't** go to any parties **at all**.
Он не хо́чет **ничьего́** со- ве́та.	He doesn't want **anyone's** advice.

182

(c) **Нéкто** *and* **нéчто**. These two pronouns, which are declined like **кто** and **что** (the stress *always* falling on the first syllable) differ in meaning according to case.

In the nominative they have a positive meaning: '*a certain*' and '*something*'. Both are rare. **Нéкто** is nowadays only found in conjunction with proper names: **нéкто** Петрóв '*a certain* Petrov'; whereas **нéчто** is mostly reserved for the expression **нéчто врóде**+*gen.* 'something in the nature of ...'.

In all other cases they have a purely negative meaning, '*nobody*' and '*nothing*'.

As they are really contractions of **не-есть-когó** (**нéкого**) не-есть-чегó (**нéчего**) etc., they have the meaning of 'there is nobody, nothing' and are used in conjunction with a *dative* (**мне** нéчего ... '*for me there is nothing ...*') and an *infinitive* (мне нéчего **послáть** 'for me there is nothing *to send*', or, in idiomatic English: '*I have nothing to send*'). A second не cannot be used with the verb.

Ивáну **нéчего** дéлать.	Ivan has **nothing** to do.
Мне **нéкому** дать кнѝгу.	I have **no one** to give the book to.

(cf. Я **никомý** не даю кнѝгу – I give the book **to no one**).

This construction can be used in the past and future simply by adding **бы́ло** or **бýдет** (usually immediately after **нéчего, нéкого**, etc.):

Емý **нéчего** бы́ло (бýдет) сказáть.	He **had** (**will have**) **nothing** to say.

When a preposition is used, it is inserted between the **не** and the pronoun proper; the stress falls entirely on **нé**. Thus:

| Нам не́ о чем бы́ло говори́ть. | We had **nothing** to talk **about.** |
| Ему́ не́ к кому идти́. | He has **no one** to go **to.** |

Note that the accusative of не́чего is the same as the genitive не́чего (нам не́чего де́лать), except when it is governed by a preposition taking the accusative. E.g.

| Ему́ не́ за что плати́ть. | He has nothing to pay for. |

Of course, often the dative is omitted:

| **Не́ о чём** говори́ть. | There is **nothing** to talk **about.** |
| **Не́чего** де́лать. | There is **nothing** to do. |

In one idiom, even, the verb is also left out: не́ за что ('don't mention it') which is a contraction of вам не́ за что благодари́ть меня́ – 'you've nothing to thank me for'.

Note: occasionally не́кому can be used impersonally in the sense 'there is no one to ...':

| Не́кому э́то сде́лать. | There is no one to do this. |

Не́чего is sometimes used idiomatically with the meaning 'there is no need to ...', 'there is no point in ...':

| Не́чего забо́титься о нём. | There's no need to bother about him. |

(d) *The negative adverbs* **не́когда, не́где, не́куда.** These adverbs, which are contracted forms of **не - есть-когда́**, etc., are used in exactly the same way as **не́кого** and **не́чего** – i.e. with datives and infinitives:

Нам **не́когда** чита́ть.	We have **no time** for reading.
Серге́ю **не́где** бы́ло сиде́ть.	Sergey had **nowhere** to sit.
Анне **не́куда** бу́дет идти́.	Anna will have **nowhere** to go **to.**
Не́когда разгова́ривать.	There's **no time** for talking.

Note that occasionally не́когда has a positive meaning 'once upon a time':

| Там не́когда жил мой брат. | Once upon a time my brother lived there. |

These adverbs must *not* be confused with **никогда́**, **нигде́**, and **никуда́**, which are used in straightforward negative sentences and require the negative particle with the verb. Cf.

Мы **никогда́** не чита́ем.	We **never** read.
Серге́й **нигде́** не сиде́л.	Sergey sat **nowhere**.
А́нна **никуда́** не пошла́.	Anna did**n't** go **anywhere**.

2. Ordinals

Ordinals from 1st to 10th are as follows:

1st	пе́рвый	6th	шесто́й
2nd	второ́й	7th	седьмо́й
3rd	тре́тий	8th	восьмо́й
4th	четвёртый	9th	девя́тый
5th	пя́тый	10th	деся́тый

11th is **оди́ннадцатый**. The ordinals from 12th to 19th are formed in the same way as 11th – the soft sign at the end of the cardinal is replaced by an adjectival ending **-ый**.
The ordinals 20th, 30th, etc., are as follows:

20th	двадца́тый	60th	шестидеся́тый
30th	тридца́тый	70th	семидеся́тый
40th	сороково́й	80th	восьмидеся́тый
50th	пятидеся́тый	90th	девяно́стый

100th is **со́тый** and 1000th is **ты́сячный**. The intervening hundredths and succeeding thousandths are formed by prefixing **-со́тый** and **-ты́сячный** with the genitive of the cardinal (**двух-**, **трёх-**, **четырёх-**, **пяти́-**, **шести́-**, **семи́-**, **восьми́-**, **девяти́-**).
Thus **пятисо́тый** is 500th; **двухты́сячный** is 2000th.
In all compound ordinal numbers above 20th (172nd, 57th, etc.) only the *last* element (2nd, 7th, etc.)

becomes an ordinal proper; the preceding elements (170, 50, etc.), as in English, remain cardinals. Thus:

два́дцать второ́й – 22nd
сто се́мьдесят восьмо́й – 178th

All ordinals are declined like adjectives (for the declension of **тре́тий**, see above, Lesson 21) and, of course, agree in case, gender, and number with the noun they qualify:

в три́дцать шесто́м до́ме   in the 36th house

в ты́сяча девятьсо́т шесть-
деся́т пе́рвом году́   in 1961

(Note that this is the only way in Russian of saying 'in such and such a year'.)

ТЕКСТ

Одна́жды я, как инжене́р, пое́хал на восто́к. Это бы́ло в ты́сяча девятьсо́т девя́том году́. Я око́нчил свои́ дела́ и пе́ред возвраще́нием домо́й реши́л зае́хать в тайгу́ к одному́ леснику́-охо́тнику. Пять лет наза́д я гости́л у него́ и вме́сте с ним ходи́л на охо́ту. Никогда́, нигде́ и ни с кем мне не́ было так интере́сно охо́титься, как с ним в тайге́.

К леснику́ на́до бы́ло е́хать от го́рода почти́ две́сти киломе́тров. Его́ до́мик стоя́л в тайге́, недалеко́ от шоссе́. Сажу́сь в автомоби́ль и е́ду.

Снача́ла доро́га идёт ме́жду озёрами. Но вот шоссе́ вхо́дит в густо́й лес. Ничто́ не наруша́ет его́ тишины́. Немно́жко стра́шно! Ка́жется, ни за что не оста́нешься здесь надо́лго оди́н. Расска́зывают, что есть места́ в лесу́, где нельзя́ ни пройти́, ни прое́хать.

Шоссе́ неда́вно здесь проложи́ли, и в пе́рвое вре́мя зве́ри никого́ не боя́лись, ни от кого́ не убега́ли: свобо́дно гуля́ли за́йцы и бы́ли да́же медве́ди на шоссе́. Одна́жды вы́шел из ле́са медве́дь, останови́лся

на шоссе – и ни с ме́ста! Шофёр дал оди́н гудо́к, друго́й
– посильне́е,* тре́тий – ещё сильне́е.† Ничто́ не по-
мога́ло. Не́чего бы́ло де́лать. Наконе́ц, всё э́то, ка́жется,
ему́ надое́ло, он ещё раз посмотре́л на автомоби́ль,
реши́л, что де́лать бы́ло не́чего, и пошёл в сто́рону.

Но тепе́рь на доро́ге не́ было никаки́х за́йцев, ни-
каки́х медве́дей. То́лько е́дут автомоби́ли и мотоци́клы.
Вдруг я ви́жу гру́ппу велосипеди́стов. Ра́ньше я никог-
да́ не ви́дел здесь никого́ на велосипе́де.

Лес неожи́данно конча́ется. Я выезжа́ю на откры́тое
ме́сто. До́мика лесника́ нет. Вме́сто него́ пе́редо мной
большо́й заво́д. Нале́во и напра́во до́мики с сада́ми, а
да́льше больши́е дома́, широ́кие у́лицы. В тайге́ вы́рос
молодо́й го́род.

* a little louder   † still louder

УПРАЖНЕНИЯ

1. Answer the following sentences in the negative:

   (1) О ком вы говори́ли вчера́?
   (2) Чем ты восхища́ешься?
   (3) Куда́ он пошёл?
   (4) Каку́ю кни́гу он чита́ет?
   (5) Чью шля́пу он но́сит?
   (6) О чьих друзья́х он забо́тится?
   (7) На что ты смо́тришь?

2. Fill in the blank spaces with one of the negative pronouns or adverbs given in brackets:

   (1) Когда́ я пришёл, ... не́ было до́ма. (никого́,
       не́кого)
   (2) Он ... не сиде́л. (ни с кем, не́ с кем)
   (3) Мне ... говори́ть об э́том. (никогда́, не́когда)
   (4) Мы ... не пошли́. (никуда́, не́куда)
   (5) Он ... не интересова́лся, но нельзя́ сказа́ть, что
       ему́ ... бы́ло интересова́ться. (ниче́м, не́чем)

187

3. Write out the following in full:

   (1) The 27th street.
   (2) The 133rd house.
   (3) In the 4th house.
   (4) In 1961, 1925, 1815.
   (5) The 300th book.

4. Translate into Russian:

   (1) He called for me three days ago in his car.
   (2) Have you nowhere to go?
   (3) The old man never talks about anyone or to anyone.
   (4) Fear no one and you will have nothing to be afraid of.
   (5) You don't seem to have a clue about this affair.
   (6) He went away for a long time a year ago.
   (7) There's no point in sitting in the library; let's go to the cinema.
   (8) She never takes care of her house.
   (9) On the fifth day he decided to return home.
   (10) I'm sick of listening to her singing.

УРОК 25

СЛОВАРЬ

Назва́ния ме́сяцев	Names of the months
янва́рь January	ию́ль July
февра́ль February	а́вгуст August
март March	сентя́брь September
апре́ль April	октя́брь October
май May	ноя́брь November
ию́нь June	дека́брь December

All the months are masculine. Except at the beginning
of a sentence they are always written with a small letter.
The stress is on the last syllable throughout in янва́рь (i.e.
января́), февра́ль, сентя́брь, октя́брь, ноя́брь, дека́брь.
On the rest it is the same in the oblique cases as in the
nominative. Note that 'in January', etc. is в+*prep.* −
в январе́, в ию́не, etc.

бить I (бь‖ю, -ёшь) to hit, to
strike[1]
век *m.* (*pl.* века́) century; age
ве́сить II (ве́шу, ве́сишь) to
weigh (*intrans.*)
высота́ *f.* (*pl.* высо́ты) height
вы́ехать I *pf.* (вы́ед‖у, -ешь) to
leave, to drive away from ...
гла́вный *adj.* main, chief, principal
деревя́нный *adj.* wooden
дре́вность *f.* antiquity
звезда́ *f.* (*pl.* звёзды) star

ка́мень *m.* (*gen. sing.* ка́мня, *pl.*
ка́мни, *gen. pl.* камне́й) stone
ко́локол *m.* (*pl.* колокола́) bell
колоко́льня *f.* (*gen. pl.* коло-
ко́лен) bell-tower
кремлёвский *adj.* Kremlin
(*attr.*)
лечь I *pf.* (ля́гу, ля́жешь, *past
tense* лёг, легла́, -ло́; -ли́) to
lie down
мело́дия *f.* melody, tune
миллио́н *m.* million

1. Бить 'to strike', 'to hit' has as its perfective уда́рить (II уда́р‖ю,
-ишь); when it means 'to strike' (of a clock) then the perfective is
проби́ть. Note that the imperative of бить is бей(те).

называ́ться I (называ́||юсь, -ешься) to be called, to be named[2]

отли́ть I *pf.* (отоль||ю́, -ёшь, *past tense* о́тлил, отлила́, о́тлило; -ли) to cast, to mould

переры́в *m.* interval, break; переры́в на обе́д lunch break

повторя́ть I (повторя́||ю, -ешь) to repeat

подно́жие *n.* foot (of hill, statue)

по́здно *adv.* late

пока́зывать I (пока́зыва||ю, -ешь) to show

по́лночь *f.* midnight[3]

почти́ *adv.* almost

появля́ться I (появля́||юсь, -ешься) to appear, to make an appearance

пу́шка *f.* (*gen. pl.* пу́шек) cannon

слы́шный *adj.* audible[4]

собо́р *m.* cathedral

составля́ть I (составля́||ю, -ешь) to compose, form

сохрани́ться II *pf.* (сохран||ю́сь, сохрани́шься) to be kept

страни́ца *f.* page

стре́лка *f.* (*gen. pl.* стре́лок) hand (of clock or watch)

то́нна *f.* ton

треуго́льник *m.* triangle

укреплённый *part.* fortified

установи́ть II *pf.* (установлю́, устано́вишь) to set up

холм *m.* (*gen.* холма́ *pl.* холмы́) hill

царь *m.* (*gen.* царя́ *pl.* цари́) Tsar

число́ *n.* (*pl.* чи́сла, *gen. pl.* чи́сел) date, number

2. Называ́ться 'to be called' (*pf.* назва́ться – назову́сь, назовёшься) is usually followed by the instrumental of what the subject of the verb is called (cf. каза́ться, явля́ться).
3. In the oblique cases of по́лночь, у (always stressed) is inserted between the л and the н (полу́ночи, полу́ночью, etc.).
4. The short form of слы́шный (слы́шен, слышна́, слы́шно; слы́шны) is frequently used to translate 'one can (could) hear ...'; what one can hear becomes the subject of the sentence (слы́шен (был) ко́локол). In the negative the neuter form is used impersonally + the *gen.* (не слы́шно (бы́ло) ко́локола).

Выраже́ния

до сих пор	until this time, to the present day
от с }+*gen.* ... до+*gen.* ...	from ... to ... (with expressions of time)
с ... по+*acc.*	from ... to ... (and inclusive of)
кре́пко спать	to sleep soundly
Кото́рый час по ва́шим часа́м?	What's the time by your watch?
лечь спать	to go to bed

ГРАММАТИКА

1. The Declension of Cardinal Numbers

In Russian all cardinal numbers decline. A certain amount of difficulty may be experienced by the student at first, owing to the fact that both the numbers and the nouns to which they refer decline, the nouns in the plural (except after 'one'). In other words the cardinals are treated in the oblique cases like plural adjectives, though their endings are not adjectival.

It will perhaps be simpler to take the numbers individually, or by groups.

(a) Один

As has already been mentioned (Lesson 23), один, одна, одно is declined like этот, with a mobile и disappearing throughout, except in the nominative masculine singular. It agrees in case and gender with the noun, which is always in the singular: в одном доме; с одной женщиной; я вижу одного ученика.

Один also has a plural (одни, одних, etc.) which is used with nouns which have no singular (e.g. одни часы – 'one watch'). It can also be used as a plural pronoun meaning 'alone' (just as it can in the singular):

Они пришли одни.	They came alone.
Она вышла одна.	She went out alone.

(b) Два (две), три, четыре

These are declined as follows:

Nom.	два (две)	три	четыре
Acc.	⎧ два (две)	⎧ три	⎧ четыре
	⎩ двух	⎩ трёх	⎩ четырёх
Gen.	двух	трёх	четырёх
Dat.	двум	трём	четырём
Instr.	двумя	тремя	четырьмя
Prep.	двух	трёх	четырёх

191

All the above when in the *nominative* or (except with nouns denoting human beings) in the *accusative* are followed by the genitive singular: два стола́, четы́ре кни́ги, три соба́ки, две две́ри.

In the *oblique* cases (*gen.*, *dat.*, *instr.*, *prep.*, and, with nouns denoting human beings but not animals, the *accusative*) the noun will be in the same case as the numeral *and in the plural*: двумя́ дома́ми; трём рубля́м; двух, четырёх же́нщин (*acc.* or *gen.*); трёх мину́т.

Note that there is no differentiation for gender, except in the nominative and accusative of два which has a feminine form две.

Оба 'both', however, distinguishes gender throughout:

	Masc. Neuter	Fem.
Nom.	о́ба	о́бе
Acc.	{ о́ба { обо́их	{ о́бе { обе́их
Gen.	обо́их	обе́их
Dat.	обо́им	обе́им
Instr.	обо́ими	обе́ими
Prep.	обо́их	обе́их

The same rules apply to о́ба (о́бе) as to два (две), три, and четы́ре: обо́их домо́в; обе́ими кни́гами; обе́им сёстрам.

(c) Пять – два́дцать, три́дцать

Пять declines as follows:

Nom., Acc.	**пять**
Gen., Dat., Prep.	**пяти́**
Instr.	**пятью́**

All the remaining numbers between 5 and 20, as well as 30, decline in the same way. **Во́семь**, however, has a 'mobile **e**' which is replaced in the *gen.*, *dat.*, and *prep.* cases by a soft sign (**восьми́**), but is retained in the instrumental (**восемью́**).

The stress is on the end except for 11–19 inclusive, where it stays where it is in the nominative (тринадцатью, восемнадцати).

The same rules apply as above in (b), except, of course, that in the nominative and accusative the noun is in the genitive plural.

The following paradigm may help:

Nom., Acc.	двена́дцать рубле́й
Gen.	двена́дцати рубле́й
Dat.	двена́дцати рубля́м
Instr.	двена́дцатью рубля́ми
Prep.	двена́дцати рубля́х

Note that there is rarely any distinction between the nominative and the accusative, even when the noun is animate and denotes a human being. Thus

Я ви́жу пятна́дцать же́нщин (cf. я ви́жу трёх же́нщин).

This also applies to compound numbers:

Я ви́жу два́дцать две же́нщины (not двадцати́ двух же́нщин).

(d) Два́дцать оди́н – три́дцать де́вять

Both elements decline. After 21 and 31, no matter what the case, the noun is always in the singular:

с тридцатью́ одни́м до́мом with 31 houses

With all other numbers from 22 to 39, in the oblique cases, the noun will be in the plural.

Thus: двадцати́ трём дома́м (*dat.*); тридцати́ девяти́ дома́х (*prep.*).

(e) Со́рок, девяно́сто, сто

All the oblique cases of these numerals end in -a: сорока́ (N.B. stress); ста; девяно́ста.

Thus ста дома́ми (*instr.*); сорока́ шести́ дома́м (*dat.*), etc.

(f) Пятьдеся́т, шестьдеся́т, се́мьдесят, во́семьдесят

Both elements decline in the following manner:

Nom., Acc.	пятьдеся́т
Gen., Dat., Prep.	пяти́десяти
Instr.	пятью́десятью

Thus:

> семи́десяти пяти́ домо́в (*gen.*)
> восемью́десятью тремя́ рубля́ми (*instr.*)

(g) Две́сти – девятьсо́т

Again, both elements decline, but this time **сто** is declined as though it were a plural:

Nom., Acc.	две́сти	пятьсо́т
Gen.	двухсо́т	пятисо́т
Dat.	двумста́м	пятиста́м
Instr.	двумяста́ми	пятьюста́ми
Prep.	двухста́х	пятиста́х

(h) Ты́сяча – миллио́н

As both **ты́сяча** and **миллио́н** are really nouns and not numerals and are declined like nouns (with the exception of the instrumental of ты́сяча – ты́сячью), they are *always* followed by the genitive plural of the noun, no matter what case they may be in. Thus:

> с двумя́ ты́сячами **рубле́й**   with 2000 roubles
> (cf. с двумя́ ты́сячами пятью́ рубля́ми)

2. Expressions of Time

(a) To denote the hours in Russian, the cardinals (**оди́н, два, три**, etc.) + **час** (**часа́, часо́в**) are used. Thus:

два часа́	'two o'clock'
семь часо́в	'seven o'clock'
час	'one o'clock'

'At ...' is translated by **в**+accusative:

> в три часа́   'at three o'clock'

To translate 'in the morning, afternoon, evening, or night' after expressions of time, the genitives утра́, дня, ве́чера, но́чи are used, not the instrumentals.

Note that час, when preceded by 2, 3, or 4 has the *gen. sing.* in часа́. Otherwise the *gen.* is ча́са (че́тверть ча́са).

(b) To translate 'so many minutes past the hour', cardinal numbers+мину́та (мину́ты *gen. sing.*, мину́т *gen. pl.*) are used for the minutes, and the *genitive masculine singular* of the *ordinal* of the *following* hour for the hour. Thus:

пять мину́т второ́го	Five past one (*lit.* 'Five minutes of the second hour')
два́дцать две мину́ты оди́ннадцатого	Twenty-two minutes past ten

'Quarter past' is **че́тверть** (ог пятна́дцать мину́т):

че́тверть тре́тьего	a quarter past two

'Half past' is **полови́на**:

полови́на пе́рвого	half past twelve

To translate 'at ...', **в**+the accusative is used (except for 'half past', which is either в полови́не (*prep.*) шесто́го, or plain nominative: полови́на шесто́го 'at half past five').

Note that the ordinal of a number+час implies the whole of the preceding hour. Thus, в пя́том часу́ means 'between four and five'.

(c) To translate 'so many minutes to the hour', **без**+the number of minutes in the genitive precedes the hour which is expressed by a *cardinal* in the nominative:

без пятй (минýт) дéсять	Five to ten
без двадцатй пятй (ми-нýт) шесть	Twenty-five to six
без чéтверти час	a quarter to one

в is not used to translate 'at'. Thus, без двух минýт шесть means either 'two minutes to six' or 'at two minutes to six'.

(d) In order to ask 'what time is it?' the Russians use the expression котóрый час? or, colloquially, скóлько врéмени?. 'At what time?' is в котóром часý or, colloquially, во скóлько?

3. Dates

To indicate the date of the month, use the neuter form of the ordinal followed by the month in the *genitive*. The noun числó 'date' is understood.

пя́тое (числó) мáя   the fifth of May

To translate 'on such and such a date', the *genitive* of the ordinal is used:

двáдцать трéтьего де-кабря́   on 23 December

In order, therefore, to ask 'on what date?' the expression какóго (sometimes котóрого) числá? is used. If the year is given *after* the month, then the year (or rather the ordinal of the year) goes into the *genitive*:

тридцáтое мáя ⎫
тридцáтого мáя ⎬ ты́сяча девятьсóт восемнáдцатого гóда
в мáе ⎭

(cf. в ты́сяча девятьсóт восемнáдцатом годý 'in 1918' – see Lesson 24).

Note the following abbreviations used:

7-е (седьмóе) мáя
5-го (пя́того) ию́ня
1961-й г. (пéрвый год)
XV в. (пятнáдцатый век).

ТЕКСТЫ

I.

Кремлём в дре́вности называ́лась центра́льная часть го́рода, укреплённая стена́ми и ба́шнями. Кремли́ ста́ли появля́ться в оди́ннадцатом ве́ке.

Моско́вский Кремль на́чали стро́ить в ты́сяча сто пятьдеся́т шесто́м году́.[1] Он нахо́дится на берегу́ Москвы́-реки́, на высо́ком холме́, и составля́ет треуго́льник. На ка́ждой из трёх сторо́н треуго́льника семь ба́шен, и ни одна́ из э́тих семи́ ба́шен не повторя́ет другу́ю; все они́ ра́зные. К седьмо́му ноября́ ты́сяча девятьсо́т три́дцать седьмо́го го́да на пяти́ гла́вных ба́шнях установи́ли огро́мные звёзды, кото́рые све́тят но́чью.

Снача́ла сте́ны Моско́вского Кремля́ бы́ли деревя́нными. В ты́сяча три́ста шестьдеся́т седьмо́м году́ постро́или сте́ны из бе́лого ка́мня. Но́вые сте́ны, кото́рые сохрани́лись до сих пор, постро́или в конце́ пятна́дцатого ве́ка.

Посети́тели прохо́дят че́рез воро́та за сте́ны Кремля́. Они́ остана́вливаются у колоко́льни Ива́на Вели́кого.[2] Э́ту колоко́льню стро́или почти́ сто лет, с ты́сяча пятьсо́т пя́того го́да по ты́сяча шестисо́тый год. Высота́ её о́коло восьми́десяти ме́тров. У подно́жия колоко́льни Ива́на Вели́кого стоя́т Царь-ко́локол и Царь-пу́шка. Царь-ко́локол ве́сит о́коло двухсо́т тонн. Царь-пу́шку отли́ли в ты́сяча пятьсо́т шестьдеся́т восьмо́м году́. Для шестна́дцатого ве́ка э́то была́ огро́мная пу́шка.

Интере́сным па́мятником архитекту́ры четы́рнадцатого – пятна́дцатого веко́в явля́ются кремлёвские собо́ры – Успе́нский, Благове́щенский и Арха́нгельский.[3]

1. Normally dates are written in figures in Russian as in English; in this passage, however, they are written in full for practice.
2. Ivan III, Grand Prince of Moscow from 1462 to 1505.
3. The Cathedrals of the Dormition (Assumption) of the Mother of God, of the Annunciation and of the Archangel.

Вёчер. Ужé по́здно. На у́лицах Москвы́ стано́вится ме́ньше люде́й, ме́ньше слы́шно автомоби́льных гудко́в.

Часы́ на Кремлёвской ба́шне пока́зывают полови́ну двена́дцатого и два ра́за игра́ют мело́дию че́тверти ча́са. Приближа́ется по́лночь. Вот больша́я стре́лка уже́ пока́зывает без че́тверти двена́дцать. Прошло́ три че́тверти двена́дцатого ча́са.

Ско́ро по́лночь. Больша́я стре́лка приближа́ется к двена́дцати. Вот уже́ без пяти́ двена́дцать ... без двух мину́т ... без одно́й. Прошло́ четы́ре че́тверти ча́са.

Когда́ в Москве́ часы́ бьют по́лночь, на друго́м конце́ СССР, во Владивосто́ке, уже́ у́тро. Часы́ проби́ли семь. Че́рез два часа́, когда́ бу́дет де́вять часо́в утра́, де́ти во Владивосто́ке пойду́т в шко́лу, а моско́вские де́ти бу́дут ещё кре́пко спать. Когда́ во Владивосто́ке ле́том ме́жду ча́сом и двумя́ в магази́нах быва́ет переры́в на обе́д, в Москве́ золоты́е стре́лки пока́зывают шесть часо́в.

УПРАЖНЕНИЯ

1. Answer the following questions:
   (1) Кото́рый час по ва́шим часа́м?
   (2) Кото́рый час пока́зывали они́ че́тверть ча́са тому́ наза́д?
   (3) Кото́рый час бу́дет че́рез три че́тверти ча́са?
   (4) В кото́ром часу́ вы встаёте и за́втракаете?
   (5) В кото́ром часу́ вы у́жинаете и ложи́тесь спать?
   (6) Како́го числа́ бу́дет ваш сле́дующий уро́к?
   (7) Како́го числа́ вы купи́ли э́ту кни́гу?

2. Rewrite the following sentences in full:
   (1) У него́ 30 рубле́й 15 копе́ек.
   (2) Мы уе́хали в 6-м часу́ 23-го ма́рта 1961-го го́да.

(3) Из 7-и дней он рабо́тает 6 дней.
(4) Что ты сде́лал с э́тими 16 рубля́ми?
(5) В э́тих 217 дома́х живу́т 2132 челове́ка.
(6) Мы говори́ли о 4 рубля́х 25 копе́йках.

3. Translate into Russian:

   (1) In both these books there are more than five hundred pages.
   (2) At seven o'clock in the evening on January the third we arrived by plane in Moscow.
   (3) In 1955 I left London; I had nothing to do there.
   (4) Why was Ivan III called Ivan the Great? I haven't the slightest idea. I don't even know in which century he lived.
   (5) At ten minutes to six in the evening he lay down on the sofa and fell asleep.
   (6) During the lunch break the clock struck half past two and the workers decided to return to the factory.
   (7) On what date and in what year did you finish your book?
   (8) This suitcase weighs about ten kilogrammes; it's too heavy for the aeroplane.
   (9) Is it true that four families live in these four rooms?
   (10) Please send a car at half past eight tomorrow morning.
   (11) In September there will be a conference in London. Will you be there? No, I have no time for attending (visiting) conferences.

СЛОВАРЬ

Адмиралтейство *n.* Admiralty

блестеть II (блещу́, блести́шь) to shine, sparkle

блестя́щий *adj.* brilliant; sparkling

великоле́пный *adj.* (*short form* великоле́пен, великоле́пна, -но; -ны) magnificent

внима́ние *n.* attention

впада́ть I (впада́‖ю, -ешь) to fall into, flow into (of a river)

впечатле́ние *n.* impression

го́рдость *f.* pride

грани́тный *adj.* granite (*attr.*)

дворе́ц *m.* (*gen.* дворца́) palace

де́льта *f.* delta

дли́нный *adj.* (*short form* дли́нен, длинна́, дли́нно; -ы) long

зали́в *m.* gulf, bay

заме́тить II *pf.* (заме́чу, заме́тишь) to notice

заста́ть I *pf.* (заста́н‖у, -ешь) to find in; to take unawares

зи́мний *adj.* winter (*attr.*)

изуми́тельный *adj.* amazing

колонна́да *f.* colonnade

ле́стница *f.* staircase

меня́ть I (меня́‖ю, -ешь) to change

настоя́щий *adj.* present; actual; genuine

образова́ть I (образу́‖ю, -ешь) to form[1]; to educate

основа́ть I *pf.* (осну‖ю́, -ёшь) to found

о́стров *m.* (*pl.* острова́, *gen. pl.* острово́в) island

перечи́слить II *pf.* (перечи́сл‖ю, -ишь) to enumerate

печа́тать I (печа́та‖ю, -ешь) to print[2]

положе́ние *n.* position, situation

полукру́г *m.* semi-circle

получи́ть II *pf.* (получу́, полу́чишь) to receive

приблизи́тельно *adv.* approximately

привлека́ть I (привлека́‖ю, -ешь) to attract

приме́рно *adv.* approximately

---

1. Образова́ть (as well as its reflexive образова́ться) is one of the few verbs in Russian which can either be imperfective or perfective.

2. Печа́тать (with its perfective напеча́тать and отпеча́тать) can mean 'to type' as well as 'to print'. It is often followed by на пи́шущей маши́нке 'on the typewriter'.

примыка́ть I (примыка́‖ю, -ешь) to adjoin, to border on

производи́ть II (произвожу́, произво́дишь) to produce

проспе́кт m. avenue

прямо́й adj. straight

расти́ I (раст‖у́, -ёшь, past tense рос, -ла́, -ло́; -ли́) to grow

си́льный adj. (short form си́лен, сильна́, си́льно; -ы) strong

смерть f. death

соединя́ть I (соединя́‖ю, -ешь) to join, to unite

труди́ться II (тружу́сь, тру́-дишься) to toil, to labour

трудя́щийся adj. and noun toiler, worker, working

украша́ть I (украша́‖ю, -ешь) to adorn, beautify

ум m. (gen. ума́) mind, intellect

эпо́ха f. epoch

Выраже́ния

на э́той неде́ле	this week
на той неде́ле	that week
на про́шлой неде́ле	last week
на бу́дущей (сле́дующей) неде́ле	next week
в э́том году́, ме́сяце	this year, month
в про́шлом году́, ме́сяце	last year, month
в бу́дущем году́, ме́сяце	next year, month
производи́ть впечатле́ние на + асс. ...	to make an impression on ...
привлека́ть внима́ние	to attract the attention
поднима́ться ⎫ по ле́стнице спуска́ться ⎭	to go up (down) the stairs

ГРАММАТИКА

1. Active Participles

The active participle in Russian is a verbal adjective, that is to say, it is a form of the verb with an adjectival ending.

There are only two types of active participle in Russian – the present participle and the past participle; the latter can be formed from either the imperfective or perfective verbs. There are *no* future participles; the present participle, therefore, can *only* be formed from verbs in the imperfective aspect.

(1) *Formation of the active participles.* (a) *The Present Participle.* The present active participle is formed by replacing the final -т of the third person plural of the present tense with -щий. Thus the present participle of читáть is:

> **читáю**(т) + **щий** – **читáющий**
> of писáть – **пишу**(т) + **щий** – **пишущий**
> of говорúть – **говоря́**(т) + **щий** – **говоря́щий**.

There are no exceptions to this rule.

As participles are in fact verbal adjectives, they decline like adjectives. They are perfectly regular and decline like хорóший.

Thus the accusative feminine singular of читáющий is читáющую; the instrumental plural – читáющими, and so forth.

The present participle of reflexive verbs ends in **-ся**, no matter whether the preceding letter is a vowel or a consonant. Thus (from встречáться) – встречáющемся (*prep. masc. sing.*), встречáющимися (*instr. pl.*), etc.

The stress on present participles is usually the same as it is in the 3rd person plural of the present tense. There are, however, a few exceptions (e.g. куря́щий, трудя́щийся).

Do not forget that the present active participle *cannot* be formed from a perfective verb.

(b) *The Past Participle.* In order to form the past active participle, remove the final -л (if there is one) of the past tense (masculine singular) and replace it with **-вший**.

Thus (про)читáть will have as its past participle:

> **(про)читá**(л) + **вший** – **(про)читáвший**
> (по)говорúть – **(по)говорú**(л) + **вший** – **(по)-говорúвший**.

202

If the past tense does not end in **-л**, then simply add
-ший to the masculine singular form of the past tense:

> (при)нести – **(при)нёс** + **ший** – **(при)нёсший**
> (при)везти – **(при)вёз** + **ший** – **(при)вёзший**

The past participle of reflexive verbs always ends in
-ся. Thus встретившийся, встретившаяся, etc.
There are a few exceptions to the above rules, notably:

> идти – **шёдший**.
> вести – **ведший**.

(2) *Use of the active participle*. The active participle, both
present and past, is, as in English, that part of a verb
which has the function and construction of an adjective, in that it is always used to qualify a noun.
The active participle is most frequently used to replace
a *relative clause*. In the sentence 'The woman who
is reading the newspaper is my aunt', the words *'who
is'* can be removed in Russian, as in English, and
'reading' becomes a participle, or verbal adjective,
agreeing in *case* (here nominative), *gender* (here
feminine), and *number* (here singular) with the noun
(*'the woman'*) it qualifies. Thus:

> Женщина, **читающая**   The woman (who is) **read-**
> газету, моя тётя.   **ing** the newspaper is my
>   aunt.
> (=женщина, которая читает ...)

Note that the participial clause, like the relative clause,
is separated from the main clause by commas.
Now if 'the woman' is in another case – e.g. 'I talked
to the woman (who is now) reading the paper' – then
the participle 'reading' must agree in *case* with
'woman':

> Я говорил с женщиной,   I talked to the woman
> **читающей** газету.   **reading** the paper.

203

Similarly, if the noun qualified by the participle is in the plural, then the participle will also be in the plural:

Я не знаю женщин, читающих газеты.	I do not know the women **reading** the papers.

As for the tense of the participle (i.e. present, imperfective past or perfective past), it is usually the same as it would be in a relative clause. Thus in the sentence: человек, **читающий** книгу, мой друг – 'the man reading the book is my friend', **читающий** replaces **который читает**.

In the sentence: человек, **читавший** книгу, мой друг – 'the man who was reading the book is my friend', **читавший** replaces **который читал**; and in the sentence: человек, **прочитавший** книгу, мой друг – 'the man who had read the book is my friend', **прочитавший** replaces **который прочитал**.

Note that in the last two cases a participle cannot be used to replace the relative clause in English.

Sometimes the active participle precedes the noun it qualifies, in which case no commas separate it from the noun:

спящие дети	**sleeping** children
недавно **приехавший** студент	a student **who arrived** recently

But in general a participle, particularly one which is followed by an object of more than one word (читающий книгу, приехавший на этой неделе), tends to come after the noun it qualifies.

Often participles are used purely as adjectives, such as **бывший** 'former' 'ex-' (**бывший** учитель 'an *ex*-teacher'); **блестящий** 'shining' or 'brilliant' (**блестящий** снег '*glistening* snow'; **блестящий** ум '*brilliant* mind'); **пишущий** in the expression **пишущая** машинка 'typewriter'; **настоящий** 'present', 'actual', 'real' (в **настоящее** время 'at the *present* time'; это **настоящая** водка 'this is *real* vodka'). Note that the imperfect verb **настоя́ть** has ceased even to exist.

In some cases what were originally participles are now used as nouns, e.g. **настоя́щее** 'the present'; **бу́дущее** 'the future' (cf. про́шлое 'the past'); **трудя́щийся** 'worker, toiler'; **куря́щий** 'a smoker' (ваго́н для **куря́щих**, ваго́н для **некуря́щих** 'a smoker' and a 'non-smoker' on the railways). In the last two cases, трудя́щийся and куря́щий can, of course, be used as participles as well.

The following observations on the use of participles should be borne in mind:

(a) The active participle can *never* be used as the complement of the verb 'to be' (e.g. 'I am sitting', 'he was playing' etc.).

(b) The short form of the active participle is practically *never* found in modern Russian.

(c) The active participle is *rarely* used in speech; it is nearly always replaced by a relative clause. It is a bookish form and should not be used to excess.

(d) In order to translate expressions like 'I saw him working', 'I heard her playing' etc. it is better to avoid a participle and to use the following construction with **как**:

Я ви́дел, как он рабо́тал.	I saw **him working**.
Я слы́шал, как она́ игра́- ла.	I heard **her playing**.
Я не заме́тил, **как он** вошёл.	I didn't notice **him com- ing in**.

After заста́ть 'to find in', 'to catch', 'to take unawares', however, the participle may be used (in the instrumental and not preceded by a comma):

Я заста́л его́ говоря́щим с ней в мое́й ко́мнате.	I found him talking to her in my room.
Я заста́л её сидя́щей в моём кабине́те.	I found her sitting in my study.

It would be better to avoid a participle, particularly in speech: Я заста́л его́ в мое́й ко́мнате; он говори́л с ней. Я заста́л её в моём кабине́те.

2. Inversion of Numerals and Nouns

If a numeral is placed after the noun which it governs, the result is an approximate number:

Ему́ лет со́рок.	He is **about** 40.
У отца́ бы́ло **рубле́й пятьдеся́т**.	My father had **about** 50 **roubles**.

By this method one can often avoid using о́коло ('about') which has to be followed by the genitive of the numeral and the noun. However, another way of avoiding putting the numerals into an oblique case is to use the adverbs приблизи́тельно and приме́рно both of which mean 'approximately'.

If there is a preposition with the numeral and noun, then, if inversion takes place, the preposition will remain immediately before the numeral.

Мы живём **киломе́трах** в **пяти́десяти** от Москвы́.	We live **about** 50 **kilometres** from Moscow.

ТЕКСТ

Ленингра́д

На се́веро-за́паде[1] СССР, на берега́х широ́кой реќ Невы́, впада́ющей в Фи́нский зали́в,[2] стои́т оди́н из са́мых краси́вейших городо́в ми́ра – Ленингра́д.

Го́род э́тот два ра́за меня́л своё назва́ние. От царя́, основа́вшего его́, он получи́л пе́рвое назва́ние Петербу́рг; в ты́сяча девятьсо́т четы́рнадцатом году́ он получи́л назва́ние Петрогра́д, а в ты́сяча девятьсо́т два́дцать четвёртом году́, по́сле сме́рти Ле́нина – Ленингра́д.

1. The intermediary points of the compass are:

се́веро-за́пад	north-west
се́веро-восто́к	north-east
ю́го-за́пад	south-west
ю́го-восто́к	south-east

2. Фи́нский зали́в – the Gulf of Finland.

Петербу́рг на́чал стро́иться в ты́сяча семьсо́т тре́тьем году́. Он рос о́чень бы́стро и ско́ро стал го́рдостью всей Росси́и. Он произво́дит изуми́тельное впечатле́ние и свои́м положе́нием, и архитекту́рой зда́ний, и свои́ми дли́нными широ́кими у́лицами, и огро́мными площадя́ми, и краси́выми па́мятниками. Широ́кая Нева́, несу́щая свои́ во́ды в мо́ре, грани́тные берега́, кана́лы, мосты́, соединя́ющие острова́ де́льты Невы́ и её берега́, о́чень украша́ют го́род.

Гла́вная у́лица Ленингра́да – Не́вский проспе́кт, начина́ющийся у Адмиралте́йства, замеча́тельного зда́ния эпо́хи Петра́ пе́рвого. Это широ́кая пряма́я у́лица, веду́щая к вокза́лу.

Прекра́сен Каза́нский собо́р[3] с колонна́дой, образу́ющей полукру́г. Краси́во зда́ние библиоте́ки и́мени Салтыко́ва-Щедрина́,[4] великоле́пен примыка́ющий к Не́вскому проспе́кту Зи́мний дворе́ц[5] с украша́ющими его́ скульпту́рами, замеча́телен теа́тр и́мени Пу́шкина. В Ленингра́де так мно́го прекра́сных па́мятников архитекту́ры, привлека́ющих внима́ние посети́теля, что нельзя́ их все перечи́слить.

3. The Kazan Cathedral, or the Cathedral of the Virgin of Kazan, is named after the celebrated ikon of the Virgin of Kazan.
4. Mikhail Yevgrafovich Saltykov-Shchedrin (1826–89) was a novelist and satirist of some merit. His real name was Saltykov; his pen-name – Shchedrin.
5. The Winter Palace was formerly the residence of the Tsars.

УПРАЖНЕНИЯ

1. Replace the relative pronouns and verbs in the relative clauses with participles:

(1) Он взял кни́гу, кото́рая лежа́ла на столе́.
(2) Официа́нтка, кото́рая принесла́ мне ко́фе, о́чень краси́вая.

(3) Он говори́л с сестро́й, кото́рая уезжа́ла на Ура́л.

(4) Де́ти, кото́рые спят у нас в до́ме, всегда́ засыпа́ют о́чень ра́но.

(5) Наш дом стои́т на у́лице, кото́рая ведёт к вокза́лу.

(6) Он прие́хал с по́ездом, кото́рый пришёл без двадцати́ шесть.

(7) У челове́ка, кото́рый написа́л э́тот рома́н, блестя́щий ум.

(8) Ты ви́дела э́ти ма́ленькие острова́, кото́рые образу́ют полукру́г в мо́ре?

(9) Мой брат, кото́рый не кури́л в про́шлом году́, тепе́рь ку́рит папиро́с три́дцать в день.

(10) Зна́ете ли вы и́мя же́нщины, кото́рая отпеча́тала э́то на пи́шущей маши́нке?

2. Form the present and past active participles from the following verbs:

везти́, вози́ть, брать, наблюда́ть, лете́ть, гуля́ть, труди́ться, начина́ться, блесте́ть

3. Translate into Russian:

(1) The man selling wine at this counter has twice been to prison.

(2) Children sitting at table ought not to speak so much.

(3) Have you heard about the bridge joining both sides of the bay?

(4) I'm afraid to say that you've not got a brilliant mind.

(5) When she was about twenty she used to make a strong impression on men.

(6) Did you notice your sister coming in last night?

(7) The old man going up the stairs has got a bottle of vodka in his bedroom.

(8) Please don't smoke; this carriage is for non-smokers.
(9) Last week he was in Moscow; this week he is in London; next week he will be in Leningrad. Where will he be next year?
(10) Buildings which usually impress visitors do not attract me.

УРОК 27

СЛОВАРЬ

Бессара́бия *f.* Bessarabia

восста́ние *n.* uprising, rebellion

вступи́ть II *pf.* (вступлю́, всту́-пишь) to enter; вступи́ть на престо́л to come to the throne

вы́пить I *pf.* (вы́пь‖ю, -ешь) to drink (up)

декабри́ст *m.* Decembrist

зако́нчить II (зако́нч‖у, -ишь) to finish, to round off

закры́ть I *pf.* (закро́‖ю, -ешь) to shut

заня́ть I *pf.* (займ‖у́, -ёшь, *past tense* за́нял, -а́, за́няло; за́няли) to occupy

запере́ть I *pf.* (запр‖у́, -ёшь, *past tense* за́пер, -ла́, за́перло; за́перли) to lock

иностра́нный *adj.* foreign

казни́ть II *pf.* (казн‖ю́, -и́шь) to execute

кри́тик *m.* critic

либера́льный *adj.* liberal

лице́й *m.* Lyceum (high school in pre-Revolutionary Russia)

министе́рство *n.* ministry; Министе́рство иностра́нных дел Ministry of foreign affairs

мысль *f.* thought

найти́ I *pf.* (найд‖у́, -ёшь, *past tense* нашёл) to find

напо́лнить II *pf.* (напо́лн‖ю, -ишь) to fill

образова́ние *n.* education

о́бщество *n.* society

оде́ть I *pf.* (оде́н‖у, -ешь) to dress, to clothe

оконча́ние *n.* termination, ending; оконча́ние университе́та graduation

откры́ть I *pf.* (откро́‖ю, -ешь) to open

оши́бка *f.* (*gen. pl.* оши́бок) mistake

перевести́ I *pf.* (перевед‖у́, -ёшь) to translate; to transfer[1]

писа́тель *m.* writer

подави́ть II *pf.* (подавлю́, пода́вишь) to crush, to suppress

подня́ть I *pf.* (подниму́, подни́-мешь, *past tense* по́днял, -а́, по́дняло; по́дняли) to raise, to lift, to pick up

показа́ть I *pf.* (покажу́, пока́жешь) to show

1. Перевести́ (imperfective переводи́ть) can mean either 'to translate' from (с + *gen.*) one language to (на + *acc.*) another; or 'to transfer', 'to move': его́ перевели́ на друго́е ме́сто – 'he was transferred to another job'.

поня́ть I *pf.* (пойм‖у́, -ёшь, *past tense* по́нял, -а́, по́няло; -и) to understand

порази́ть II *pf.* (поражу́, порази́шь) to strike, to astonish

потеря́ть I *pf.* (потеря́‖ю, -ешь) to lose

потяну́ть I *pf.* (потяну́, потя́нешь) to draw, to drag

поэ́т *m.* poet

прави́тельство *n.* government

престо́л *m.* throne

привести́ I *pf.* (привед‖у́, -ёшь) to bring (leading on foot)

привле́чь I *pf.* (привлеку́, привлечёшь ... привлеку́т, *past tense* привлёк, -ла́, -ло́; -ли́) to attract[2]

придво́рный *adj.* court (*attr.*); *as noun* courtier

приказа́ть I *pf.* (прикажу́, прика́жешь) to order[3]

принадлежа́ть II (принадлеж‖у́, -и́шь) to belong

проколо́ть I *pf.* (проколю́, проко́лешь) to puncture

разреши́ть II *pf.* (разреш‖у́, -и́шь) to permit[3]

революцио́нный *adj.* revolutionary

руководи́тель *m.* leader

село́ *n.* (*pl.* сёла) village

сжечь I *pf.* (сожгу́, сожжёшь ... сожгу́т, *past tense* сжёг, сожгла́, -о́; -и́) to burn[2]

Сиби́рь *f.* Siberia

сосла́ть I *pf.* (сошл‖ю́, -ёшь) to exile

спасти́ I *pf.* (спас‖у́, -ёшь, *past tense* спас, -ла́, -ло́; -ли́) to save

стих *m.* (*gen.* стиха́) verse; стихи́ verses, poetry

су́тки *m. pl.* (*no sing., gen.* су́ток) period of 24 hours

сюже́т *m.* subject

умере́ть I *pf.* (умр‖у́, -ёшь, *past tense* у́мер, -ла́, у́мерло; у́мерли) to die

ца́рский *adj.* tsarist, tsar's

ши́на *f.* tyre

энциклопе́дия *f.* encyclopedia

---

2. There are a few verbs in Russian of the first conjugation with infinitives ending in -чь. In the present tense of these verbs the 1st person singular and the 3rd person plural end in either -гу, -гут, or -ку, -кут; the г and the к change to ж and ч in the 2nd and 3rd person singular and the 1st and 2nd person plural. In the past tense the ending is -г, -гла, -гло; -гли; or -к, -кла, -кло; -кли.
   Among the г type verbs are мочь, (с)жечь, лечь (with a change of vowel in the present tense and in the imperative – ля́гу, ля́жешь; ля́г(те)). Among the к type verbs is (при)вле́чь.

3. Приказа́ть (imperfective прика́зывать) and разреши́ть (imperfective разреша́ть) are followed by a dative and an infinitive: он приказа́л ему́ вы́йти из ко́мнаты – 'he ordered him to leave the room'; он разреши́л ему́ оста́ться – 'he allowed him to remain'. They can be used impersonally in the passive (ему́ бы́ло прика́зано, ему́ бы́ло разрешено́).

ГРАММАТИКА

1. Passive Participles

The passive participle in Russian is, like the active participle, a verbal adjective. It has an adjectival ending and can be used attributively in the long form *or* predicatively in the short form.

Again, there are two types of passive participle in Russian – the present passive participle, which can only be formed from imperfective verbs, and the past passive participle which is formed almost exclusively from perfective verbs. The present passive participle is very rarely found in colloquial Russian; the past participle is very frequently found both in speech and in literary Russian.

Formation of Passive Participles

(a) *The present passive participle.* The easiest way to form the present passive participle is to add **-ый** to the 1st person plural of the present tense: thus the present passive participle of **читáть** is **читáем + ый – читáемый**; of **говори́ть – говори́м + ый – говори́мый**. The only exceptions to this rule are verbs in **-авáть** which have the present passive participle in **-авáемый**, *not* -аёмый (**давáемый**). The stress is normally the same as in the 1st person *singular* of the present tense. Thus: любим + ый – люби́мый (люблю́); платим + ый – плати́мый (плачу́).

A few verbs which have the 1st person plural ending in -ём change the ё to an o in the participle:

> вести́ – ведём – ведóмый
> нести́ – несём – несóмый

These, however, are few in number.

Note that several verbs in Russian have *no* present passive participle, notably писáть, брать, пить, петь, класть.

The present passive participle is declined exactly like an adjective ending in **-ый** (чита́емая, чита́емыми, etc.); the short form is the same as the short form of the adjective, except that the stress is always the same as in the long form. E.g. чита́ем, чита́ема, чита́емо, чита́емы.

(b) *The past passive participle.* This unfortunately is more complicated than the present participle, and, as it is far more widely used, it must be studied with great care.

There are two groups of past passive participle: those formed with the suffix **-т-**; and those formed with the suffix **-нн-**.

Participles with the suffix **-т-**. The following verbs have a past passive participle ending in **-тый**: All verbs with the infinitive in:

> **-уть** (потяну́ть – потя́нутый)
> **-ыть** (закры́ть – закры́тый)
> **-оть** (проколо́ть – проко́лотый)
> **-ереть** (запере́ть – за́пертый)

All monosyllabic[1] verbs in **-ить** or **-еть**:

> вы́шить – вы́шитый
> оде́ть – оде́тый
> уби́ть – уби́тый

All verbs which have an unexpected **н** or **м** throughout the present/future tense:

> нача́ть (начну́, начнёшь) – на́чатый
> заня́ть (займу́, займёшь) – за́нятый
> снять (сниму́, сни́мешь) – сня́тый

As can be seen, all the above types of verbs form their past passive participles by replacing the infinitive

---

And, of course, their prefixed compounds вы́-пить, о-де́ть, etc.

ending -ть with -тый (with the exception of -ереть verbs which lose their final -е-).

The short form is similar to the short form of an adjective (уби́т, уби́та, уби́то; уби́ты).

Participles with the suffix -нн-. All other verbs – the vast majority – have a past passive participle ending in -нный. They may be listed as follows:

(1) Verbs of conjugation I ending in -ать or -ять. These simply replace the -ть of the infinitive with -нный:

> прочита́ть – прочи́танный
> дать – да́нный
> потеря́ть – поте́рянный
> написа́ть – напи́санный

(2) Verbs of conjugation I ending in -сти́ or -зти́. These replace the -у of the 1st person singular of the present/future tense with -ённый:

> привезти́: привез(у́) + ённый – привезённый
> привести́: привед(у́) + ённый – приведённый
> принести́: принес(у́) + ённый – принесённый

(3) Verbs of conjugation I ending in -чь. These replace the -ёшь of the 2nd person singular of the present/future tense with -ённый:

> привле́чь: привлеч(ёшь) + ённый – привлечённый
> сжечь: сожж(ёшь) + ённый – сожжённый

(4) Verbs of conjugation II in -ить and -еть. These form the participle by replacing the -у or -ю of the 1st person singular of the present/future tense with -ённый or, if the stress comes earlier, -енный:

> встре́тить: встре́ч(у) + енный – встре́ченный
> купи́ть: купл(ю́) + енный – ку́пленный
> реши́ть: реш(у́) + ённый – решённый
> поблагодари́ть: поблагодар(ю́) + ённый – поблагодарён-
> ный.

The only exception is уви́денный.

The *short form* of all participles ending in -нный is different from the adjectival short form in that it is reduced to one н (-на, -но; -ны). Thus the short form of потéрянный is: **потéрян, потéряна, потéряно; потéряны.**

The stressing of the past passive participles is difficult but the following rules may be of guidance:
In verbs ending in -уть, -оть, and -ереть, and in the начáть – заня́ть type verbs, the stress moves back one syllable from its position in the infinitive: потя́нутый, проко́лотый, зáпертый, нáчатый, зáнятый.
In verbs with a past passive participle in -анный and -янный the stress is one syllable behind the а or я: про́данный, потéрянный, прочи́танный.
In verbs of conjugation II with the participle ending in -нный the stress is where it is in the 2nd person singular of the present/future tense. Thus, ку́пленный (cf. ку́пишь); решённый (cf. реши́шь).
As for the short forms, the stress tends to be very capricious. If, however, the participle ends in -ённый or -áнный (дáнный), then the stress in the short form will always be on the last syllable:

решён, решенá, решено́; решены́.
дан, данá, дано́; даны́.

2. The Use of Passive Participles

(a) Present passive participles are very rarely used, especially in the short form. Their use is almost exclusively attributive and can always be replaced by a relative clause:

Кни́га, **читáемая** всéми, о́чень интерéсна.	The book **being read** by all is very interesting.

(кни́га, кото́рую все читáют, о́чень интерéсна)

It can precede a noun, just as the active participle can:

В **печáтаемой** им статьé мно́го оши́бок.	In the article **being typed** by him there are many mistakes.

(b) The past passive participle can *either* be used, *in the long form only*, as an *attribute*, in which case it agrees with the noun it qualifies:

В **отпеча́танной** им статье́ нет оши́бок.	In the article **typed** by him there are no mistakes.

It can, of course, follow the noun it qualifies, in which case it is separated from the main clause by commas:

Окно́, откры́тое **им**, выхо́дит на юг.	The window opened by him looks south.
Я не ви́дел письма́, полу́ченного тобо́й вчера́.	I did not see the letter received by you yesterday.

Of course, in all the above examples a relative clause could just as well be used:

Я не ви́дел письма́, кото́рое ты получи́л вчера́.

or it can be used, *in the short form only*, as a complement of the verb 'to be':

Мой оте́ц был **уби́т** ти́гром.	My father was **killed** by a tiger.
Эта кни́га бу́дет **прочи́тана** все́ми.	This book will be **read** by all.
Дверь **заперта́**.	The door is **locked**.

It must be remembered that in such cases the long form *cannot* be used.

3. Collective Numerals

Collective numerals from 2 to 10 are: **дво́е**, **тро́е**, **че́тверо**, пя́теро, ше́стеро, се́меро, во́сьмеро (де́вятеро, де́сятеро). Only the first three are found frequently in modern Russian. The last two are more or less obsolete.

216

Двое and четверо decline as follows:

Nom.	двое	четверо
Acc.	{двое двойх	{четверо четверых
Gen.	двойх	четверых
Dat.	двойм	четверым
Instr.	двойми	четверыми
Prep.	двойх	четверых

Трое declines like двое; the remainder like четверо. The oblique cases are very rarely used.

The use of collectives is restricted to the following:

(1) with plural nouns which have no singular двое, трое, and четверо *must* be used in the nominative or accusative. They are followed by the *genitive plural* of the noun: **двое суток** 'two days and two nights'; **трое ворот** 'three gates'; **четверо часов** 'four watches'.

For numbers above four, cardinals can be used (шесть ворот). In the oblique cases, cardinals are normally used (двумя сутками, трёх воротах, etc.).

(2) with groups of men or children: **двое детей** 'two children'; **четверо солдат** 'four soldiers'.

(3) for certain impersonal expressions: нас было трое 'there were three of us'; мы все четверо 'all four of us'.

ТЕКСТ

Александр Сергеевич Пушкин

Александр Сергеевич Пушкин – величайший русский поэт, живший в первой половине девятнадцатого века.

Он получил образование в лицее, находившемся около Петербурга, в Царском Селе (теперь город

Пу́шкин). Ещё в де́тстве он на́чал писа́ть стихи́, и в лице́е им бы́ло напи́сано мно́го стихо́в. Он ско́ро привлёк к себе́ внима́ние поэ́тов Жуко́вского[1] и Держа́вина[2] и писа́теля Карамзина́,[3] кото́рые бы́ли поражены́ изуми́тельным его́ тала́нтом.

В 1817 году́, по́сле оконча́ния лице́я, он поступи́л на слу́жбу в Министе́рство иностра́нных дел. Он продолжа́л писа́ть, но стихи́, напи́санные им в э́то вре́мя, бы́ли напо́лнены либера́льными и революцио́нными мы́слями. Чита́емые все́ми, его́ стихи́ ста́ли о́чень популя́рными, сли́шком популя́рными для прави́тельства. Он был спасён Жуко́вским, Карамзины́м и дире́ктором лице́я: он был со́слан не в Сиби́рь, а на юг. По́сле трёх лет, проведённых в ску́чном го́роде Кишинёве, столи́це Бессара́бии, он был переведён в бо́лее интере́сный го́род Оде́ссу. Но он там оста́лся недо́лго. В 1824 году́ царь приказа́л ему́ отпра́виться в село́ Миха́йловское,[4] принадлежа́вшее роди́телям поэ́та. В Миха́йловском он провёл два го́да. Здесь он зако́нчил пье́су «Бори́с Годуно́в», на́чатую им в декабре́ 1824 го́да; сюже́т её взят из исто́рии Росси́и. Он то́же продолжа́л здесь рабо́тать над рома́ном «Евге́ний Оне́гин». В э́том рома́не в стиха́х, зако́нченном то́лько в 1830 году́, пока́зана жизнь ру́сского о́бщества того́ вре́мени. Кри́тик Бели́нский[5] назва́л[6] рома́н «энциклопе́дией ру́сской жи́зни».

1. Vasily Andreevich Zhukovsky (1783–1852) – one of the leading pre-Romantic poets of the early nineteenth century.
2. Gavriil Romanovich Derzhavin (1743–1816) – the greatest poet of the eighteenth century, famed mainly for his odes.
3. Nikolay Mikhaylovich Karamzin (1766–1826) – leading Russian historian and novelist of the late eighteenth century and early nineteenth century.
4. The village of Mikhaylovskoe is in north-west Russia, in the district of Pskov.
5. Vissarion Grigoryevich Belinsky (1811–48) – famous Russian critic and thinker.
6. назва́ть, to call.

В декабре́ 1825 го́да у́мер царь Алекса́ндр I. На престо́л до́лжен был вступи́ть его́ брат Никола́й. Но 14-го декабря́ бы́ло по́днято в Петербу́рге восста́ние, изве́стное под назва́нием «восста́ние декабри́стов». Восста́ние бы́ло пода́влено. Пять руководи́телей восста́ния бы́ли казнены́, други́е бы́ли со́сланы в Сиби́рь. В числе́ казнённых, а та́кже среди́ отпра́вленных в Сиби́рь декабри́стов бы́ло мно́го друзе́й Пу́шкина. Прошло́ не́сколько ме́сяцев по́сле восста́ния. Пу́шкин прие́хал в Москву́. Царь реши́л сде́лать из него́ придво́рного поэ́та; ему́ бы́ло разрешено́ жить в Москве́.

УПРАЖНЕНИЯ

1. Replace the relative pronouns and verbs in the relative clauses with present or past passive participles:

    (1) Кни́гу, кото́рую все чита́ют, мо́жно купи́ть в э́том магази́не.
    (2) Не зна́ю, где де́ньги, кото́рые вы потеря́ли.
    (3) Пасту́х принёс домо́й соба́ку, кото́рую он спас.
    (4) Ма́льчик, кото́рого моя́ сестра́ привела́ сего́дня в шко́лу, живёт недалеко́ от нас.
    (5) В письме́, кото́рое он написа́л отцу́, мно́го оши́бок.

2. Put the following sentences in the passive, using a past passive participle in the short form (e.g. он уби́л соба́ку – соба́ка была́ уби́та им):

    (1) Прави́тельство сосла́ло их в Сиби́рь.
    (2) Кто посла́л его́ на вокза́л?
    (3) Закры́ли и за́перли дверь.
    (4) Моя́ тётя заняла́ его́ ме́сто.
    (5) Все прочита́ли э́ту статью́.
    (6) Он реши́л вопро́с.

(7) Они́ ничего́ не купи́ли.
(8) Кто её оде́л?
(9) Пётр I основа́л Петербу́рг.
(10) Он уже́ на́чал кни́гу.

3. Give the past passive participles, long and short forms (masculine only) of the following verbs: прочита́ть, написа́ть, взять, поня́ть, перевести́, дать, прода́ть, уби́ть, встре́тить, приказа́ть, откры́ть, вы́шить, привезти́.

4. Translate into Russian:

(1) When I passed her flat yesterday I noticed that the windows were open.
(2) Have you seen the books which are being sold in this shop?
(3) For two days and nights he was very ill.
(4) When he returned he found that his tyre had been punctured.
(5) My sister had four children and my mother had ten.
(6) Those who sleep soundly usually go to bed early.
(7) Which novels have been translated into English from Russian?
(8) When you go downstairs please shut the window and lock the door.
(9) How many mistakes are there in the letter typed by her?
(10) I have got all the novels written by Dostoevsky.

УРОК 28

СЛОВАРЬ

бла́го *cj.* thanks to the fact that

благодаря́ *pr.* (+*dat.*) thanks to; благодаря́ тому́ что *cj.* thanks to the fact that

боле́знь *f.* illness

ва́жный *adj.* important

ввиду́ *pr.* (+*gen.*) in view of; ввиду́ того́ что *cj.* in view of the fact that

восто́рженный *adj.* enthusiastic, enraptured

вса́дник *m.* rider, horseman

встать I *pf.* (вста́н‖у, -ешь) to get up

вы́стрелить II *pf.* (вы́стрел‖ю, -ишь) to shoot, to fire

дуэ́ль *f.* duel

едва́ *adv. & cj.* barely, scarcely

жени́ться II *pf. or impf.* (жени́‖сь, же́нишься) to marry[1]

и́бо *cj.* for

интри́га *f.* intrigue

ме́дный *adj.* copper

наде́жда *f.* hope

назва́ть I *pf.* (назов‖у́, -ёшь) to call, name

называ́ть I (называ́‖ю, -ешь) to call, to name

нача́ло *n.* beginning

ненави́деть II (ненави́жу, ненави́дишь) to hate

оказа́ться I *pf.* (окажу́сь, ока́жешься) to turn out to be,[2] to prove

окре́стность *f.* (usually in *pl.*) surroundings

оправда́ть I *pf.* (оправда́‖ю, -ешь) to justify

отноше́ние *n.* attitude, relation

---

1. Жени́ться is only used of a man marrying a woman (жени́ться на +*prep.*), or of two people getting married (он жени́лся на ней. Они́ жени́лись). For a woman marrying a man the expression вы́йти (imperfective выходи́ть) за́муж за+*acc.* is used; за́муж may be omitted (она́ вы́шла за него́). 'Married to' is either жена́т на+*prep.* or за́мужем за+*instr.* (Он жена́т на ней. Она́ за́мужем за ним).
   Note that жени́ться, ра́нить, роди́ться, and состоя́ться are all either imperfective or perfective.

2. Оказа́ться (imperfective ока́зываться) is used either impersonally (оказа́лось, что ... 'it turned out that ...') or with a subject and a complement in the instrumental: его́ наде́жды оказа́лись опра́вданными.

221

отража́ть I (отража́||ю, -ешь) to reflect

оттого́ что *cj.* because

отъе́зд *m.* departure[3]

перее́хать I *pf.* (перее́д||у, -ешь) to move[4]

пери́од *m.* period

по́весть *f.* tale, story

повтори́ть II *pf.* (повтор||ю́, -и́шь) to repeat

пока́ *cj.* while; пока́ ... не *cj.* until

поэ́ма *f.* poem

появи́ться II *pf.* (появлю́сь, поя́вишься) to appear

пре́жде чем *cj.* before

пригласи́ть II *pf.* (приглашу́, пригласи́шь) to invite

продолже́ние *n.* continuation

произведе́ние *n.* work, production; in *pl.* – works

ра́нить II *pf.* or *impf.* (ра́н||ю, -ишь) to wound

роди́ться II *pf.* or *impf.* (рожу́сь, роди́шься) to be born

состоя́ться II *pf.* or *impf.* (состои́тся, состоя́тся) to take place

ссы́лка *f.* exile

так как *cj.* as

тво́рческий *adj.* creative

траге́дия *f.* tragedy

уе́хать I *pf.* (уе́д||у, -ешь) to go away[3]

упа́сть I *pf.* (упад||у́, -ёшь, *past tense* упа́л) to fall

холе́ра *f.* cholera

что́бы *cj.* in order to

3. Note that the noun 'departure' is отъе́зд, whereas the verb 'to depart, to leave' is уе́хать (imperfective уезжа́ть).

4. перее́хать (imperfective переезжа́ть) means either 'to cross (by some form of transport)' – перее́хать (че́рез) реку́ (the preposition is optional), or 'to change one's place of residence' 'to move from one place to another' – перее́хать в но́вый дом.

Выраже́ния

Чем бо́льше он у́чится, тем ме́ньше он понима́ет.	The more he studies the less he understands.
чем бо́льше, тем лу́чше	the more the better
кро́ме того́	furthermore, besides

ГРАММАТИКА

1. Subordinate Clauses introduced by Conjunctions

(1) *Adverbial clauses of time.* So far we have had only one conjunction used for introducing a subordinate clause of time – когда́.

Other conjunctions (and compound conjunctions) used with clauses of time are:

(a) **пока́** 'while'. When пока́ means 'while', the verb in the subordinate clause is always in the *imperfective* aspect. The tense, of course, can be either past, present, or future:

Пока́ он спал, я чита́л.	**While** he slept I read.
Чита́й, **пока́** я рабо́таю.	Read **while** I am working.

(b) **пока́ ... не** 'until'. **Не** immediately precedes the verb which is in the *perfective* aspect (past or future tense):

Он сиде́л у меня́, **пока́** я **не** ко́нчил рабо́тать.	He sat with me **until** I finished working.
Говори́ с ней, **пока́** я **не** приду́.	Talk to her **till** I arrive.

Sometimes, in conversation, the **не** can be omitted:

сиди́, пока́ я приду́.

Sometimes the words до тех пор ('until that time') are added to the main clause preceding the temporal clause introduced by пока ... не

Сиди́ тут до тех пор, пока́ я не приду́.

(c) **пре́жде чем** 'before'.

Пре́жде чем он ска́жет нам, я хочу́ поговори́ть с тобо́й.	**Before** he tells us, I want to have a talk with you.

If the subject of the main clause is the same as that of the subordinate clause, **пре́жде чем** is usually followed by an infinitive:

Пре́жде чем сесть, он по́днял кни́гу со стола́.	**Before sitting down**, he picked up a book from the table.

223

(d) **с тех пор как** 'since' (lit. 'from those times when').

| Прошло много времени, **с тех пор как** она уехала. | A long time has passed since she went away. |

(e) **после того как** 'after'.

| После того как он вернулся, он женился. | After he returned he got married. |

(f) **едва ... как** 'barely' 'scarcely'; **как** (or **лишь**) **только** 'as soon as'.

| **Едва** он это сказал, **как** он умер. | He had **barely** said this **than** he died. |
| **Как только** я узнаю об этом, я тебе скажу. | **As soon as** I find out about this, I'll tell you. |

Often it is possible (and desirable) to avoid a subordinate clause introduced by a conjunction by using a preposition and a noun. E.g.

до конца обеда ...	before we finished lunch ...
перед нашим отъездом ...	just before we left ...
после окончания университета ...	after I (he) had graduated ...

(2) *Adverbial clauses of cause.* The most common conjunctions introducing subordinate clauses which explain the reason for an action are:

(a) **потому что, оттого что** 'because'. There is very little difference between the two. **Оттого что** means more 'as a result of the fact that' and is frequently used in negative sentences:

| Она приезжает, **потому что** она хочет тебя видеть. | She is coming **because** she wants to see you. |
| **Оттого** что шёл дождь, мы не могли гулять. | **Because** it was raining we couldn't walk. |

224

Like **оттого́ что** are **ввиду́ того́ что** 'in view of the fact that' and **благодаря́ тому́ что** 'thanks to the fact that' – both bookish rather than colloquial expressions:

Ввиду́ того́ что дире́ктор бо́лен, шко́ла бу́дет закры́та за́втра.	**In view of the fact that** the headmaster is ill, the school will be closed tomorrow.
Благодаря́ тому́ что шко́ла закры́та, нам не на́до занима́ться.	**Thanks to the fact that** the school is closed, we have not got to work.

Sometimes, in conversation particularly, благодаря́ тому́ что is replaced by бла́го:

Бла́го пого́да хоро́шая, мо́жно купа́ться ка́ждый день.	Thanks to the fact that the weather is fine, we can bathe every day.

Note that, with потому́ что, if it is required strongly to emphasize the reason for a particular action, a pause may be made in speech before the что, particular stress being laid on the word потому́:

Она́ не придёт потому́, ... что её оте́ц у́мер.

In writing, что is preceded by a comma if this particular stress is required.

(b) **так как** 'as'. This conjunction is frequently used in written and spoken Russian. It is somewhat less heavy than потому́ что;

Так как бы́ло по́здно, я реши́л оста́ться у них.	**As** it was late I decided to stay with them.

Note that if there is a comma between так and как, the meaning is 'so ... as' 'just ... as':

Я написа́л письмо́ так, как ты хоте́л.	I wrote the letter just as you wanted.

Cf. так ... что 'so ... that':

Бы́ло так ра́но, что никого́ не́ было на у́лицах.	It was so early that there was no one on the streets.

Like **так как** is **и́бо** 'for' 'as' – a word, however, confined almost exclusively to literary Russian.

(3) *Adverbial clauses of purpose.* In order to express aim or purpose in Russian, the conjunction **чтóбы** (or, more rarely, **чтоб**) (sometimes **для тогó чтóбы**)+the infinitive is used, provided the subject of the subordinate clause is the same as the subject of the main clause ('he said this in order to impress me' – '*he* said this in order that *he* might impress me'). **Чтóбы** is always preceded by a comma, unless, of course, it comes first in the sentence:

Он пригласи́л меня́, **чтóбы узна́ть** о твоём здоро́вье.	He invited me **in order to find out** about your health.

Sometimes, generally when the main verb is a verb of motion, **чтóбы** may be left out and the infinitive (*not* preceded by a comma) follows the main verb:

Мы пришли́ посети́ть больно́го.	We've come to visit the patient.

If the subject of the subordinate clause is not the same as that of the main clause, then **чтóбы** must be followed by the *past tense*:

Я пригласи́л их, **чтóбы не́ было** сли́шком ску́чно.	I invited them **so that it wouldn't be** too boring.
Чтóбы он по́нял (чтóбы он мог поня́ть) э́то, вы должны́ ему́ всё повтори́ть.	**In order that he should understand this**, you must repeat everything to him.

2. Use of год and ле́то with Numerals

In order to translate 'year(s)' after numerals, **год** (*gen. sing.* го́да; *pl.* го́ды or года́, года́м, года́ми, года́х) is used for all occasions *except* when the genitive plural is required. Thus:

два **го́да**; четы́ре **го́да**;
трина́дцатью **года́ми** (*instr.*) etc.

When the genitive plural is required (i.e. after 5, 6, 7, etc., in the nominative or genitive case; after 2, 3, or 4 in the genitive case) then **ле́то** (lit. 'summer') must be used:

пять **лет**
двадцати́ восьми́ **лет** (*gen.*)
трёх **лет** (*gen.*)

Note that the genitive case can be used in this way to describe a person's age:

Двадцати́ лет он поступи́л в университе́т.	At twenty he entered the university.
челове́к лет сорока́	a man of about forty

This 'genitive of description' with numerals cannot be used for anything except expressions of age.

The only exceptions to the above rules concerning the use of **год** and **ле́то** with numerals are (a) expressions denoting decades, eras, in the genitive:

челове́к сороковы́х годо́в	a man of the forties

(b) the genitive plural after two ordinals in the genitive:

по́сле пя́того и шесто́го годо́в	after the fifth and sixth years

ТЕКСТ

Алекса́ндр Серге́евич Пу́шкин (продолже́ние)

По́сле того́ как Пу́шкин верну́лся из ссы́лки, он был восто́рженно встре́чен в Москве́. Но он не оправда́л наде́жд Никола́я I, так как он не стал придво́рным поэ́том. В нача́ле тридца́тых годо́в Пу́шкин жени́лся и вско́ре перее́хал в Петербу́рг. Его́ отноше́ния с царём станови́лись всё ху́же. Придво́рные ненави́дели его́. Их интри́ги привели́ его́ к дуэ́ли с молоды́м францу́зским офице́ром Данте́сом, поступи́вшим на слу́жбу к царю́. Дуэ́ль состоя́лась 27 января́ 1837 го́да в окре́стностях

Петербу́рга. Пе́рвым[1] вы́стрелил Данте́с, и Пу́шкин, пре́жде чем он мог сам вы́стрелить, упа́л на снег, тяжело́ ра́ненный. Как то́лько его́ привезли́ домо́й, все в Петербу́рге узна́ли о том, что[2] он ра́нен. У до́ма, где он жил, день и ночь стоя́ли ты́сячи люде́й, приходи́вших узна́ть о здоро́вье люби́мого и́ми поэ́та. Че́рез два дня он у́мер.

За[3] го́ды с 1828 по 1837 Пу́шкин написа́л мно́го прекра́сных произведе́ний. Его́ поэ́мы «Полта́ва»[4] и «Ме́дный вса́дник»[5] отража́ют ва́жные страни́цы ру́сской исто́рии и пока́зывают одного́ из его́ люби́мых геро́ев – Петра́ Вели́кого. В нача́ле о́сени 1830 го́да Пу́шкин перее́хал в село́ Бо́лдино; благодаря́ тому́ что появи́лась холе́ра в окре́стностях, он до́лжен был оста́ться там три ме́сяца. Эти три ме́сяца оказа́лись замеча́тельно тво́рческим пери́одом для поэ́та. Пока́ он там жил, он написа́л таки́е произведе́ния, как «По́вести Бе́лкина»,[6] так называ́емые ма́ленькие траге́дии[7] и «До́мик в Коло́мне».[8] Кро́ме того́, когда́ он жил в Бо́лдине, он зако́нчил рома́н в стиха́х Евге́ний Оне́гин, кото́рый мно́гие[9] счита́ют са́мым великоле́пным из всех его́ произведе́ний.

1. Note the instrumental: 'D'Anthes was the first to shoot.'
2. Note the expression узна́ть о том, что ... 'to find out about the fact that ...'.
3. За + *acc.* of words denoting time means 'during'.
4. Part of the poem describes the battle of Poltava (1709) between the Swedes and the Russians, who were commanded by Peter the Great.
5. Pushkin's great poem *The Bronze Horseman*, describing, *inter alia*, the flood of St Petersburg in 1824 and Falconet's statue of Peter I.
6. *The Tales of Belkin* are five short stories; they are among Pushkin's most successful ventures into prose.
7. The 'little tragedies' are four short psychological dramas written in verse.
8. *The Little House in Kolomna* is a poem dealing with the lives of everyday people in St Petersburg.
9. Note that мно́го can be used as an adjective in the nominative plural to translate 'many people'.

УПРАЖНЕНИЯ

1. Replace the pronominal expressions in the following sentences with adverbial clauses.

   (e.g. после обе́да – по́сле того́ как он пообе́дал ...)

   (1) Она́ вы́шла за́муж до его́ возвраще́ния.
   (2) С её отъе́зда я не́ был в кино́.
   (3) По́сле оконча́ния университе́та он стал до́ктором.
   (4) Ввиду́ боле́зни он не мог прийти́ сего́дня.
   (5) Благодаря́ дождю́ тётя Анна не мо́жет у́жинать у нас.

2. Insert either год or ле́то in the appropriate case and number in the blank spaces:

   (1) Он сиде́л 3 ... в тюрьме́.
   (2) Мой сын вернётся че́рез 12 ...
   (3) По́сле двух ... тако́й жи́зни он уе́хал.
   (4) Пу́шкин роди́лся в 1799 ...
   (5) Он был челове́к двадца́тых ...
   (6) За столо́м сиде́ла же́нщина ... пяти́десяти.
   (7) Он двумя́ ... ста́рше меня́.
   (8) Он жил здесь бо́льше трёх ...

3. Translate into Russian:

   (1) Don't get up until he orders you to get up.
   (2) The earlier I go to bed at night the more work I do.
   (3) As you're off to Moscow tomorrow you can take this letter with you.
   (4) My brother got married last year. My sister married two years ago.
   (5) Do you know who Anna's married to? Yes, she married my brother.
   (6) I'm telling you this because I love you.

(7) In order to find out about his health you've got to go to the hospital.

(8) Sergey had barely left the room when Elena Ivanovna started crying.

(9) The match will not take place today in view of the bad weather.

(10) Talk to me while I'm sitting here. I hate it when you look at me and don't talk.

(11) While reading the paper the old man fell asleep.

(12) They all got up after finishing lunch.

(13) My typewriter is so old that it doesn't work.

СЛОВАРЬ

Азия *f.* Asia
архи́в *m.* archives
ба́бушка *f.* (*gen. pl.* ба́бушек) grandmother
бенга́льский *adj.* Bengal, Bengali
де́душка *m.* (*gen. pl.* де́душек) grandfather
делега́ция *f.* delegation
дое́хать I *pf.* (дое́д‖у, -ешь) to reach, to go as far as[1]
дре́вний *adj.* ancient
Евро́па *f.* Europe
европе́йский *adj.* European
журнали́ст *m.* journalist
завяза́ть I *pf.* (завяжу́, завя́жешь) to tie up; to establish, to start
заинтересова́ться I *pf.* (заинтересу́‖юсь, -ешься) (+*instr.*) to become interested in
знако́миться II (знако́млюсь, знако́мишься) (с+*instr.*) to make the acquaintance of; to familiarize oneself with

изобража́ть I (изобража́‖ю, -ешь) to depict, to portray
инди́йский *adj.* Indian
Индия *f.* India
купе́ц *m.* (*gen.* купца́, *pl.* купцы́) merchant
мавзоле́й *m.* mausoleum
мо́лча *adv.* silently
молча́ть II (молч‖у́, -и́шь) to be silent
мыть I (мо́‖ю, -ешь) to wash
наро́д *m.* people
несмотря́ на *pr.* (+*acc.*) in spite of
не́хотя *adv.* unwillingly
опа́сный *adj.* dangerous
описа́ние *n.* description
описа́ть I *pf.* (опишу́, опи́шешь) to describe
отнести́ I *pf.* (отнес‖у́, -ёшь) to take away, back
относи́ть II (отношу́, отно́сишь) to take away, back
парла́мент *m.* parliament

1. The imperfective of дое́хать, доезжа́ть, is frequently used as a negative gerund followed by до+*gen.*: не доезжа́я до – 'just before reaching' (он останови́лся, не доезжа́я (до) Москвы́ – note that the до can be omitted). If the subject of the sentence is on foot, then не доходя́ (до) (from доходи́ть, дойти́) is used.

погоди́ть II *pf.* (погожу́, погоди́шь) to wait[2]

подожда́ть I *pf.* (подожд‖у́, -ёшь, *past tense* подожда́л, -а́, подожда́ло; подожда́ли) to wait[2]

познако́миться II *pf.* (познако́млюсь, познако́мишься) (с + *instr.*) to make the acquaintance of

поки́нуть I *pf.* (поки́н‖у, -ешь) to leave, to abandon[3]

представи́тель *m.* representative

принима́ть I (принима́‖ю, -ешь) to take, to receive, to accept

приня́ть I *pf.* (приму́, при́мешь, *past tense* при́нял, -а́, при́няло; при́няли) to take, to receive, to accept

приро́да *f.* nature

прожи́ть I *pf.* (прожив‖у́, -ёшь, *past tense* про́жил, -а́, про́жило; про́жили) to live[4]

путеше́ственник *m.* traveller

рабо́тник *m.* worker, workman; нау́чный рабо́тник research worker, scientific worker

ряд *m.* (*pl.* ряды́) row, series, number, quantity

си́дя *adv.* in a sitting position

ска́зочный *adj.* fabulous

сложи́ть II *pf.* (сложу́, сло́жишь) to fold

соверша́ть I (соверша́‖ю, -ешь) to complete, to perform, to accomplish

соверши́ть II *pf.* (соверш‖у́, -и́шь) to complete, to perform, to accomplish

совреме́нник *m.* contemporary

совреме́нный *adj.* contemporary, modern

сре́дний *adj.* middle, central; medium, average

стара́ться I (стара́‖юсь, -ешься) to try

сто́я *adv.* in a standing position

суди́ть II (сужу́, су́дишь) to judge

тала́нтливый *adj.* talented, gifted

тип *m.* type, kind

типогра́фия *f.* printing press

торго́вый *adj.* trade (*attr.*), commercial

тру́дный *adj.* difficult

тяну́ть I (тяну́, тя́нешь) to draw, drag

чу́до *n.* (*pl.* чудеса́, *gen. pl.* чуде́с) miracle

шрифт *m.* type, print

2. Подожда́ть (*impf.* ждать) usually takes the genitive of the object (although it can be followed by an accusative of feminine nouns). Погоди́ть, which has no imperfective, is more colloquial and is always used intransitively (i.e. it cannot govern an object), mostly in the imperative (погоди́(те)!) and the gerund (погодя́).

3. Поки́нуть (*impf.* покида́ть) 'to leave' is a transitive verb and can be followed by an object denoting a person, place, or thing: он поки́нул жену́; он поки́нул Москву́; он поки́нул свою́ рабо́ту. The verb оста́вить (*impf.* оставля́ть) is used in a similar way.

4. Прожи́ть is a transitive verb meaning 'to spend a certain time living'; it is followed by the amount of time in the accusative (он про́жил там неде́лю). Note that жить, which may be considered the *impf.* of прожи́ть, can be used in the same way.

Выраже́ния

не то́лько ... но и ...	not only ... but also ...
как мо́жно бо́льше	as much as possible
как мо́жно скоре́е	as quickly as possible

ГРАММАТИКА

1. The Gerund

The gerund in Russian is a verbal adverb. It corresponds to the English verbal form ending in -ing (singing, shouting, lying), but it *never* describes a noun; it only describes an *action*.

There are two types of gerund in Russian, the present and the past gerund.

(1) *Formation of gerunds*

(a) *Present Gerund.* The present gerund is most easily formed by taking the 3rd person plural of the present tense (imperfective aspect) (**чита́ют, де́ржат**), removing the last two letters (**чита́-, держ-**) and adding **-я**, or, if the stem ends in **ж, ч, ш,** or **щ,** adding **-а** (**чита́я, держа́**). The only exceptions to this rule are verbs ending in **-ава́ть,** which have the gerund in **-ава́я** (**дава́я**).

The present gerund of reflexive verbs ends in **-сь.**

Thus:

говори́ть: говор(я́т) + я – **говоря́**
чу́вствовать: чу́вству(ют) + я – **чу́вствуя**
встреча́ться: встреча́(ются) + ясь – **встреча́ясь**
смея́ться: сме(ю́тся) + ясь – **смея́сь**
слы́шать: слы́ш(ат) + а – **слы́ша**
брать: бер(у́т) + я – **беря́**
везти́: вез(у́т) + я – **везя́**

Note that some verbs in Russian have no present gerund or a present gerund which is very rarely used. For example: бить, пить, петь, жечь, е́хать, писа́ть, тяну́ть (and all verbs ending in -нуть).

233

As for the stress, it is the same as on the 1st person singular of the present tense:

смотрю́ – смотря́ (cf. смо́трят)
курю́ – куря́ (cf. ку́рят)

There are a few verbs in Russian with the gerund ending in -учи, -ючи. Except, however, for бу́дучи (from быть) 'being', these forms are archaic and are only used to give an effect of archaism. The gerund припева́ючи, used in connexion with the verb жить – 'to live in clover' – is now used quite frequently, but purely as an adverb.

(b) *Past Gerund.* The past gerund, which is limited almost entirely to verbs of the perfective aspect, is formed in the same way as the past active participle, the ending being **-в** or **-вши** (the latter being slightly less common) for verbs with a past tense ending in **-л.** Thus: **прочита́в(ши); поговори́в(ши); про-да́в(ши).** Reflexive verbs of this type, however, only end in **-вшись** in their past gerund.

If the past tense does not end in -л, then -ши must be added to the masculine singular form of the past tense:

принести́: принёс+ши – принёсши
привезти́: привёз+ши – привёзши
лечь: лёг+ши – лёгши
(but придти́ – прише́дши)

These forms are not found very frequently; they are usually replaced by a present gerund formed from the *perfective* aspect. Thus in order to avoid the archaic and slightly cacophonous привёзши, прише́дши etc., the forms привезя́ (привез(у́т)+я), придя́ (прид(у́т)+я), etc., are used. This type of past gerund formed from the present perfective tends, in modern Russian, to be restricted to verbs of motion; verbs of seeing and hearing, however, can also have this form as an alternative form (услы́ша – услы́шав(ши); уви́дя – уви́дев(ши)). There are as well one or two idiomatic expressions in which present gerunds formed from perfective verbs are used, such as:

Он сиди́т сложа́ ру́ки.	He sits in idleness (*lit.* having folded his arms).
Немно́го погодя́	After a little while (*lit.* having waited a little)

(2) *Use of gerunds.* Gerunds can *only* be used to describe an action or a previous verb; they cannot be used, as participles can, to describe a person.

It follows, therefore, that a gerund replaces a clause made up of a verb and a conjunction. In the sentence 'I asked him a question while I was doing up my laces', 'while I was' can be removed in Russian and 'doing up' becomes a gerund, or a 'verbal adverb', describing *how* I asked the question.

Thus a gerund can replace:

(a) a temporal clause – 'having read the paper (=after he had read), he had supper'.
(b) a causal clause – 'I read this book wishing (= because I wished) to know more about the subject'.
(c) a conditional clause – 'studying Russian (=if you study), you may understand the Russians'.
It is frequently used in the negative to translate '*without* doing something', thus avoiding a clumsy subordinate clause introduced by без того, что(бы) ...

Ничего не замечая, он встал.	**Without noticing anything** he got up.

The subject of the gerund must *always* be the same as the subject of the main clause: e.g. 'having said this (=when Olga had said this), *Olga* left the room'. It is impossible to use a gerund when the subjects are different: in the sentence '*Olga* having said this, *I* left the room', 'Olga having said this' must be rendered by '*when* Olga had said this'.

There are, however, one or two idiomatic usages of the gerund in which this rule is broken:
(i) Sometimes when the main clause contains an impersonal expression (нужно, можно, etc.) a gerund may still, though illogically, be used:

Прочитав книгу, нужно её отнести в библиотеку.	Having read this book you must take it back to the library.

(ii) Some gerunds are used more or less as prepositions, e.g.

су́дя по + *dat.*	judging from (from су-ди́ть)
несмотря́ на + *acc.*	in spite of (cf. несмотря́ на то, что ... 'in spite of the fact that ...')
начина́я с + *gen.*	beginning with ...
конча́я + *instr.*	ending with ...
принима́я (приня́в) во внима́ние ...	taking into consideration ...

With these expressions it is not necessary that the subject of the main verb and the gerund should be the same, e.g.

Су́дя по всему́, вы ста́рше меня́.	Judging by everything you are older than me.

As for the question of whether the present or past gerund is used in Russian, the following remarks should be borne in mind:

(a) The present gerund is used to describe an action which goes on *at the same time as* the action expressed by the main verb. The tense of the latter can be present, past, or future; the aspect imperfective or perfective. Thus:

Он поёт, **гуля́я** в па́рке. (=когда́ он гуля́ет)	He sings **walking** in the park.
Он пел, **гуля́я** в па́рке. (=когда́, пока́ он гуля́л)	He used to sing **walking** in the park.
Он упа́л, **гуля́я** в па́рке. (=когда́ он гуля́л)	He fell down **while walking** in the park.
Он бу́дет петь, **гуля́я** в па́рке. (=когда́ он бу́дет гуля́ть)	He will sing **walking** in the park.

(b) The past perfective gerund is usually used to indicate an action which *precedes* that expressed by the main verb. Again, the latter may be in any tense or either aspect:

Прочита́в кни́гу, { он ложи́тся спать. он лёг спать. он ля́жет спать.	**Having read** the book { he goes to bed. he went to bed. he will go to bed, etc.

236

Often the difference between the present and the past gerund is very slight. Cf.

Войдя́ в ко́мнату, он снял шля́пу. (=когда́ он вошёл)	Having entered the room he took off his hat.
Входя́ в ко́мнату, он снял шля́пу. (=когда́ он входи́л)	Entering the room he took off his hat.

The second example implies that the action expressed by the two verbs is simultaneous.

From the above examples it will be seen that the gerundial clause may precede or follow the main clause, from which it is separated by a comma or commas.

Only occasionally, when the gerund has lost its verbal force and is used purely as an adverb, will it follow or precede the verb without a comma. In some cases such adverbs have an unexpected stress – мо́лча 'silently'; лёжа, си́дя, сто́я 'in a lying, sitting, standing position' (cf. стоя́, the gerund proper of стоя́ть); не́хотя 'unwillingly'.

2. The Declension of Russian Surnames, Patronymics, and Possessive Adjectives

Russian surnames ending in **-ов** (or **-ев**) and **-ин** are declined in the following manner:

	Singular Masculine	Feminine	Plural Masc. and/or Fem.
Nom.	Петро́в	Ча́ева	Ники́тины
Acc.	Петро́ва	Ча́еву	Ники́тиных
Gen.	Петро́ва	Ча́евой	Ники́тиных
Dat.	Петро́ву	Ча́евой	Ники́тиным
Instr.	Петро́вым	Ча́евой	Ники́тиными
Prep.	Петро́ве	Ча́евой	Ники́тиных

Surnames ending in **-ский** (Оболе́нский, Малино́вский) are declined exactly like adjectives.

Christian names and patronymics are declined like nouns. Thus the dative of Еле́на Ива́новна Петро́ва would be Еле́не Ива́новне Петро́вой.

237

Note that the so-called 'possessive' adjectives in Russian are declined in the same way as surnames ending in -ов or -ин (except that the *prep. masc. sing.* ends in -ом). These adjectives, formed usually from the diminutives of Christian names (Са́шин from Са́ша, diminutive of Алекса́ндр; Серёжин from Серёжа, diminutive of Серге́й) or from nouns of kinship (се́стрин, ба́бушкин, де́душкин, бра́тнин, etc.), are used to denote possession:

се́стрина ко́мната	my sister's room
в ба́бушкиной кни́ге	in grandmother's book

In modern Russian the genitive (and even dative) masculine singular ending is often adjectival – ба́бушкиного, ба́бушкиному.

ТЕКСТ

Дре́вняя культу́ра Индии, её тала́нтливый наро́д и о́чень бога́тая приро́да всегда́ интересова́ли и привлека́ли представи́телей ру́сской культу́ры.

Ещё в шестидеся́тых года́х XV ве́ка ру́сский купе́ц из го́рода Тве́ри Афана́сий Ники́тин, за 30 лет до Ва́ско да Га́ма, соверши́л путеше́ствие в Индию. Поки́нув в 1466 году́ дре́внюю Тверь, он дое́хал до Индии, изве́стной его́ совреме́нникам как ска́зочная страна́ чуде́с. Су́дя по его́ описа́нию, путеше́ствие бы́ло о́чень тру́дное и опа́сное.

Завяза́в торго́вые отноше́ния с наро́дами Индии, Афана́сий Ники́тин изучи́л их культу́ру и замеча́тельную архитекту́ру ста́рых инди́йских городо́в. Возвраща́ясь домой в 1472 году́, он у́мер, не доезжа́я до Тве́ри. Чита́я обо всём э́том в его́ произведе́нии "Хожде́ние* за три мо́ря", мы ви́дим, что Афана́сий Ники́тин был не то́лько тала́нтливым писа́телем, но и о́чень интере́сным челове́ком.

Совреме́нный инди́йский писа́тель Хаджа́ Ахма́д Абба́с, заинтересова́вшись путеше́ствием Афана́сия Ники́тина, реши́л описа́ть его́ для кинофи́льма. Писа́тель про́жил не́сколько вре́мени в Кали́нине, как называ́ется тепе́рь го́род Тверь, знако́мясь с его́ архи́вами, изуча́я костю́мы XV ве́ка, бесе́дуя с нау́чными рабо́тниками.

* voyage (archaic)

В XVII ве́ке соверши́л путеше́ствие в Индию друго́й путеше́ственник – Гера́сим Ле́бедев. Он со́здал в Калькутте теа́тр европе́йского ти́па, в кото́ром пье́сы шли на бенга́льском языке́. Возвратя́сь в Росси́ю, Ле́бедев основа́л пе́рвую в Евро́пе типогра́фию с бенга́льским шри́фтом.

Русские худо́жники XIX ве́ка о́чень интересова́лись Индией. Два ра́за посети́л Индию изве́стный русский худо́жник Вереща́гин. Ка́ждый раз возвраща́ясь, он привози́л но́вые карти́ны. Осо́бенно большо́е впечатле́ние произво́дят его́ карти́ны: «Мавзоле́й Тадж Маха́ла» и «Вса́дник в Джайпу́ре». Начина́я с 1950 го́да, Индию посети́л и ряд сове́тских худо́жников, карти́ны кото́рых изобража́ют совреме́нную жизнь инди́йского наро́да, ви́ды городо́в, па́мятники архитекту́ры и скульпту́ры. В Индии то́же бы́ло мно́го сове́тских писа́телей, учёных, журнали́стов и арти́стов.

Не то́лько посеща́ют Индию сове́тские посети́тели; в Росси́ю ча́сто и приезжа́ют представи́тели инди́йского наро́да, худо́жники, писа́тели, арти́сты. Неда́вно прие́хала в СССР делега́ция парла́мента Индии. Проведя́ не́сколько дней в Москве́, инди́йские го́сти соверши́ли большо́е путеше́ствие по Сове́тскому Сою́зу. Посети́в Волгоград, они́ пое́хали в Сре́днюю Азию. По́сле э́того они́ бы́ли в Крыму́ и на Кавка́зе. Пото́м они́ пое́хали в Ленингра́д, пре́жде чем верну́ться в Индию.

УПРАЖНЕНИЯ

1. Replace with gerunds the verbs and conjunctions in the subordinate clauses of the sentences given below: (e.g. когда́ она́ дала́ мне де́ньги, она́ поблагодари́ла меня́ – дав(ши) мне де́ньги, ...)

   (1) Так как он не зна́ет твоего́ а́дреса, он не мо́жет написа́ть тебе́.

   (2) По́сле того́ как он отве́тил на все вопро́сы, журнали́ст уе́хал.

(3) Я посеща́л библиоте́ку ка́ждый день, когда́ я рабо́тал над но́вой кни́гой.

(4) Ма́льчик засмея́лся, как то́лько он вошёл в ко́мнату.

(5) Когда́ вы путеше́ствуете по Индии, вы всегда́ встреча́ете интере́сных люде́й.

(6) Мы останови́лись в ма́ленькой гости́нице, когда́ мы дое́хали до го́рода.

(7) Почему́ де́ти не смею́тся, пока́ они игра́ют?

(8) Как то́лько он оде́лся, он спусти́лся по ле́стнице.

2. Replace the gerunds in the following sentences with subordinate clauses made up of a conjunction and a verb:

(1) Чита́я его́ после́дний рома́н, я засну́л в кре́сле.

(2) Заинтересова́вшись ру́сской исто́рией, он пое́хал в Сове́тский Сою́з.

(3) Привезя́ её домо́й, он попроси́л её прие́хать на сле́дующий день.

(4) Бу́дучи у́мным, он ни сло́ва не сказа́л.

(5) Он молча́л, ложа́сь спать.

(6) Написа́в письмо́, она́ пойдёт гуля́ть.

3. Give the present and past (perfective) gerunds of the following verbs:

приходи́ть; мыть; жить; относи́ть; благодари́ть; писа́ть; приводи́ть; слы́шать; слу́шать.

4. Translate into Russian:

(1) Talking to him, I suddenly understood why all his friends left him.

(2) Taking everything into consideration, I think the government is right.

(3) Why do you work standing up? Because it's much easier than working (use *infinitive*) sitting down.

(4) Let's wait for the Lavrins. They must have left their house by now and it's not far from them to us.

(5) Reading this book I was struck by the description of Anna Pavlova.

(6) Do you realize that all these people sitting here and talking to each other are members of parliament?

(7) Having got as far as Tashkent we decided to return to Leningrad.

(8) Judging from her books, your grandmother must be a remarkable woman.

(9) Having completed their journey through Central Asia the delegation returned to India.

(10) I have been waiting for twenty-five minutes; when you are going to bring me the soup?

(11) The representative of the Soviet Union wants to make your acquaintance.

(12) While studying Russian you must try to learn as many words a day as possible.

(13) After finishing the university he began to work in the Foreign Office.

УРОК 30

СЛОВАРЬ

альпини́зм *m.* mountaineering
альпини́стский *m.* mountaineering (*attr.*)
баскетбо́л *m.* basket-ball
бежа́ть *mixed conj.* (бегу́, бежи́шь, бежи́т ... бегу́т) to run[1]
большинство́ *n.* majority
боро́ться I (борю́сь, бо́решься) to struggle
брита́нский *adj.* British
верёвка *f.* (*gen. pl.* верёвок) rope
ве́рить II (ве́р‖ю, -ишь) to believe
ви́за *f.* visa
волейбо́л *m.* volley-ball
восхожде́ние *n.* ascent
вы́брать I *pf.* (вы́бер‖у, -ешь) to choose
выполне́ние *n.* fulfilment, carrying out

выполня́ть I (выполня́‖ю, -ешь) to carry out, to fulfil
вы́разить II *pf.* (вы́ражу, вы́разишь) to express
глу́пый *adj.* stupid
грани́ца *f.* border, frontier[2]
гре́бля *f.* rowing
дово́льно *adv.* rather; sufficiently, enough
доставля́ть I (доставля́‖ю, -ешь) to deliver; доставля́ть удово́льствие +*dat.* to give pleasure to
жела́ние *n.* desire, wish
жела́ть I (жела́‖ю, -ешь) (+*gen.*) to wish, to desire
звони́ть II (звон‖ю́, -и́шь) (+*dat.*) to ring (up), to telephone
игра́ *f.* (*pl.* и́гры) game

1. Бежа́ть can be considered *either* as the definite, directional form of бе́гать ('to run about') with the meaning 'to be running (in a specific direction)' – он бежа́л в сад 'he was running into the garden'; *or* as a perfective: он бежа́л в сад 'he ran into the garden'.
2. Note the expressions:

е́хать за грани́цу	(*acc.*) 'to go abroad' (*lit.* 'beyond the frontier')
жить за грани́цей	(*instr.*) 'to live abroad' (*lit.* 'beyond the frontier')
прие́хать из-за грани́цы	(*gen.*) 'to come from abroad' (*lit.* 'from beyond the frontier')

ката́ться I (ката́‖юсь, -ешься) to go for a drive, ride[3]

конькѝ pl. (gen. pl. конько́в) skates

ла́герь m. (pl. лагеря́, gen. pl. лагере́й) camp

ла́зать II (ла́жу, ла́зишь) to climb

лёгкий adj. (short form лёгок, легка́, легко́; легки́) easy

лы́жи f. pl. (gen. pl. лыж) skis

ма́рка f. (gen. pl. ма́рок) (postage-) stamp

ме́стность f. locality, place

наста́ивать I (наста́ива‖ю, -ешь) to insist[4]

новичо́к m. (gen. новичка́, pl. новички́) novice, beginner

ока́зывать I (ока́зыва‖ю, -ешь) to render, to afford

осо́бый adj. special

отве́сный adj. steep, sheer

отдохну́ть I pf. (отдохн‖у́, -ёшь) to rest

отсю́да adv. from here

передвига́ться I (передвига́‖-юсь, -ешься) to move (intrans.)

победи́ть II pf. 1st pers. sing. not used, победи́шь, past. pass. part. побеждённый) to conquer

подгото́вка f. preparation, training

позвони́ть II pf. (позвон‖ю́, -и́шь) to ring (up), to telephone

поле́зный adj. (short form поле́зен, поле́зна, -о; -ы) useful

по́мощь f. help

популя́рность f. popularity

пострада́ть I pf. (пострада́‖ю, -ешь) to suffer; пострада́вший injured

похо́д m. expedition, excursion; campaign

предлага́ть I (предлага́‖ю, -ешь) to suggest, to offer

предложи́ть II pf. (предложу́, предло́жишь) to suggest, to offer

предста́вить II pf. (предста́-влю, предста́вишь) to present; предста́вить себе́ to imagine

проводи́ть II (провожу́, прово́дишь) to spend (time); to conduct, to hold (a competition)

ра́дость f. joy

раз m. time[5]

3. Ката́ться (pf. поката́ться) means 'to go for a pleasure ride' (no direction implied) – in a car, on horseback (верхо́м), in a boat (на ло́дке), etc.

4. Наста́ивать is followed by на + prep. (я наста́иваю на отве́те). The perfective настоя́ть means 'to achieve something by insisting' –

> он настоя́л на выполне́нии рабо́ты
>
> 'he insisted on the work being carried out (and it *was* carried out)'.

5. Раз is used with numerals to translate '2, 5, 10, etc. times'. The *gen. pl.* is the same as the *nom. sing.* (пять раз, не́сколько раз, мно́го раз; cf. три ра́за). It is also used in counting for 'one' (раз, два, три, четы́ре ...). Note also the expression ещё раз 'once again'.

расстоя́ние *n.* distance
скала́ *f.* (*pl.* ска́лы) rock
случи́ться II *pf.* (случи́тся, случа́тся) to happen[6]
собира́ться I (собира́‖юсь, -ешься) to gather, to assemble; to be about to, to intend[7]
состяза́ние *n.* competition
тре́бование *n.* demand
тре́бовать I (тре́бу‖ю, -ешь) to demand

увели́чивать I (увели́чиваю, -ешь) to increase
уйти́ I *pf.* (уйд‖у́, -ёшь, *past tense* ушёл) to go away
уходи́ть II (ухожу́, ухо́дишь) to go away
уча́ствовать I (уча́ству‖ю, -ешь) to take part
хоккей *m.* hockey

6. In order to translate 'to happen to', случи́ться (*impf.* случа́ться) c + *instr.* is used:

   Что случи́лось с ним?   What's happened to him?

7. Собира́ться (*pf.* собра́ться) is frequently used with the meaning 'to be on the point of ...' or 'to intend to ...':

   Они́ собира́лись уйти́, ког-   They were just about to
   да́ ...   go when ...
   Я не собира́юсь идти́ в теа́тр.   I don't intend to go to the
                                            theatre.

Выраже́ния

говори́ть на двух языка́х	to speak two languages
говори́ть на англи́йском языке́	to speak in English
(*cf.* говори́ть по-англи́йски)	(*cf.* to speak English)
поднима́ться на́ горы	to climb mountains
ока́зывать (*pf.* оказа́ть) пе́рвую по́мощь	to give first aid
два-три, две-три	two or three
ката́ться на конька́х	to skate
ходи́ть на лы́жах	to ski
на откры́том во́здухе	in the open air

ГРАММАТИКА

1. The Conditional Mood

The conditional mood in Russian is formed simply by adding the particle **бы** (sometimes, after a vowel, **б**) to the past tense of the verb (imperfective or perfective aspect):

я (про)чита́л **бы**	I **would** read (have read)
мы вста́ли **бы**	we **would** get up (have got up)
она́ была́ **бы**	she **would** be (have been)

The conditional mood expresses a hypothesis, an action which might have taken place, which might be taking place or which might take place in the future. In other words, it assumes that you understand, or will in fact add, 'if such and such a thing were to (have) happen(ed)'.

There is only one tense in the conditional in Russian, though this may express present, past, or future condition in English. Thus я **уби́л бы** соба́ку can mean:

(a) I **would have killed** the dog.
(b) I **would kill** the dog (today).
or (c) I **would kill** the dog (tomorrow).

Бы need not necessarily follow the verb (although it generally does); it may follow any other word in the sentence, if it is required to emphasize that word. Thus:

Я бы уби́л соба́ку.	I would kill the dog.

2. Conditional Clauses

In a simple conditional sentence, when real, non-hypothetical condition is implied, *both* clauses are in the indicative:

Е́сли я **уви́жу** твою́ сестру́, я **дам** ей письмо́.	If I **see** your sister I **will give** her the letter.

If, however, the sentence is hypothetical, then the verb in the main clause will be in the conditional (я дал бы ей письмо 'I *would give* her the letter') and the verb in the secondary clause will be introduced by éсли бы (never separated) and will be in the past tense (éсли бы я увидел ... 'If I *were to (if I should) see* ...').

Если бы он подождáл, онá открыла бы дверь.	Had he waited she would have opened the door. (or: 'were he to wait she would open the door')

These two constructions, the hypothetical and the non-hypothetical, must not be mixed up – in other words, if one clause has a **бы** in it, then the other clause must have one too.

Note: Sometimes éсли (бы) can be omitted, the verb coming first in the clause:

Подождáл бы он, онá открыла бы дверь.
Подождёт он, онá откроет дверь.

Often the main clause in a conditional sentence is introduced by the particle то (*cf.* English 'then'):

Если вы любите музыку, то я советую вам пойти на концéрт.	If you like music, (then) I advise you to go to the concert.

Sometimes éсли бы + past tense (or éсли + future) can be replaced by the *2nd person singular of the imperative* of the verb followed by the subject *in the nominative*:

Будь я поэтом, я писáл бы о звёздах.	Were I a poet I would write about the stars.
Умри ты зáвтра, что со мной бýдет?	If you die tomorrow, what will happen to me?

Если бы can be used to express a desire or a wish in an exclamatory sentence:

Если бы (тóлько) он пришёл!	If only he were to come!

3. Use of чтобы with the Past Tense

It has already been mentioned (see Lesson 28) that in adverbial clauses of purpose, in which the subject of the verb is not the same as that of the main verb, **чтобы** + the past tense must be used:

Чтобы никто́ не **знал** об э́том, на́до молча́ть.	**So that** no one **should know** about this, we must be silent.

чтобы + the past tense can also be used:

(1) *to express a wish or demand.* After *intransitive* verbs expressing a wish or demand, **чтобы** + the past tense must be used:

Я хочу́	⎫ **чтобы**	I want ⎫
⎰Я хоте́л бы,	**вы**	I would like ⎱you to eat
⎱Мне хоте́лось бы,	⎬	more.
Я жела́ю,	**бо́льше**	I desire ⎱
Я тре́бую,	⎭ **е́ли.**	I demand that you eat more.

Я наста́иваю (на том), **чтобы** вы э́то **сде́лали.**	I insist on your doing this.

It follows, of course, that чтобы + the past tense will be used after the verbal nouns жела́ние 'wish', тре́бование 'demand':

Он вы́разил жела́ние, что́бы она́ ушла́.	He expressed a desire that she should go.

Чтобы + the past tense can also be used after such transitive verbs as (по)проси́ть, приказа́ть, but it is more usual for them to be followed by an object and an infinitive, e.g.:

Он попроси́л его́ (приказа́л ему́) уйти́.	He asked him (ordered him) to go away.

After предложи́ть 'to suggest', either construction is possible:

Он предложи́л, чтобы мы ушли́. ⎫ Он предложи́л нам уйти́. ⎭	He suggested that we should go.

(2) *after verbs of fearing and doubting.*

> Я бою́сь, **что́бы** (как бы) I'm afraid **she might**
> она́ не **пришла́.** **come.**

> (cf. Я бою́сь, что она́ придёт. I'm afraid she will come. Я
> бою́сь, что она́ не придёт. I'm afraid she won't come.)

> Я сомнева́юсь, { что́бы война́
> начала́сь.
> что война́
> начнётся. I doubt if a war will begin.

(3) *after certain verbs in the negative.* After such expressions
as я не ду́маю, не ве́рю, не по́мню, нельзя́ сказа́ть,
etc., there is a tendency to use что́бы+the past tense,
rather than что+the indicative. E.g.:

> Нельзя́ сказа́ть, что́бы он You can't say he's stupid.
> был глуп.

4. Concessive Clauses

A concessive clause in Russian is usually introduced
by the conjunction **хотя́** – the verb of the clause being
normally in the indicative:

> Хотя́ мне да́ли ви́зу, мне Although they gave me a
> не разреши́ли éхать. visa they didn't let me
> go.

It can also be introduced by an interrogative adverb or
pronoun (**где**, **куда́**, **что**, **кто**, **како́й**, etc.) in
conjunction with the particle **ни** and the verb in the
conditional:

> **Где бы** он **ни** сиде́л, он **Wherever** he sat, he saw
> ничего́ не ви́дел. nothing.

Sometimes, but not so often, the verb is in the indicative (present, past, or future tense, without бы)

> Что он **ни** ска́жет, слу́шай Whatever he says, listen to
> его́. him.

5. Indefinite Pronouns and Adverbs

Indefinite pronouns and adverbs ('anybody', 'some-where', etc.) can be formed in Russian by adding various particles to the interrogative pronouns **кто, что, какой, чей,** or to the interrogative adverbs **когда, где, куда, откуда** ('whence'), **как.**

(1) The most common of these particles are **-то** and **-нибудь,** which are added to the end of the pronoun or adverb. The distinction between the two is confusing at first.

(a) **-то** gives the pronoun or adverb the meaning of 'some-(one, where, how, etc.)'. It indicates ignorance, *but not* indifference, on the part of the speaker or writer, a definite but yet unknown object or person. It is usually confined to the *past* or *present* tense.

Кто-то шёл по улице.	**Someone** (I don't know who) was walking down the street.
Где отец? Он **куда-то** пошёл.	Where's father? He's gone **somewhere.**
Он привёз **какую-то** книгу из библиотеки.	He brought **some** book from the library.

Note that как-то and когда-то can have the meaning 'once', 'one day'; cf. однажды.

Как-то рано утром.	One day early in the morning.

(b) **-нибудь** (usually unstressed) also gives the pronoun or adverb the meaning of 'some-(one, where, how, etc.)', but lends an indefinite flavour, often implying ignorance *and* indifference. It is mostly confined to the *future*.

Выберите **что-нибудь** для себя.	Choose **something** for yourself.
Приходите к нам **когда-нибудь.**	Come and see us **sometime.**

Whenever it is required to translate the indefinite pronoun or adverb 'any-(one, where, etc.)', in the present, past, or future, then **-нибудь** (or less commonly **-либо**, which implies complete freedom of choice) is added:

Вы **кого-нибудь** встре- ча́ли на вокза́ле ?	Were you meeting **anyone** at the station ?

Beware of using -нибудь in a *negative* sentence to translate 'any-'; 'he did not see anyone' must be translated он никого́ не ви́дел.

(2) The particle **ко́е-** can be added to some pronouns and adverbs, this time in front of them. It gives a meaning of distribution. Thus, **ко́е-кто́** means 'one or two people'; **ко́е-что́** 'a thing or two' 'one or two things'; **ко́е-где́** 'here and there' 'in places' etc.

Мне ну́жно вам **ко́е-что́** сказа́ть.	I've a **thing or two** to tell you.
Ко́е-где́ сиде́ли лю́ди.	**Here and there** people were sitting.

Ко́е-ка́к means either 'badly', 'slackly', 'slovenly', 'haphazardly':

Рабо́та была́ ко́е-ка́к сде́- лана.	The work was done hap- hazardly.

or 'with great difficulty', 'just':

Они́ ко́е-ка́к дошли́ сюда́.	They just (with difficulty) managed to get here.

Note that if a preposition governs ко́е-кто́ or ко́е-что́, then it will separate the ко́е and the pronoun:

Он ко́е с кем поговори́л.	He chatted to one or two people.

(3) **Не́** (always stressed) can be added to **кто**, **что**, **кото́рый**, **когда́**, and **ско́лько** to express *indefiniteness*. **Не́кто**, **не́что**, and **не́когда**, in the positive meaning of 'someone', 'something', and 'once', have already been discussed (see Lesson 24).

Не́который can either be used in the singular to mean 'certain', 'some' (*cf.* како́й-то):

в **не́котором** расстоя́нии	at **a certain** distance
Он провёл **не́которое** вре́мя там.	He spent **a certain** time there.

or in the plural to mean 'some (not all)':

Не́которые из мои́х друзе́й бы́ли там.	**Some** of my friends were there.
Не́которые е́здят за грани́цу.	**Some people** go abroad.

Не́сколько means 'some' 'several' 'a certain quantity':

не́сколько раз	**several** times

In the oblique cases it is declined (as are мно́го and ско́лько) like an adjective:

Он говори́т на **не́скольких** языка́х.	He speaks **several** languages.

(cf. Он говори́т на **мно́гих** языка́х.
На **ско́льких** языка́х он говори́т ?)

6. Adjectives and Numerals

When an adjective qualifies a noun following the numerals 2, 3, and 4 (and, of course, 22, 34, 73, etc.) it usually goes into the genitive plural when the noun is masculine or neuter:

два **больши́х** стола́	two **big** tables
четы́ре **ма́леньких** окна́	four **small** windows

When the noun is feminine, however, the adjective goes into the genitive or nominative plural:

три **ма́леньких**⎫ де́вушки	three **little** girls
три **ма́ленькие**⎭	

With feminine substantivized adjectives the nominative plural only is normally used:

четы́ре столо́вые

In the oblique cases, whether the noun is masculine, feminine, or neuter, the adjective follows the case of the numeral and the noun:

с тремя́ молоды́ми солда́-   with three young soldiers
тами

With numerals which take the genitive plural of the noun, the adjective will also be in the genitive plural:

два́дцать шесть но́вых   twenty-six new Russian
ру́сских книг   books

ТЕКСТ

Ка́ждый год мно́го сове́тских люде́й отправля́ется проводи́ть свой о́тпуск в го́ры.

На Кавка́зе есть о́чень краси́вое ме́сто – Тиверда́. Высоко́ в гора́х нахо́дится большо́й альпини́стский ла́герь. Отсю́да открыва́ется прекра́сный вид. Вокру́г ла́геря густы́е, зелёные леса́. Трава́ на скло́нах я́ркая, мно́го ра́зных цвето́в, а вы́ше лежи́т снег. Бы́ло бы тру́дно себе́ предста́вить бо́лее живопи́сное ме́сто.

Не́которые приезжа́ют в Тиверду́, чтобы про́сто отдохну́ть среди́ великоле́пной го́рной приро́ды, но большинство́ привлека́ет сюда́ го́рный спорт. Новички́, жела́ющие занима́ться альпини́змом, получа́ют в ла́гере ну́жную подгото́вку. Они́ у́чатся поднима́ться на́ горы, ла́зать по ска́лам, ходи́ть по снѐгу, ока́зывать пе́рвую по́мощь пострада́вшим. Если бы спортсме́ны не проходи́ли тако́й подгото́вки, им тру́дно бы́ло бы стать настоя́щими альпини́стами.

Когда́ кто́-нибудь поднима́ется в пе́рвый раз на́ гору, он знако́мится с ме́стностью. Спортсме́ны, уже́ име́ющие подгото́вку, выполня́ют ряд но́вых упражне́ний, у́чатся передвига́ться по верёвке над реко́й, поднима́ться по отве́сным ска́лам и соверша́ют бо́лее тру́дные и высо́кие восхожде́ния. Иногда́ альпини́сты должны́ боро́ться с пого́дой; но э́то увели́чивает удовόльствие, котόрое доставля́ет спорт. Éсли бы в горáх всё бы́ло прόсто и легкό, то нé бы́ло бы той рáдости побéды, котόрая быва́ет у альпини́стов, соверши́вших трýдное восхождéние. Сáмое вáжное – э́то ничегό не боя́ться. Éсли альпини́ст бои́тся, чтόбы восхождéние не оказáлось сли́шком трýдным, то он ужé побеждён, дáже прéжде чем он отправля́ется.

Бы́стро бегýт дни в альпини́стском лáгере. Те, у когό кончáется ότпуск, покида́ют лáгерь с сожалéнием. Все хотя́т, чтόбы э́ти две-три замечáтельных и незабывáемых недéли повтори́лись в бýдущем годý.

*

Но крόме альпини́зма совéтские лю́ди интересýются всéми ви́дами спόрта. В зи́мние дни мнόгие отправля́ются в похόды на лы́жах, ката́ются на конькáх, игрáют в хоккéй. Как тόлько станόвится теплéе, на откры́том вόздухе начина́ются и́гры в футбόл, а тáкже в волейбόл, баскетбόл и тéннис. На больши́х рекáх, озёрах и моря́х спортсмéны занима́ются плáванием и грéблей.

Спорти́вные όбщества забόтятся о том, чтόбы состяза́ния проводи́лись по всем ви́дам спόрта. Осόбой популя́рностью пόльзуются у совéтского нарόда футбόльные состяза́ния. Ты́сячи людéй посеща́ют стади́оны, какáя бы ни былá погόда.

Совéтские спортсмéны и комáнды чáсто éздят в другúе стрáны, чтόбы учáствовать в состяза́ниях за грани́цей. Инострáнные спортсмéны тόже чáсто приезжáют в Совéтский Сою́з; где бы мáтчи ни имéли мéсто, их всегдá принима́ют и встречáют с рáдостью.

УПРАЖНЕНИЯ

1. Put both clauses of the following sentences into the conditional mood:

   (1) Éсли пойдёт дождь, я не вы́йду.
   (2) Бýдут у меня́ дéньги, я тебé куплю́ э́ту кни́гу.
   (3) Дéти мόгут купáться, éсли погόда хорόшая.

2. Fill in the blank spaces with either -то or -нибудь:

   (1) Скажи мне что ... о себе.
   (2) Он увидел кого ... в лесу.
   (3) Где ..., когда ... я познакомился с поэтом.
   (4) В этом году мы поедем куда ... за границу.
   (5) Вы читали какие ... книги об этом?
   (6) Выберите что ... для себя.
   (7) К сожалению что ... случилось с моим автомобилем.
   (8) Вы были когда ... в Советском Союзе?

3. Write out the following in full:

   (1) Thirty-three new houses.
   (2) Four blue hats.
   (3) Twenty-one Soviet stamps.
   (4) He speaks five foreign languages.
   (5) With three large black dogs.

4. Translate into Russian:

   (1) I don't want you to go, but I must tell you that it's rather late.
   (2) Whatever happens take someone with you.
   (3) If only you would give me a visa so that I could go to the Soviet Union!
   (4) Are you afraid of me? No, I'm only afraid you might do something stupid.
   (5) People who speak four or five foreign languages are useful wherever they live.
   (6) Did you row (translate: occupy yourself with rowing) when you were at the university?
   (7) How many times must I tell you that the British delegation does not intend to go anywhere today?
   (8) I suggest that we stop in this hotel for a few days.
   (9) He told me to buy him several English stamps.
   (10) I can't skate and I don't like skiing.
   (11) Have you ever been to Omsk?

(12) I insist on your learning a few words every day.
(13) Ask your best friend to tell you why you are not popular.
(14) If anyone telephones say that I've gone to the cinema or that I'm watching television.
(15) Did you read any good books last year?

GRAMMATICAL TABLES*

THE NOUN

I. GENDER OF NOUNS

Masculine

    (a) All nouns ending in a consonant or -й:

        стол, стул, дом, человéк,
        чай, герóй

    (b) Many nouns ending in -ь:

        учи́тель, янва́рь, слова́рь, медвéдь, рубль

    (c) A few nouns ending in -a and -я denoting animate beings:

        мужчи́на, дя́дя, дéдушка.

Feminine

    (a) Most nouns ending in -a and -я:

        кни́га, жéнщина, тётя, ня́ня

    (b) All nouns ending in -ия:

        фами́лия

    (c) The majority of nouns ending in -ь, including all ending in -сть (with the exception of гость):

        ночь, ра́дость.

---

* The various tables are not by any means exhaustive. It is hoped that they will prove useful to the student as a guide and a reference.

Neuter

(a) All nouns ending in -o or -e:

okhó, поле

(b) All nouns ending in -ие or -ье (-ьё):

здáние, знáние, воскресéнье, ружьё

(c) All nouns ending in -мя:

врéмя, и́мя.

2. DECLENSION OF NOUNS

1. Masculine Nouns

Singular

Nom.	стол	герóй	автомоби́ль
Acc.	стол	герóя	автомоби́ль
Gen.	столá	герóя	автомоби́ля
Dat.	столу́	герóю	автомоби́лю
Instr.	столóм	герóем	автомоби́лем
Prep.	столé	героé	автомоби́ле

Note: (a) The accusative of *animate* masculine nouns is the same as the genitive; that of inanimate masculine nouns is the same as the nominative. This also applies to the plural.

(b) Masculine nouns ending in -a and -я are declined like feminines (see below) and have a separate accusative form in -y and -ю.

(c) When the noun ends in ж, ц, ч, ш, or щ, the instrumental is -ом if the stress is on the end, -ем if the stress is not on the end:

ножóм, отцóм; товáрищем, мéсяцем

(d) The instrumental singular of nouns in -ь is -ём when the stress is on the end:

словáрь – словарём

(e) Some nouns have a prepositional ending in -у́ (always stressed), when a preposition indicating place where (в or на) is used:

в лесу́, на полу́

(f) A few nouns have a partitive genitive ending in -y, -ю (see Lesson 18).

257

1. Masculine Nouns: Plural

Nom.	столы́	герóи	автомобили
Acc.	столы́	герóев	автомобили
Gen.	столóв	герóев	автомобилей
Dat.	столáм	герóям	автомобилям
Instr.	столáми	герóями	автомобилями
Prep.	столáх	герóях	автомобилях

Note: (a) If the last consonant of the noun is г, к, х, ж, ч, ш, or щ, the nominative plural ends in -и:

párки, товáрищи

(b) For rules governing the genitive plural, see Lesson 17.

(c) Some masculine nouns have the nominative plural ending in -á or -я́ (домá, учителя́, глазá). The other cases are regular, with the exception of глаз – *gen. pl.* of глаз.

(d) A few masculine nouns have a plural ending in -ья́ (друг, брат). The genitive is -ьев (if the stress is not on the end) or -éй (if it is). The other cases are -ья́м, -ья́ми, -ья́х. Note that the plural of сын is сыновья́ (-éй, -ья́м, -ья́ми, -ья́х).

(e) A few masculine nouns have a genitive plural which is the same as the nominative singular:

глаз, солдáт, ботинок

(f) Nouns ending in -анин, -янин are declined as follows in the plural:

Nom.	англичáне
Acc.	англичáн
Gen.	англичáн
Dat.	англичáнам
Instr.	англичáнами
Prep.	англичáнах

Like англичáнин are declined граждани́н (pl. грáждане), крестья́нин, and христиани́н.

(g) Nouns ending in -ёнок, denoting usually the young of animals, have the plural in -я́та, -áта (*gen.* -я́т, -ат, *dat.* -я́там, -áтам etc.):

телёнок – теля́та

Note that ребёнок, which in the singular means 'child', in the plural (ребя́та) means 'lads', 'fellows', and does not necessarily imply children.

2. Feminine Nouns

Singular

Nom.	газе́та	ня́ня	фами́лия	часть
Acc.	газе́ту	ня́ню	фами́лию	часть
Gen.	газе́ты	ня́ни	фами́лии	ча́сти
Dat.	газе́те	ня́не	фами́лии	ча́сти
Instr.	газе́той (ою)	ня́ней (ею)	фами́лией (ею)	ча́стью
Prep.	газе́те	ня́не	фами́лии	ча́сти

Note: (a) If the stem ends in г, к, х, ж, ч, ш, or щ, then the genitive singular ends in -и: кни́га – кни́ги.

(b) If the stem ends in ж, ц, ч, ш, or щ, then the instrumenta singular ends in -ей (-ею): кры́ша – кры́шей(ею).

(c) Declined like ня́ня are nouns in -ья (статья́, судья́). The soft sign follows the last consonant of the stem throughout, but disappears in the genitive plural, which is стате́й, су́дей.

(d) мать and дочь have in all cases (except the nominative and accusative singular) the stem матер-, дочер-.

Plural

Nom.	газе́ты	ня́ни	фами́лии	ча́сти
Acc.	газе́ты	нянь	фами́лии	ча́сти
Gen.	газе́т	нянь	фами́лий	часте́й
Dat.	газе́там	ня́ням	фами́лиям	частя́м
Instr.	газе́тами	ня́нями	фами́лиями	частя́ми
Prep.	газе́тах	ня́нях	фами́лиях	частя́х

Note (a) If the noun is animate, then the accusative plural is the same as the genitive plural.

(b) If the last letter of the stem is г, к, х, ж, ч, ш, or щ, then the nominative ends in -и (кни́ги).

(c) If the stem ends in two or more consonants, a 'mobile vowel' (е, ё, or о) is usually inserted between the last two consonants: ви́лка – ви́лок; земля́ – земе́ль.
Sometimes the last consonant, even though originally soft, hardens in the genitive plural: со́тня – со́тен.

(d) Nouns ending in -жь, -чь, or -шь have the dative, instrumental, and prepositional cases in -ам, -ами, -ах:

ночь – ноча́м, ноча́ми, ноча́х

(e) A few nouns in -я have *gen. pl.* in -ей: тётя – тёте́й.

(f) A few nouns have the instrumental plural in -ьми:

ло́шадь – лошадьми́
де́ти – деьтми́

259

3. Neuter Nouns

Singular

Nom.	сло́во	мо́ре	зда́ние	и́мя
Acc.	сло́во	мо́ре	зда́ние	и́мя
Gen.	сло́ва	мо́ря	зда́ния	и́мени
Dat.	сло́ву	мо́рю	зда́нию	и́мени
Instr.	сло́вом	мо́рем	зда́нием	и́менем
Prep.	сло́ве	мо́ре	зда́нии	и́мени

Note (a) A few neuters ending in -це and -ще (полоте́нце, жили́ще) are declined like сло́во in the singular, except for the instrumental in -ем.
(b) Neuters in -ье and -ьё are declined like мо́ре, a soft sign following the last consonant of the stem (ружьё, ружья́, ружью́ etc.).

Plural

Nom.	слова́	моря́	зда́ния	имена́
Acc.	слова́	моря́	зда́ния	имена́
Gen.	слов	море́й	зда́ний	имён
Dat.	слова́м	моря́м	зда́ниям	имена́м
Instr.	слова́ми	моря́ми	зда́ниями	имена́ми
Prep.	слова́х	моря́х	зда́ниях	имена́х

Note: (a) If the stem ends in two or more consonants, then a 'mobile vowel' is inserted between the last two consonants in the genitive plural:

окно́ – о́кон
(Note the gen. pl. of яйцо́ – яи́ц)

(b) Nouns in -це and -ще are usually declined like сло́во in the plural.
(c) Nouns in -ье and -ьё are declined in the plural like мо́ре with a soft sign following the last consonant of the stem. The genitive, however, is -ий (ко́пий) (exception – ружьё – ру́жей).
(d) A few neuters have soft endings in -ья (-ьев, -ьям, -ьями, -ьях):

перо́ – пе́рья
де́рево – дере́вья

(e) A few neuters have the nominative plural in -и:

я́блоко – я́блоки
у́хо – у́ши (уше́й, уша́м, уша́ми, уша́х)

THE ADJECTIVE

1. Hard Adjectives

(a)

	Singular			Plural
	Masculine	Feminine	Neuter	All Genders
Nom.	но́вый	но́вая	но́вое	но́вые
Acc.	{ но́вый но́вого	но́вую	но́вое	{ но́вые но́вых
Gen.	но́вого	но́вой	но́вого	но́вых
Dat.	но́вому	но́вой	но́вому	но́вым
Instr.	но́вым	но́вой(ою)	но́вым	но́выми
Prep.	но́вом	но́вой	но́вом	но́вых

(b)

	Singular			Plural
	Masculine	Feminine	Neuter	All Genders
Nom.	молодо́й	молода́я	молодо́е	молоды́е
Acc.	{ молодо́й молодо́го	молоду́ю	молодо́е	{ молоды́е молоды́х
Gen.	молодо́го	молодо́й	молодо́го	молоды́х
Dat.	молодо́му	молодо́й	молодо́му	молоды́м
Instr.	молоды́м	молодо́й (ою)	молоды́м	молоды́ми
Prep.	молодо́м	молодо́й	молодо́м	молоды́х

These are the only two types of hard adjectives.
There are no exceptions to the rule.

Note that the accusative masculine singular and the
accusative plural are the same as the nominative when
the noun qualified by the adjective is inanimate; and
the same as the genitive when the noun is *animate*. This
applies to all adjectives.

2. Soft Adjectives

(a)

	Masculine	Singular Feminine	Neuter	Plural All Genders
Nom.	си́ний	си́няя	си́нее	си́ние
Acc.	{ си́ний / си́него	си́нюю	си́нее	{ си́ние / си́них
Gen.	си́него	си́ней	си́него	си́них
Dat.	си́нему	си́ней	си́нему	си́ним
Instr.	си́ним	си́ней(ею)	си́ним	си́ними
Prep.	си́нем	си́ней	си́нем	си́них

(b)

	Masculine	Singular Feminine	Neuter	Plural All Genders
Nom.	тре́тий	тре́тья	тре́тье	тре́тьи
Acc.	{ тре́тий / тре́тьего	тре́тью	тре́тье	{ тре́тьи / тре́тьих
Gen.	тре́тьего	тре́тьей	тре́тьего	тре́тьих
Dat.	тре́тьему	тре́тьей	тре́тьему	тре́тьим
Instr.	тре́тьим	тре́тьей(ею)	тре́тьим	тре́тьими
Prep.	тре́тьем	тре́тьей	тре́тьем	тре́тьих

Like си́ний are declined all soft adjectives ending in -ний. Like тре́тий – most relative adjectives derived from the names of animals.

	Masculine	Singular Feminine	Neuter
Nom.	медве́жий	медве́жья	медве́жье
Acc.	медве́жий	медве́жью	медве́жье
Gen.	медве́жьего	медве́жьей	медве́жьего
Dat.	медве́жьему	медве́жьей	медве́жьему
Instr.	медве́жьим	медве́жьей(ьею)	медве́жьим
Prep.	медве́жьем	медве́жьей	меддежьем

The plural is as the previous table for all genders.

3. Mixed Adjectives

(a)

	Masculine	Singular Feminine	Neuter	Plural All Genders
Nom.	рýсский	рýсская	рýсское	рýсские
Acc.	{рýсский / рýсского	рýсскую	рýсское	{рýсские / рýсских
Gen.	рýсского	рýсской	рýсского	рýсских
Dat.	рýсскому	рýсской	рýсскому	рýсским
Instr.	рýсским	рýсской (ою)	рýсским	рýсскими
Prep.	рýсском	рýсской	рýсском	рýсских

Like рýсский are declined all adjectives whose stem ends in г, к, or х; those with the stress on the end have -óй for the nominative masculine singular only (дорогóй).

(b)

	Masculine	Singular Feminine	Neuter	Plural All Genders
Nom.	хорóший	хорóшая	хорóшее	хорóшие
Acc.	{хорóший / хорóшего	хорóшую	хорóшее	{хорóшие / хорóших
Gen.	хорóшего	хорóшей	хорóшего	хорóших
Dat.	хорóшему	хорóшей	хорóшему	хорóшим
Instr.	хорóшим	хорóшей (ею)	хорóшим	хорóшими
Prep.	хорóшем	хорóшей	хорóшем	хорóших

Like хорóший are declined all adjectives with the stem ending in ж, ч, ш, or щ and with the stress not on the last syllable.

If the stress is on the last syllable (большóй) then the first e of the ending throughout is replaced by o (большóе, большóму, большóм, большóй etc.).

4. The Short Form of Adjectives

The short form of the adjective is obtained by dropping the ending -ый, -ой or -ий in the masculine singular and by adding -а, -о, -ы, or -и in the plural (see Lesson 8).

If the stem of the adjective ends in two consonants, then a 'mobile vowel' is inserted between them in the *masculine singular* only. The following rules govern the choice of vowel:

(a) If the adjective ends in -ный and the preceding consonant is a sibilant (ж, ч, ш, or щ) or б, в, д, з, м, н, р, с, or т, then -е- (or -ё-, if the stress shifts to the end) is inserted:

> нýжный – нýжен
> длúнный – длúнен
> ýмный – умён

(b) If there is a soft sign between the last two consonants, then it is replaced by -е- in the short form of the masculine:

> либерáльный – либерáлен

(c) In all other cases an -о- is inserted between the last two consonants (unless the penultimate consonant is a sibilant and the stress is not on the end):

> крéпкий – крéпок
> тя́жкий – тя́жек

(Note, however, свéтлый – свéтел; тёплый – тёпел)

It must be stressed that these rules only apply to the short form of the masculine singular. No mobile vowel separates the last two consonants of the stem in the feminine and neuter singular or the plural short forms.

THE PRONOUN

1. Personal Pronouns

Nom.	я	ты	он – оно́	она́
Acc., Gen.	меня́	тебя́	(н)его́	(н)её
Dat.	мне	тебе́	(н)ему́	(н)ей
Instr.	мной(ю)	тобо́й(ю)	(н)им	(н)ей(ю)
Prep.	мне	тебе́	нём	ней

Nom.	мы	вы	они́
Acc., Gen.	нас	вас	(н)их
Dat.	нам	вам	(н)им
Instr.	на́ми	ва́ми	(н)и́ми
Prep.	нас	вас	них

Reflexive

Acc., Gen.	себя́
Dat.	себе́
Instr.	собо́й(ю)
Prep.	себе́

Note that the pronouns он, она́, оно́, они́ are preceded by н when governed by a preposition.

2. Interrogative and Negative Pronouns

Nom.	кто	что	никто́	ничто́
Acc.	кого́	что	никого́	ничто́ (ничего́)
Gen.	кого́	чего́	никого́	ничего́
Dat.	кому́	чему́	никому́	ничему́
Instr.	кем	чем	нике́м	ниче́м
Prep.	ком	чём	ни (о) ком	ни (о) чём

Note that when никто́ or ничто́ are governed by a preposition, then the preposition separates the two elements (ни у кого́, ни о чём, ни за что).

3. Possessive Pronouns

(a)

	Masculine	Singular Feminine	Neuter
Nom.	мой (наш)	моя́ (на́ша)	моё (на́ше)
Acc.	⎰мой (наш) ⎱моего́ (на́шего)	мою́ (на́шу)	моё (на́ше)
Gen.	моего́ (на́шего)	мое́й (на́шей)	моего́ (на́шего)
Dat.	моему́ (на́шему)	мое́й (на́шей)	моему́ (на́шему)
Instr.	мои́м (на́шим)	мое́й(е́ю) (на́шей)	мои́м (на́шим)
Prep.	моём (на́шем)	мое́й (на́шей)	моём (на́шем)

Plural All Genders

Nom.	мои́ (на́ши)
Acc.	⎰мои́ (на́ши) ⎱мои́х (на́ших)
Gen.	мои́х (на́ших)
Dat.	мои́м (на́шим)
Instr.	мои́ми (на́шими)
Prep.	мои́х (на́ших)

Like мой are declined твой and свой.
Like наш is declined ваш.

The possessive pronouns еró, её, and их are *not* declined.

(b)

	Masculine	Singular Feminine	Neuter	Plural All Genders
Nom.	чей	чья	чьё	чьи
Acc.	⎰чей ⎱чьего́	чью	чьё	⎰чьи ⎱чьих
Gen.	чьего́	чьей	чьего́	чьих
Dat.	чьему́	чьей	чьему́	чьим
Instr.	чьим	чьей(е́ю)	чьим	чьи́ми
Prep.	чьём	чьей	чьём	чьих

4. Demonstrative Pronouns

	Masculine	Singular Feminine	Neuter
Nom.	э́тот (тот)	э́та (та)	э́то (то)
Acc.	{ э́тот (тот) / э́того (того́)	э́ту (ту)	э́то (то)
Gen.	э́того (того́)	э́той (той)	э́того (того́)
Dat.	э́тому (тому́)	э́той (той)	э́тому (тому́)
Instr.	э́тим (тем)	э́той (той) (ою) (о́ю)	э́тим (тем)
Prep.	э́том (том)	э́той (той)	э́том (том)

Plural
All Genders

Nom.	э́ти (те)
Acc.	{ э́ти (те) / э́тих (тех)
Gen.	э́тих (тех)
Dat.	э́тим (тем)
Instr.	э́тими (те́ми)
Prep.	э́тих (тех)

5. Determinative Pronouns

(a)

	Singular Masculine	Feminine	Neuter	Plural All Genders
Nom.	весь	вся	всё	все
Acc.	{ весь / всего́	всю	всё	{ все / всех
Gen.	всего́	всей	всего́	всех
Dat.	всему́	всей	всему́	всем
Instr.	всем	всей(е́ю)	всем	все́ми
Prep.	всём	всей	всём	всех

(b)

	Singular			Plural
	Masculine	Feminine	Neuter	All Genders
Nom.	сам	сама́	само́	са́ми
Acc.	{ сам самого́	саму́ (само́ё)	само́	{ са́ми сами́х
Gen.	самого́	само́й	самого́	сами́х
Dat.	самому́	само́й	самому́	сами́м
Instr.	сами́м	само́й(о́ю)	сами́м	сами́ми
Prep.	само́м	само́й	само́м	сами́х

268

THE NUMERAL

1. Cardinal Numbers

	Masculine	Feminine	Neuter
Nom.	оди́н	одна́	одно́
Acc.	{ оди́н / одного́	одну́	одно́
Gen.	одного́	одно́й	одного́
Dat.	одному́	одно́й	одному́
Instr.	одни́м	одно́й(о́ю)	одни́м
Prep.	одно́м	одно́й	одно́м

оди́н also has a plural одни́ (declined like э́ти) which is used to mean 'alone'.

	Masculine Neuter	Feminine		
Nom.	два	две	три	четы́ре
Acc.	{ два / двух	две	{ три / трёх	{ четы́ре / четырёх
Gen.	двух		трёх	четырёх
Dat.	двум		трём	четырём
Instr.	двумя́		тремя́	четырьмя́
Prep.	двух		трёх	четырёх

Nom., Acc.	пять
Gen.	пяти́
Dat.	пяти́
Instr.	пятью́
Prep.	пяти́

Like пять are declined all the numbers from 6 to 20, and 30.

Nom., Acc.	со́рок	пятьдеся́т
Gen.	сорока́	пяти́десяти
Dat.	сорока́	пяти́десяти
Instr.	сорока́	пятью́десятью
Prep.	сорока́	пяти́десяти

Like со́рок are declined девяно́сто and сто.
Like пятьдеся́т are declined 60, 70, and 80.

Nom., Acc.	две́сти	три́ста
Gen.	двухсо́т	трёхсо́т
Dat.	двумста́м	трёмста́м
Instr.	двумяста́ми	тремяста́ми
Prep.	двухста́х	трёхста́х

Nom., Acc.	четы́реста	пятьсо́т
Gen.	четырёхсо́т	пятисо́т
Dat.	четырёмста́м	пятиста́м
Instr.	четырьмяста́ми	пятьюста́ми
Prep.	четырёхста́х	пятиста́х

Like пятьсо́т are declined 600, 700, 800, and 900.
Ты́сяча and миллио́н are declined like nouns. Ты́-сяча, however, has an alternative instrumental singular ending in -ью – ты́сячью (cf. ты́сячей).

2. Ordinal Numbers

Ordinals are declined in exactly the same way as adjectives.

THE VERB

I. FIRST CONJUGATION

Imperfective Aspect

Infinitive: читáть

Present Tense	Past Tense	Future Tense
я читáю	я читáл, -а	я бу́ду
ты читáешь	ты читáл, -а	ты бу́дешь
он ⎫	он читáл	он ⎫
онá ⎬ читáет	онá читáла	онá ⎬ бу́дет
онó ⎭	онó читáло	онó ⎭
мы читáем	мы ⎫	мы бу́дем
вы читáете	вы ⎬ читáли	вы бу́дете
они́ читáют	они́ ⎭	они́ бу́дут

(Future Tense bracket:) читáть

Imperative: читáй(те)

Conditional: я читáл(а) бы, ты читáл(а) бы, etc.

Participles: *act. pres.* читáющий
act. past читáвший
pass. pres. читáемый

Gerund: *pres.* читáя

Perfective Aspect

Infinitive: прочита́ть

Past Tense	Future Tense
я прочита́л, -а	я прочита́ю
ты прочита́л, -а	ты прочита́ешь
он прочита́л	он ⎤
она́ прочита́ла	она́ ⎬прочита́ет
оно́ прочита́ло	оно́ ⎦
мы ⎤	мы прочита́ем
вы ⎬прочита́ли	вы прочита́ете
они́ ⎦	они́ прочита́ют

Imperative: прочита́й(те)

Conditional: я прочита́л(а) бы, ты прочита́л(а) бы

Participles: *act. past* прочита́вший
              pass. past прочи́танный

Gerund: past прочита́в(ши)

Note: In the same way are conjugated many verbs with the infinitive ending in -ять (теря́ть, гуля́ть) and -еть (уме́ть).

Imperfective Aspect

Infinitive: стро́ить

Present Tense	Past Tense	Future Tense
я стро́ю	я стро́ил, -а	я бу́ду
ты стро́ишь	ты стро́ил, -а	ты бу́дешь
он	он стро́ил	он
она́ }стро́ит	она́ стро́ила	она́ }бу́дет }стро́ить
оно́	оно́ стро́ило	оно́
мы стро́им	мы	мы бу́дем
вы стро́ите	вы }стро́или	вы бу́дете
они́ стро́ят	они́	они́ бу́дут

Imperative: строй(те)

Conditional: я стро́ил(а) бы, ты стро́ил(а) бы

Participles: *act. pres.* стро́ящий
act. past стро́ивший
pass. pres. стро́имый

Gerund: стро́я

Perfective Aspect

Past Tense	Future Tense
я постро́ил, -а	я постро́ю
ты постро́ил, -а	ты постро́ишь
он постро́ил	он ⎫
она́ постро́ила	она́ ⎬постро́ит
оно́ постро́ило	оно́ ⎭
мы ⎫	мы постро́им
вы ⎬постро́или	вы постро́ите
они́ ⎭	они́ постро́ят

Imperative: постро́й(те)

Conditional: я постро́ил(а) бы, ты постро́ил(а) бы

Participles: *act. past* постро́ивший
pass. past постро́енный

Gerund: *past* постро́ив(ши)

Note. In the same way are conjugated most verbs of conjugation II ending in -ить and -еть; there are a few conjugation II verbs ending in -ять (боя́ться) and -ать (лежа́ть) which conjugate in the same way.

274

3. REFLEXIVE VERBS

Imperfective Aspect (Conjugation I)

Present Tense	Past Tense
я одева́юсь	я одева́лся, -ась
ты одева́ешься	ты одева́лся, -ась
он	он одева́лся
она́ ⎫ одева́ется	она́ одева́лась
оно́ ⎭	оно́ одева́лось
мы одева́емся	мы ⎫
вы одева́етесь	вы ⎬ одева́лись
они́ одева́ются	они́ ⎭

Future Tense

я бу́ду ⎫
ты бу́дешь ⎪
он ⎪
она́ ⎫ бу́дет ⎬ одева́ться
оно́ ⎭ ⎪
мы бу́дем ⎪
вы бу́дете ⎪
они́ бу́дут ⎭

Imperative: одева́йся, одева́йтесь

Conditional: я одева́лся (-ась) бы, ты одева́лся (-ась) бы

Participles: *pres.* одева́ющийся
past одева́вшийся

Gerund: одева́ясь

Infinitive: бежа́ть
Present: бегу́, бежи́шь, бежи́т; бежи́м, бежи́те, бегу́т
Past: бежа́л, бежа́ла, бежа́ло; бежа́ли
Imperative: беги́, беги́те
Participles: *pres.* бегу́щий; *past* бежа́вший
Gerund: *none*

Infinitive: дать *pf.*
Future: дам, дашь, даст; дади́м, дади́те, даду́т
Past: дал, дала́, да́ло (and дало́); да́ли
Imperative: дай, да́йте
Participles: *act. past* да́вший; *pass. past* да́нный
Gerund: *past* дав(ши)

Infinitive: есть
Present: ем, ешь, ест; еди́м, еди́те, едя́т
Past: ел, е́ла, е́ло; е́ли
Imperative: ешь, е́шьте
Participles: *act. pres.* едя́щий; *act. past* е́вший
Gerund: *none*

Infinitive: хоте́ть
Present: хочу́, хо́чешь, хо́чет; хоти́м, хоти́те, хотя́т
Past: хоте́л, хоте́ла, хоте́ло; хоте́ли
Participles: *pres.* хотя́щий; *past* хоте́вший
Gerund: *none*

The following verbs often present difficulties to the student at first:

Infinitive: брать I
Present: беру́, берёшь, берёт; берём, берёте, беру́т
Past: брал, брала́, бра́ло; бра́ли
Imperative: бери́, бери́те
Participles: *act. pres.* беру́щий; *act. past* бра́вший
Gerund: беря́

Infinitive: быть I
Future: бу́ду, бу́дешь, бу́дет; бу́дем, бу́дете, бу́дут
Past: был, была́, бы́ло; бы́ли
Imperative: будь, бу́дьте
Participle: *past* бы́вший
Gerund: бу́дучи

Infinitive: везти́ I
Present: везу́, везёшь, везёт; везём, везёте, везу́т
Past: вёз, везла́, везло́; везли́
Imperative: вези́, вези́те
Participles: *act. pres.* везу́щий; *act. past* вёзший
Gerund: везя́

Infinitive: вести́ I
Present: веду́, ведёшь, ведёт; ведём, ведёте, веду́т
Past: вёл, вела́, вело́; вели́
Imperative: веди́, веди́те
Participles: *act. pres.* веду́щий; *act. past* ве́дший;
        pass. pres. ведо́мый
Gerund: ведя́

Infinitive: взять I *pf.*
Future: возьму́, возьмёшь, возьмёт; возьмём, возь-
   мёте, возьму́т
Past: взял, взяла́, взя́ло; взя́ли
Imperative: возьми́, возьми́те
Participles: *act. past* взя́вший; *passive past* взя́тый
Gerund: взяв(ши)

Infinitive: встава́ть I
Present: встаю́, встаёшь, встаёт; встаём, встаёте, встаю́т
Past: встава́л, встава́ла, встава́ло; встава́ли
Imperative: встава́й, встава́йте
Participles: *pres.* встаю́щий; *past* встава́вший
Gerund: встава́я

> Similarly conjugated are дава́ть (and all its compounds) and узнава́ть.

Infinitive: е́здить II
Present: е́зжу, е́здишь, е́здит; е́здим, е́здите, е́здят
Past: е́здил, е́здила, е́здило; е́здили
Imperative: е́зди, е́здите
Participles: *pres.* е́здящий; *past* е́здивший
Gerund: е́здя

Infinitive: е́хать I
Present: е́ду, е́дешь, е́дет; е́дем, е́дете, е́дут
Past: е́хал, е́хала, е́хало; е́хали
Imperative: (по)езжа́й, (по)езжа́йте
Participles: *pres.* е́дущий; *past* е́хавший
Gerund: *none*

Infinitive: жечь I
Present: жгу, жо́ёшь, жо́ёт; жо́ём, жо́ёте, жгут
Past: жёг, жгла, жгло; жгли
Imperative: жги, жги́те
Participles: *act. pres.* жгу́щий; *act. past rarely found*
Gerund: *none*

Infinitive: жить I
Present: живу́, живёшь, живёт; живём, живёте, живу́т
Past: жил, жила́, жи́ло; жи́ли
Imperative: живи́, живи́те
Participles: *pres.* живу́щий; *past* жи́вший
Gerund: живя́

Infinitive: забы́ть I *pf.*
Future: забу́ду, забу́дешь, забу́дет; забу́дем, забу́дете,
    забу́дут
Past: забы́л, забы́ла, забы́ло; забы́ли
Imperative: забу́дь, забу́дьте
Participles: *act. past* забы́вший; *pass. past* забы́тый
Gerund: забы́в(ши)

Infinitive: заня́ть II *pf.*
Future: займу́, займёшь, займёт; займём, займёте,
    займу́т
Past: за́нял, заняла́, за́няло; за́няли
Imperative: займи́, займи́те
Participles: *act. past* заня́вший; *pass. past* за́нятый
Gerund: заня́в(ши)

Infinitive: идти́ I
Present: иду́, идёшь, идёт; идём, идёте, иду́т
Past: шёл, шла, шло; шли
Imperative: иди́, иди́те
Participles: *pres.* иду́щий; *past* ше́дший
Gerund: идя́

Infinitive: класть I
Present: кладу́, кладёшь, кладёт; кладём, кладёте,
    кладу́т
Past: клал, кла́ла, кла́ло; кла́ли
Imperative: клади́, клади́те
Participles: *act. pres.* кладу́щий; *act. past* кла́вший
Gerund: кладя́

    Like класть is conjugated (у)пасть

Infinitive: лечь I *pf.*
Future: ля́гу, ля́жешь, ля́жет; ля́жем, ля́жете, ля́гут
Past: лёг, легла́, легло́; легли́
Imperative: ляг, ля́гте
Participle: *past* лёгший
Gerund: лёгши

Infinitive: мочь I
Present: могу́, мо́жешь, мо́жет; мо́жем, мо́жете, мо́гут
Past: мог, могла́, могло́; могли́
Imperative: *not used*
Participles: *pres.* могу́щий; *past* мо́гший
Gerund: *none*

Infinitive: мыть I
Present: мо́ю, мо́ешь, мо́ет; мо́ем, мо́ете, мо́ют
Past: мыл, мы́ла, мы́ло; мы́ли
Imperative: мо́й, мо́йте
Participles: *act. pres.* мо́ющий; *act. past* мы́вший
Gerund: мо́я

> Like мыть is conjugated крыть, which is usually found in the compounds закры́ть and откры́ть

Infinitive: нача́ть I *pf.*
Future: начну́, начнёшь, начнёт; начнём, начнёте, начну́т
Past: на́чал, начала́, на́чало; на́чали
Imperative: начни́, начни́те
Participles: *act. past* нача́вший; *pass. past* на́чатый
Gerund: нача́в(ши)

Infinitive: нести́ I
Present: несу́, несёшь, несёт; несём, несёте, несу́т
Past: нёс, несла́, несло́; несли́
Imperative: неси́, неси́те
Participles: *act. pres.* несу́щий; *act. past* нёсший; *pass. pres.* несо́мый
Gerund: неся́

Infinitive: петь I
Present: пою́, поёшь, поёт; поём, поёте, пою́т
Past: пел, пе́ла, пе́ло; пе́ли
Imperative: по́й, по́йте
Participles: *act. pres.* пою́щий; *act. past* пе́вший
Gerund: *none*

Infinitive: пить I
Present: пью, пьёшь, пьёт; пьём, пьёте, пьют
Past: пил, пила́, пи́ло; пи́ли
Imperative: пей, пе́йте
Participles: *act. pres.* пью́щий; *act. past* пи́вший
Gerund: *none*

> In the same way are conjugated бить (past tense, *f.* би́ла, however) and three other monosyllabic verbs in -ить.

Infinitive: плева́ть I
Present: плюю́, плюёшь, плюёт; плюём, плюёте
  плюю́т
Past: плева́л, плева́ла, плева́ло; плева́ли
Imperative: плюй, плю́йте
Participles: *act. pres.* плюю́щий; *act. past* плева́вший
Gerund: плюя́

Infinitive: пойти́ I *pf.*
Future: пойду́, пойдёшь, пойдёт; пойдём, пойдёте,
  пойду́т
Past: пошёл, пошла́, пошло́; пошли́
Imperative: пойди́, пойди́те
Participle: *past* поше́дший
Gerund: пойдя́

Infinitive: подня́ть I *pf.*
Future: подниму́, подни́мешь, подни́мет; подни́мем,
  подни́мете, подни́мут
Past: по́днял, подняла́, по́дняло; по́дняли
Imperative: подними́, подними́те
Participles: *act. past* подня́вший; *pass. past* по́днятый
Gerund: подня́в(ши)

Infinitive: поня́ть I *pf.*
Future: пойму́, поймёшь, поймёт; поймём, поймёте,
  пойму́т
Past: по́нял, поняла́, по́няло; по́няли
Imperative: пойми́, пойми́те
Participles: *act. past* поня́вший; *pass. past* по́нятый
Gerund: поня́в(ши)

Infinitive: расти́ I
Present: расту́, растёшь, растёт; растём, растёте, расту́т
Past: рос, росла́, росло́; росли́
Imperative: расти́, расти́те
Participles: *pres.* расту́щий; *past* ро́сший
Gerund: *not used*

Infinitive: сесть I *pf.*
Future: ся́ду, ся́дешь, ся́дет; ся́дем, ся́дете, ся́дут
Past: сел, се́ла, се́ло; се́ли
Imperative: сядь, ся́дьте
Participle: *past* се́вший
Gerund: сев(ши)

Infinitive: слать I
Present: шлю, шлёшь, шлёт; шлём, шлёте, шлют
Past: слал, сла́ла, сла́ло; сла́ли
Imperative: шли, шли́те
Participles: *act. pres.* шлю́щий; *act. past* сла́вший
Gerund: *none*

   Mainly used in its compound посла́ть.

Infinitive: смея́ться I
Present: смею́сь, смеёшься, смеётся; смеёмся, смеётесь,
   смею́тся
Past: смея́лся, смея́лась, смея́лось; смея́лись
Imperative: сме́йся, сме́йтесь
Participles: *pres.* смею́щийся; *past* смея́вшийся
Gerund: смея́сь

   Like смея́ться is conjugated надея́ться; the stress, however, is
   on the e throughout.

Infinitive: спать II
Present: сплю, спишь, спит; спим, спи́те, спят
Past: спал, спала́, спа́ло; спа́ли
Imperative: спи, спи́те
Participles: *pres.* спя́щий; *past* спа́вший
Gerund: *none*

Infinitive: стать I *pf.*

Future: ста́ну, ста́нешь, ста́нет; ста́нем, ста́нете, ста́нут

Past: стал, ста́ла, ста́ло; ста́ли

Imperative: стань, ста́ньте

Participle: *past* ста́вший

Gerund: став(ши)

    Like стать are conjugated встать and оде́ть (оде́ну, оде́нешь ...)

Infinitive: умере́ть I *pf.*

Future: умру́, умрёшь, умрёт; умрём, умрёте, умру́т

Past: у́мер, умерла́, у́мерло; у́мерли

Imperative: умри́, умри́те

Participle: *past* уме́рший

Gerund: уме́рши

    Like умере́ть is conjugated запере́ть.

Infinitive: чу́вствовать I

Present: чу́вствую, чу́вствуешь, чу́вствует; чу́вствуем, чу́вствуете, чу́вствуют

Past: чу́вствовал, чу́вствовала, чу́вствовало; чу́вствовали

Imperative: чу́вствуй, чу́вствуйте

Participle: *act. pres.* чу́вствующий; *act. past* чу́вствовавший; *pass. pres.* чу́вствуемый

Gerund: чу́вствуя

    So conjugated are all verbs in -овать and -евать (if the last consonant of the stem is a sibilant) with the exception of здоро́ваться (здоро́ваюсь, здоро́ваешься ...).

6. CHANGES OF CONSONANTS IN VERBS OF THE 1ST CONJUGATION

The following changes of consonants take place in certain verbs of conjugation I. This only affects the present tense, the imperative, and the present participle (very few verbs of this type have a present gerund or a present passive participle). The past tense is formed from the infinitive.

з – ж: сказа́ть – скажу́, ска́жешь … ска́жут
с – ш: писа́ть – пишу́, пи́шешь … пи́шут
к – ч: пла́кать – пла́чу, пла́чешь … пла́чут

7. CHANGES OF CONSONANTS IN VERBS OF THE 2ND CONJUGATION

The following changes of consonants take place in certain verbs of conjugation II. This only effects the 1st person singular of the present tense and, if there is one, the past passive participle.

б – бл: люби́ть – люблю́, лю́бишь … лю́бят
в – вл: ста́вить – ста́влю, ста́вишь … ста́вят
д – ж: ходи́ть – хожу́, хо́дишь … хо́дят
з – ж: вози́ть – вожу́, во́зишь … во́зят
п – пл: купи́ть – куплю́, ку́пишь … ку́пят
с – ш: носи́ть – ношу́, но́сишь … но́сят
ст – щ: блесте́ть – блещу́, блести́шь … блестя́т
т – ч: плати́ть – плачу́, пла́тишь … пла́тят

KEY TO THE EXERCISES

Уро́к 1

(1) Дом тут. (2) Мост там. (3) Вот дом. (4) Вот мост. (5) Вот ла́мпа, стул, стол. (6) Па́рта там. (7) План тут. (8) Это ка́рта. (9) Вот Во́лга. (10) Кана́л тут. (11) Мост там. (12) Это Москва́? (13) Вот Ленингра́д. (14) Это класс. (15) Это ка́рта? (16) Дом и река́ там? (17) Вот сло́во «мост».

Уро́к 2

(1) Это класс? Да, и я даю́ уро́к здесь (тут).

(2) Там зал. Мой брат Юра поёт там.

(3) Это ка́рта. Во́лга здесь. Дон там.

(4) Он идёт домо́й, и я иду́ домо́й.

(5) Где ва́за? Она́ здесь. Где моя́ кни́га? Она́ там.

(6) Студе́нт говори́т по-ру́сски. Он говори́т: «Мой оте́ц – хи́мик».

(7) Где поёт хор (где хор поёт)?

(8) Это моя́ карти́на?

(9) Это карти́на. Вот бу́хта и я́хта. Мой брат говори́т: «Это Ялта».

(10) Мой оте́ц говори́т по-ру́сски. Он фи́зик.

(11) Вот фра́за: «Моя́ сестра́ – студе́нтка».

Уро́к 3

(1) Мой сын – инжене́р. Он рабо́тает тут. Это моя́ сестра́.

(2) Вот ка́рта. Это Росси́я? Да. Это Ленингра́д. Вот Москва́. Вот река́ Москва́ (Москва́-река́). Это что? (что э́то?) Река́ и́ли кана́л? Кана́л.

(3) Ваш оте́ц чита́ет по-ру́сски? Да, он чита́ет хорошо́ (хорошо́ чита́ет) и он говори́т по-ру́сски. Моя́ мать не говори́т по-ру́сски.

(4) Не ваш оте́ц поёт; ваш брат поёт.

(5) Ва́ша тётя – врач? Нет, она́ инжене́р; мой брат то́же инжене́р.

(6) Кто там? Это ва́ша сестра́. Она́ поёт.

(7) Вот на́ше по́ле и вот наш дом. Это зал. Вот ва́ша ко́мната.

(8) Это това́рищ Ивано́в. Вы фи́зик или хи́мик, това́рищ Ивано́в? Я не фи́зик и я не хи́мик. Я врач. И я профе́ссор.

Уро́к 4

(1) Это моя́ кни́га и э́то моя́ кни́га то́же (э́то то́же/та́кже моя́ кни́га). Вы понима́ете э́то?

(2) Ва́ша фами́лия – Ивано́в? Я зна́ю, что ва́ша сестра́ – Ве́ра Ники́тина и что она́ врач.

(3) Когда́ он чита́ет по-англи́йски, он чита́ет о́чень хорошо́; но когда́ он чита́ет по-ру́сски, он чита́ет пло́хо. Но он понима́ет, что я говорю́.

(4) Ива́н Петро́в не ру́сский, хотя́ его́ фами́лия – Петро́в. Он не говори́т и он не понима́ет по-ру́сски.

(5) Моя́ жена́ зна́ет, что ва́ша жена́ поёт о́чень хорошо́ (о́чень хорошо́ поёт).

(6) Ваш сын уже́ инжене́р? Что он де́лает? Он уже́ рабо́тает?

(7) Когда́ мы рабо́таем, мы говори́м то́лько по-ру́сски; мы не говори́м по-англи́йски.

(8) Где ваш слова́рь? Я не зна́ю. Кто зна́ет, где он? Я ду́маю, что вы зна́ете.

(9) Эта вещь – каранда́ш? – говори́т учи́тель. – Нет, э́то перо́, – говори́т Ва́ня.

Уро́к 5

(1) Вот библиоте́ка. Мужчи́ны чита́ют газе́ты; же́нщины чита́ют кни́ги.

(2) Мужчи́ны – англича́не? Да, англича́не. Они́ изуча́ют ру́сский язы́к.

(3) Вот ру́сская. Она́ уме́ет говори́ть по-англи́йски и по-францу́зски. Она́ то́же понима́ет немно́жко по-неме́цки, е́сли вы говори́те ме́дленно.

(4) Наш учи́тель – ру́сский. Он сове́тский граждани́н. Он даёт ру́сский уро́к сего́дня.

(5) Это не рома́н, а слова́рь. Вы зна́ете, как по-ру́сски 'dictionary'? Да, но я не зна́ю, как э́то по-неме́цки.

Уро́к 6

2. чита́й, чита́йте; рабо́тай, рабо́тайте; пиши́, пиши́те; пой, по́йте; иди́, иди́те; сиди́, сиди́те; слу́шай, слу́шайте; отвеча́й, отвеча́йте; игра́й, игра́йте.

3. (1) Чья э́то кни́га? – Моя́.

(2) Чьё э́то письмо́? – Её.

(3) Чей э́то слова́рь? – Его́, а не твой.

4. (1) Куда́ вы идёте? Вы идёте на уро́к? Нет, мы идём домо́й.

(2) Вы де́лаете успе́хи? – спра́шивает мой брат. Пото́м, когда́ я отвеча́ю, он слу́шает.

(3) Отвечайте по русски! Не слушайте, когда он говорит, что хорошо говорить только по-английски.

(4) Я вижу, что вы не пишете. Пожалуйста, пишите, все! Нет, не говори, Иван! Пиши диктант, и быстро!

(5) Когда вы объясняете правило, я понимаю всё, что вы говорите. Но когда вы говорите быстро, я не всё понимаю. Пожалуйста, говорите медленно, очень медленно.

(6) Что делает его сестра? Куда идёт её дядя? (Что его сестра делает? Куда её дядя идёт?) Она идёт туда. Он идёт туда. Они все идут туда.

(7) Хорошо! Теперь вы делаете успехи. Нет, я работаю плохо. Вы не понимаете. Я не умею учить слова. Я не знаю, чья это книга.

Урок 7

1. Какая большая книга!
   Это русское слово.
   Наша дорогая родина.
   Его хороший автомобиль.
   Их синяя тетрадь.

2. Какие большие книги!
   Эти русские слова.
   Наши дорогие родины.
   Его хорошие автомобили.
   Их синие тетради.

3. (1) Здравствуйте, Иван Иванович! Что вы делаете? Опять смотрите телевизор? И курите? Да. Телевизор очень хороший.

   (2) Моя фамилия – Браун; моё имя – Джон. Вот моя семья. Это мой отец, а это мои сёстры.

   (3) Чья это (эта) новая чёрная тетрадь и чьи это (эти) красные карандаши? Я не знаю. Но я знаю, что синяя ручка и золотое перо мои, а не ваши.

   (4) Что делает ваша семья? (что ваша семья делает?) Сегодня праздник. Они все сидят вместе дома. Мой отец отдыхает. Мой брат курит и смотрит телевизор. Моя сестра пишет письмо. Моя мать читает журнал. Моя старая тётя накрывает на стол. Какая картина!

Урок 8

1. (1) у меня. (2) у них. (3) у неё. (4) у нас. (5) у него.

3. (1) Он очень ловок и смел, но он ещё не умеет плавать. Он хочет плавать? Да, хочет. Он любит спорт.

(2) Как здесь темно́! И как хо́лодно! Я не могу́ чита́ть и не могу́ писа́ть.

(3) Дождь идёт, а я до́лжен сиде́ть до́ма. Мо́жно игра́ть в ша́хматы, пожа́луйста? Нет, нельзя́. Я хочу́ идти́ гуля́ть.

(4) Кака́я у вас ру́чка? У меня́ чёрная ру́чка; перо́ – золото́е.

(5) Я люблю́ смотре́ть телеви́зор, когда́ темно́. Но сего́дня у меня́ боли́т глаза́ и го́рло. Я ду́маю, что я бо́лен. Я до́лжен спать.

(6) Река́ так широка́, что нельзя́ ви́деть лес.

Уро́к 9

1. (1) Кто чита́л? (2) Моя́ сестра́ была́ в Москве́. (3) У нас была́ кни́га. (4) Лёд на реке́ та́ял. (5) Мы о́чень люби́ли гуля́ть. (6) Они́ должны́ бы́ли рабо́тать. (7) Нельзя́ бы́ло кури́ть. (8) Там бы́ло хо́лодно. (9) Стоя́ла хоро́шая пого́да.

2. (1) се́вере. (2) земле́. (3) Москве́. (4) ко́мнате. (5) конце́рте. (6) футбо́ле. (7) конце́рте. (8) футбо́л.

3. (1) Бы́ло о́чень хо́лодно вчера́. Снег шёл. Уже́ зима́.

(2) Когда́ я был в Москве́, у меня́ был автомоби́ль. У вас то́же был автомоби́ль? Нет, но когда́ мы бы́ли на ю́ге, у нас был но́вый сове́тский автомоби́ль.

(3) Моя́ сестра́ должна́ была́ мно́го рабо́тать, когда́ она́ была́ на се́вере. Она́ врач, и все бы́ли больны́.

(4) Не говори́те о кли́мате на се́вере СССР. Я зна́ю, что там хо́лодно, и я не хочу́ быть в ме́сте, где всегда́ хо́лодно.

(5) Кака́я у него́ была́ ру́чка? Кра́сная и́ли чёрная? Я не зна́ю. Что э́то лежа́ло на столе́ в ко́мнате, где вы сиде́ли?

Уро́к 10

1. (1) углу́. (2) шкафу́. (3) ко́мнате. (4) са́де. (5) саду́. (6) ви́лку. (7) Москву́. (8) ле́се. (9) полу́. (10) учи́теля.

2. (1) лежи́т, лежа́ла. (2) лежи́т, лежа́л. (3) живёт, жила́. (4) рабо́тает, рабо́тал. (5) сиди́т, сиде́ли. (6) лежу́. лежа́л. (7) стои́т, лежи́т; стоя́ла, лежа́ла.

3. (1) Бы́ло жа́рко, и мы сиде́ли в саду́ и пи́ли чай.

(2) Мы живём в Ленингра́де, где у нас больша́я кварти́ра. У нас в кварти́ре есть ку́хня, столо́вая, спа́льня и кабине́т. У меня́ в кабине́те есть (стои́т) пи́сьменный стол. Он стои́т на ковре́ в углу́.

(3) Е́шьте, пожа́луйста. Я зна́ю, что вы хоти́те есть. Нет, я не хочу́ есть, хочу́ пить. Вот горя́чий суп. Е́шьте.

(4) Мой оте́ц е́дет на восто́к. Почему́? Он жил на ю́ге, но тепе́рь он живёт на се́вере. Зна́ли ли вы, что Ташке́нт его́ люби́мый го́род?

(5) Вы ви́дите официа́нтку? Смотри́те! Она́ накрыва́ет на стол. Тепе́рь она́ кладёт ножи́ и ви́лки на стол. Де́вушка напра́во? Нет, э́то моя́ сестра́. Что она́ де́лает здесь? Она́ живёт здесь. Она́ не официа́нтка.

Уро́к 11

1. (1) иду́. (2) е́здит. (3) во́зим. (4) вели́. (5) несёт. (6) лети́м. (7) хо́дят. (8) е́дешь. (9) ношу́. (10) везёт. (11) лета́ют.
2. (1) Мы всегда́ е́здим на Кавка́з ка́ждый год, но в э́том году́ мы е́дем на Ура́л.
   (2) Куда́ е́дет стари́к? Я ду́маю, что он е́дет в Москву́. Пото́м он лети́т в Англию.
   (3) Че́рез час я везу́ тебя́ на автомоби́ле в библиоте́ку.
   (4) Почтальо́н е́хал на фе́рму на мотоци́кле.
   (5) Петро́вы е́здят ка́ждый год на Кавка́з и во́зят сестру́ туда́.
   (6) За́втра я лечу́ на восто́к. Вы ча́сто лета́ете? Да, я о́чень люблю́ лета́ть.

Уро́к 12

1. (1) встаёт, встава́л. (2) спим, спа́ли. (3) просыпа́емся, встаём, умыва́емся, одева́емся; просыпа́лись, встава́ли, умыва́лись, одева́лись. (4) здоро́вается, встреча́емся; здоро́вался, встреча́лись. (5) смеётся, смея́лся. (6) сомнева́юсь, сомнева́лся. (7) плюёт, смеётся; плева́л, смея́лся.
3. (1) Пора́ встава́ть, одева́ться и умыва́ться.
   (2) Когда́ открыва́ется музе́й? Я не зна́ю. Ле́том он открыва́ется ра́но у́тром и закрыва́ется ра́но ве́чером.
   (3) Ве́чером он у́жинает; пото́м он ложи́тся на дива́н и чита́ет газе́ту. Он ложи́тся спать ра́но и встаёт ра́но.
   (4) Сейча́с идёт дождь. Дождь всегда́ идёт зимо́й. Мы не мо́жем идти́ гуля́ть. Мо́жно танцева́ть? (мы мо́жем танцева́ть?) Нет, не на ковре́.
   (5) Пожа́луйста, сади́тесь. Я хочу́ бесе́довать. Но я не хочу́ бесе́довать. Вы всегда́ говори́те о себе́.
   (6) Что он кладёт на стол? Я ду́маю, что он кладёт туда́ кни́гу.

Уро́к 13

1. (1) — , была́, бу́дет. (2) чита́ешь, чита́л, бу́дешь чита́ть. (3) чита́ешь, чита́л, бу́дешь чита́ть; пишу́, писа́л, бу́ду писа́ть. (4) даёте, дава́ли, бу́дете дава́ть. (5) есть, был, бу́дет.

2. (1) дива́н, тебя́, ко́мнате. (2) Росси́ю, неде́лю, ме́сяц. (3) ле́кцию. (4) учи́теля. (5) лесу́, са́де.

3. (1) Вы бу́дете чу́вствовать себя́ о́чень хорошо́ че́рез ме́сяц, и́ли да́же че́рез неде́лю.

(2) У меня́ бу́дет уро́к в сре́ду, и в четве́рг я до́лжен бу́ду слу́шать ле́кцию у вас в шко́ле.

(3) Все э́ти лю́ди бу́дут гуля́ть за́втра в лесу́, но я не бу́ду. Я е́ду в Ленингра́д сего́дня ве́чером на неде́лю.

(4) В каки́е дни вы бу́дете рабо́тать? Я не рабо́таю тепе́рь; я отдыха́ю. Хорошо́, вы бу́дете во вто́рник в клу́бе при заво́де? Нет, сли́шком ску́чно там; я хочу́ танцева́ть весь день и весь ве́чер. Вы не хоти́те слу́шать ле́кцию о марк-си́зме? Нет, не хочу́.

(5) Я ду́маю, что он не слы́шит, что вы говори́те. Говори́те гро́мко, и, мо́жет быть, он бу́дет понима́ть. Я не могу́ говори́ть гро́мко; у меня́ го́рло боли́т.

Уро́к 14

1. (1) в, из, на. (2) на, с, на. (3) на, с, в. (4) на, от. (5) о́коло. (6) из, в, с, на.

2. (1) отца́, живёт, у́лице. (2) учи́лся, учи́тельницы. (3) зда́ния, нахо́дится, культу́ры, о́тдыха. (4) рабо́тает, утра́, ве́чера.

3. (1) С весны́ я учу́сь в университе́те. Я изуча́ю ру́сский язы́к, и ка́ждый день я учу́ уро́к.

(2) Мы бу́дем жить недалеко́ от по́чты на у́лице Го́рького, о́коло зда́ния, где твой дя́дя рабо́тал.

(3) Когда́ мы смо́трим телеви́зор, я обы́чно сижу́ о́коло две́ри. До конца́ я встаю́ и выхожу́ из ко́мнаты. Я беру́ кни́ги со стола́ о́коло окна́ и иду́ в спа́льню и чита́ю.

(4) В како́й день мо́жно бу́дет идти́ в кино́? В четве́рг? Хорошо́, я не рабо́таю в четве́рг.

(5) Парохо́д идёт в пя́тницу. Я е́ду в Ленингра́д на ме́сяц. Мне на́до бу́дет мно́го чита́ть о СССР. Вы бы́ли в Росси́и? Да, давно́. Я рабо́тал там до́лго.

(6) Когда́ лю́ди танцу́ют весь ве́чер и сли́шком мно́го пьют, они́ обы́чно чу́вствуют себя́ пло́хо на сле́дующий день.

(7) Раз в ме́сяц я получа́ю письмо́ от сестры́. Она́ учи́тель-ница в шко́ле о́коло Магнитого́рска.

Уро́к 15

1. (1) учи́тельницы, кни́ги. (2) дождя́, самолёта. (3) ничего́. (4) до́ктору, вам. (5) инстру́ктору. (6) зда́нию.

2. (1) У Ли́ды не́ было парашю́та.
   (2) Он никогда́ не чита́ет газе́ты по́сле за́втрака.
   (3) Я не ви́жу ни сестры́, ни бра́та.
   (4) Ножи́ и ви́лки не на столе́.
3. (1) У меня́ никогда́ не́ было ни до́ма, ни кварти́ры.
   (2) Кто меша́ет тебе́ рабо́тать?
   (3) К сожале́нию, мой дя́дя лежи́т в больни́це, и моя́ тётя сиди́т в тюрьме́. Я посеща́ю моего́ дя́дю раз в неде́лю, но тётю посеща́ть нельзя́.
   (4) Из-за дождя́ нельзя́ бе́гать по са́ду сего́дня.
   (5) Кто э́тот челове́к без шля́пы подхо́дит к ва́шей сестре́? Её муж? Почему́ он никогда́ не но́сит шля́пы зимо́й?
   (6) Я наде́юсь, что учи́телю не хо́лодно. Я зна́ю, что в кла́ссе не жа́рко, но не сли́шком пло́хо для зимы́.

Уро́к 16

1. (1) кни́гой, отца́. (2) кем, на́ми, и́ми. (3) чем. (4) реко́й, по́лем. (5) ней, нём, тебе́. (6) таре́лку.
2. (1) ка́жется, каза́лся. (2) слу́жит, служи́л. (3) интересу́юсь, интересова́лся. (4) еди́м, е́ли. (5) лежи́т, лежа́л. (6) идёт, шёл.
3. (1) Если никто́ не дово́лен им и́ли его́ рабо́той, он до́лжен сиде́ть до́ма.
   (2) Когда́ он говори́л с её бра́том о пого́де, она́ уже́ шла домо́й.
   (3) Пожа́луйста, иди́те за до́ктором до обе́да. Я чу́вствую себя́ о́чень пло́хо.
   (4) Мой бе́дный друг был уби́т солда́том, когда́ он был в Африке.
   (5) Чем ты обы́чно пи́шешь – карандашо́м и́ли ру́чкой?
   (6) Я слу́шал профе́ссора с интере́сом. Он, каза́лось, говори́л умно́. Он уме́ет говори́ть.
   (7) Снача́ла он был солда́том, пото́м врачо́м. Он был у́мный челове́к.

Уро́к 17

1. (1) Кни́ги лежа́т в шкафа́х. (2) У нас не́ было това́рищей. (3) Отцы́ геро́ев дово́льны и́ми. (4) На стола́х ножи́ и ви́лки, но таре́лок нет. (5) Лю́ди прихо́дят расска́зывать исто́рии. (6) Дома́ нахо́дятся на берега́х рек.
2. (1) Три́дцать одна́ кни́га. (2) Со́рок во́семь домо́в. (3) В семь часо́в. (4) В полови́не восьмо́го (полови́на восьмо́го, в семь три́дцать). (5) пять словаре́й. (6) Восемна́дцать часо́в три́дцать три мину́ты. (7) шестьдеся́т две мину́ты. (8) Две сестры́

и два бра́та. (9) Со́рок четы́ре рубля́ пять копе́ек. (10) Пятна́дцать рубле́й три копе́йки.

3. (1) По суббо́там в семь часо́в мы всегда́ хо́дим (е́здим) в кино́.

(2) Говоря́т, что у него́ три ру́чки и шесть карандаше́й.

(3) В зоопа́рке я ви́дел льво́в, ти́гров, слоно́в, волко́в и обезья́н.

(4) У неё в ко́мнате три полоте́нца.

(5) В шкафу́ (есть) мно́го тетра́дей и не́сколько книг для чте́ния.

(6) Далеко́ ли до Москвы́? Нет, то́лько два́дцать пять киломе́тров.

(7) За реко́й нет жили́щ, но ме́жду о́зером и стадио́ном есть почти́ пятьдеся́т домо́в.

(8) Когда́ прихо́дит судья́, все встаю́т. К сожале́нию, он не о́чень популя́рен.

(9) Серге́й продолжа́л чита́ть газе́ту.

Уро́к 18

2. (1) рубле́й, копе́йки. (2) папиро́сами. (3) са́хару (-а), гра́ммов, ча́ю (-я), гра́ммов, колбасы́, па́чек, сигаре́т. (4) бра́тьев, сестёр. (5) люде́й, продавцо́в, челове́к, ры́бу. (6) ему́, го́да, лет.

3. (1) Ско́лько сто́ит э́та колбаса́? Рубль кило́? Это сли́шком до́рого. Да́йте мне ветчины́, пожа́луйста.

(2) У меня́ бы́ло два́дцать пять рубле́й в карма́не сего́дня у́тром. Тепе́рь у меня́ то́лько пятьдеся́т копе́ек.

(3) Ско́лько стоя́т э́ти папиро́сы (сигаре́ты)? Па́чка сто́ит восемна́дцать копе́ек. И ско́лько папиро́с (сигаре́т) в па́чке? Два́дцать.

(4) Я не знал, рабо́тал ли он.

(5) Ско́лько лет капита́ну кома́нды? То́лько два́дцать оди́н год? Когда́ ему́ бу́дет два́дцать два?

(6) Не сто́ит говори́ть с ним. Он продаёт всё о́чень до́рого. Лу́чше идти́ (ходи́ть) в большо́й магази́н за поку́пками.

(7) Пожа́луйста, да́йте мне па́чку ча́я, ба́нку икры́, пятьсо́т гра́ммов ветчины́ и кусо́к сы́ру (-а).

(8) Покупа́тель пла́тит в ка́ссу.

(9) Не́ было ли́стьев на дере́вьях зимо́й.

(10) Ты счита́ешь его́ у́мным?

Уро́к 19

1. (1) учи́л, вы́учил. (2) дава́л, дал. (3) благодари́ла, поблагодари́ла. (4) засмея́лся.

2. (1) бу́ду посеща́ть. (2) уви́дим. (3) возьмёте, бу́ду брать. (4) бу́ду чита́ть, прочита́ю.

3. (1) Я поговори́л с ним вчера́ и сказа́л ему́, что я уби́л соба́ку.
   (2) Когда́ он на́чал чита́ть, мы все се́ли.
   (3) Я не хочу́ дать его́ тебе́ (я не хочу́ тебе́ его́ дать). Ты до́лжен его́ купи́ть; ты до́лжен всегда́ всё покупа́ть.
   (4) Вы бу́дете чита́ть кни́гу за́втра? Да, я наде́юсь ко́нчить (прочита́ть) её к ве́черу.
   (5) Вы собра́ли мно́го материа́ла для диссерта́ции?
   (6) В четве́рг он пры́гнул с самолёта. Он с о́сени сде́лал два́дцать прыжко́в.
   (7) Когда́ я встреча́ю Ива́на, я всегда́ ему́ говорю́, что я о́чень люблю́ его́ сестру́.
   (8) Я вам скажу́, что она́ сде́лает за́втра. Она́ пригото́вит обе́д, пото́м она́ ся́дет у окна́ и ко́нчит писа́ть вам.
   (9) Вы дади́те ему́ уро́к за́втра? Нет, у меня́ нет вре́мени.

Уро́к 20

1. (1) приезжа́ли, сади́лись. (2) бу́дет приезжа́ть. (3) перепи́сывал, подпи́сывал. (4) достра́ивали. (5) бу́дем проходи́ть.
3. (1) Пойдём(те) (идём(те)) в кино́ сего́дня ве́чером.
   (2) Если он хо́чет пое́хать в Ленингра́д, пусть (пу́скай) он (по)е́дет.
   (3) Поезжа́йте в Ло́ндон че́рез две неде́ли и проведи́те там шесть дней. Пото́м верни́тесь.
   (4) Не запи́сывайте его́ и́мени, но запиши́те на́ши имена́.
   (5) Он пошёл наве́рх и поспа́л (немно́го).
   (6) Если бу́дет хоро́шая пого́да за́втра, мы все пое́дем в дере́вню.
   (7) Кто привёз тебе́ весь э́тот материа́л из Москвы́?
   (8) Он вошёл в ко́мнату и сел.
   (9) Экспеди́ция отпра́вилась в конце́ ма́я.

Уро́к 21

1. (1) Большо́м теа́тре, кото́рых. (2) свобо́дного вре́мени. (3) таки́м интере́сным челове́ком. (4) тако́м соба́чьем настрое́нии, хоро́шем настрое́нии. (5) кото́рого, ма́леньком до́ме. (6) си́ней ва́зе. (7) собо́й. (8) люде́й, себе́. (9) вели́ким певцо́м.
3. (1) Я не знал, что нет но́вых учителе́й (никаки́х но́вых учителе́й нет).
   (2) Я не узна́л ва́шего ру́сского дя́ди, когда́ он подошёл ко мне на у́лице.
   (3) Кни́га, кото́рую я купи́л вчера́, ка́жется о́чень хоро́шей.
   (4) Мы с Никола́ем (Никола́й и я) поступи́ли вме́сте в университе́т.

(5) Вы принесли́ (привезли́) с собо́й письмо́, кото́рое он написа́л вам вчера́?

(6) В како́м до́ме вы живёте?

(7) Света́ло, когда́ по́езд подошёл (подходи́л) к ста́нции.

(8) Кто э́та замеча́тельная же́нщина, кото́рая живёт в тре́тьем до́ме нале́во? Ах, э́то его́ сестра́. Хоти́те ли вы (по)говори́ть с ней?

(9) Мне хо́чется танцева́ть сего́дня ве́чером, но не зна́ю, с кем танцева́ть.

(10) Не ду́майте, что пу́блика восхища́ется таки́м плохи́м пе́нием.

Уро́к 22

1. (1) бо́лее краси́вом, са́мом краси́вом (краси́вейшем). (2) быстре́е, быстре́е всех (наибо́лее бы́стро). (3) бога́че, са́мый бога́тый (богате́йший, бога́че всех). (4) бо́лее дешёвое, са́мое дешёвое (дешеве́йшее). (5) бо́лее удо́бные и бо́лее изя́щные, са́мые удо́бные и са́мые изя́щные. (6) холодне́е, холодне́е всего́ (наибо́лее хо́лодно). (7) вы́ше, са́мый высо́кий (вы́ше всех). (8) лу́чшие, са́мые лу́чшие.

3. (1) Тот, кто сказа́л вам э́то, умне́е, чем я ду́мал.

(2) Всё, что он зна́ет, интере́сно.

(3) Этот га́лстук гора́здо я́рче, чем его́.

(4) Я бо́льше интересу́юсь теа́тром, чем кино́.

(5) Он попроси́л меня́ идти́ побыстре́е.

(6) Почему́ вы ду́маете, что (почему́ по-ва́шему) модельёры но́сят бо́лее я́ркую оде́жду, чем рабо́чие на фа́бриках?

(7) Я пошёл в магази́н, но не мог купи́ть ни брюк, ни перча́ток, ни пиджака́.

(8) Он спроси́л меня́, деше́вле ли папиро́сы (сигаре́ты) в Росси́и, чем в Англии.

(9) У мое́й ста́ршей сестры́ ме́ньше пла́тьев, чем у тебя́.

(10) С ка́ждым го́дом он рабо́тает все бо́льше (бо́льше и бо́льше) над кни́гой, кото́рую он на́чал, когда́ ему́ бы́ло то́лько два́дцать два го́да.

(11) Она́ са́мая у́мная и в то же вре́мя са́мая скро́мная же́нщина, кото́рую я зна́ю. К сожале́нию, она́ совсе́м (далеко́) не краси́вая.

(12) Чем вы бо́льше всего́ интересу́етесь?

(13) Не забу́дьте су́мочки и перча́ток.

Уро́к 23

1. (1) чьём, все́ми ва́шими. (2) э́тим, тем. (3) всём э́том. (4) друг дру́гу. (5) само́й, э́том. (6) са́мой.

2. (1) самóй. (2) сáмого. (3) сáмый, сáми. (4) сáмом.
3. (1) своѝм. (2) егó. (3) её, своéй. (4) своὼ, егó. (5) своегó.
4. (1) Моя́ тётя и мой дя́дя говори́ли друг с дру́гом обо всём, о чём они́ могли́ поду́мать.

(2) С сáмого утрá он рабóтает в (своём) кабинéте.

(3) Он купѝл (свой) костю́м и (свой) боти́нки в Лóндоне.

(4) В сáмом дéле он не знáет, на чьей постéли он спал вчерá.

(5) Онá сказáла, что её дя́дя проведёт две недéли с ней.

(6) Я узнáл от самогó профéссора, что университéт закры́т.

(7) Все знáют, когдá онá в бассéйне.

(8) У нас есть своя́ квартѝра в Лóндоне. И в сáмом цéнтре.

(9) В том же сáмом факультéте есть три профéссора.

(10) Я не могу́ сказáть, что я осóбенно интересу́юсь э́той проблéмой.

(11) Этот человéк – профéссор; тот – доцéнт, а тот с бородóй – аспирáнт.

Урóк 24

1. (1) Я ни о ком не говори́л вчерá.

(2) Я ничéм не восхищáюсь.

(3) Он никудá не пошёл.

(4) Он не читáет никакóй кни́ги (он никакóй кни́ги не читáет).

(5) Он ничьéй шля́пы не нóсит.

(6) Он ни о чьих друзья́х не забóтится.

(7) Я ни на что не смотрю́.

2. (1) никогó. (2) ни с кем. (3) нéкогда. (4) никудá. (5) ничéм, нéчем.

3. (1) Двáдцать седьмáя у́лица. (2) Сто три́дцать трéтий дом. (3) В четвёртом дóме. (4) В ты́сяча девятьсóт шестьдеся́т пéрвом году́, в ты́сяча девятьсóт двáдцать пя́том году́, в ты́сяча восьмисóт пятнáдцатом году́. (5) Трёхсóтая кни́га.

4. (1) Он заéхал за мной три дня тому́ назáд на своём автомобѝле.

(2) Вам нéкуда идти́?

(3) Старѝк никогдá не говорѝт ни о ком, ни с кем.

(4) Никогó не бóйся, и тебé нéчего бу́дет боя́ться.

(5) Вы, кáжется, не имéете никакóго поня́тия об э́том дéле.

(6) Он год тому́ назáд уéхал надóлго.

(7) Нéчего сидéть в библиотéке; пойдём в кинó.

(8) Онá никогдá не забóтится о своём дóме.

(9) На пя́тый день он решѝл верну́ться домóй.

(10) Мне надоéло слу́шать её пéние (слу́шать, как онá поёт).

Урок 25

2. (1) У него́ три́дцать рубле́й пятна́дцать копе́ек.
   (2) Мы уе́хали в шесто́м часу́ два́дцать тре́тьего ма́рта ты́сяча девятьсо́т шестьдеся́т пе́рвого го́да.
   (3) Из семи́ дней он рабо́тает шесть дней.
   (4) Что ты сде́лал с э́тими шестна́дцатью рубля́ми?
   (5) В э́тих двухста́х семна́дцати дома́х живу́т две ты́сячи сто три́дцать два челове́ка.
   (6) Мы говори́ли о четырёх рубля́х двадцати́ пяти́ копе́йках.
3. (1) В обе́их э́тих кни́гах бо́льше пятисо́т страни́ц.
   (2) В семь часо́в ве́чера тре́тьего января́ мы прилете́ли в Москву́.
   (3) В ты́сяча девятьсо́т пятьдеся́т пя́том году́ я вы́ехал из Ло́ндона; мне не́чего бы́ло де́лать там.
   (4) Почему́ Ива́н тре́тий называ́лся Ива́ном Вели́ким? Поня́тия не име́ю. Я да́же не зна́ю, в како́м ве́ке он жил.
   (5) Без десяти́ шесть ве́чера он лёг на дива́н и засну́л.
   (6) Во вре́мя переры́ва на обе́д часы́ проби́ли полови́ну тре́тьего, и рабо́чие реши́ли верну́ться на фа́брику.
   (7) Како́го (кото́рого) числа́ и в како́м году́ вы ко́нчили свою́ (ва́шу) кни́гу?
   (8) Этот чемода́н ве́сит о́коло десяти́ килогра́ммов; он сли́шком тяжёл для самолёта.
   (9) Пра́вда ли, что четы́ре семьи́ живу́т в э́тих четырёх ко́мнатах?
   (10) Пожа́луйста, пошли́те автомоби́ль в полови́не девя́того за́втра у́тром.
   (11) В сентябре́ бу́дет конфере́нция в Ло́ндоне. Вы бу́дете там? Нет, мне не́когда посеща́ть конфере́нции.

Урок 26

1. (1) лежа́вшую. (2) принёсшая. (3) уезжа́вшей. (4) спя́щие. (5) веду́щей. (6) прише́дшим. (7) написа́вшего. (8) образу́-ющие. (9) кури́вший. (10) отпеча́тавшей.
2. везу́щий, вёзший; во́зящий, вози́вший; беру́щий, бра́вший; наблюда́ющий, наблюда́вший; летя́щий, лете́вший; гуля́ю-щий, гуля́вший; трудя́щийся, труди́вшийся; начина́ющийся, начина́вшийся; блестя́щий, блесте́вший.
3. (1) Челове́к, продаю́щий вино́ за э́тим прила́вком, два ра́за сиде́л в тюрьме́.
   (2) Де́ти, сидя́щие за столо́м, не должны́ говори́ть так мно́го.
   (3) Вы слы́шали о мосте́, соединя́ющем о́бе сто́роны бу́хты?
   (4) Я бою́сь сказа́ть, что у вас нет блестя́щего ума́.

(5) Когда́ ей бы́ло лет два́дцать (приблизи́тельно два́дцать лет, о́коло двадцати́ лет), она́ производи́ла си́льное впечатле́ние на мужчи́н.

(6) Ты заме́тил, как твоя́ сестра́ вошла́ вчера́ ве́чером?

(7) У старика́, поднима́ющегося по ле́стнице, есть буты́лка во́дки в спа́льне.

(8) Пожа́луйста, не кури́те; э́тот ваго́н для некуря́щих.

(9) На про́шлой неде́ле он был в Москве́; на э́той неде́ле он в Ло́ндоне; на сле́дующей неде́ле он бу́дет в Ленингра́де. Где он бу́дет в бу́дущем году́?

(10) Зда́ния, кото́рые обы́чно произво́дят впечатле́ние на посети́телей, не привлека́ют меня́.

Уро́к 27

1. (1) чита́емую все́ми. (2) поте́рянные ва́ми. (3) спасённую им. (4) приведённый мое́й сестро́й. (5) напи́санном им отцу́.

2. (1) Они́ бы́ли со́сланы прави́тельством в Сиби́рь.
   (2) Кем он был по́слан на вокза́л?
   (3) Дверь была́ закры́та и за́перта.
   (4) Его́ ме́сто бы́ло за́нято мое́й тётей.
   (5) Эта статья́ была́ прочи́тана все́ми.
   (6) Вопро́с был решён им.
   (7) Ничего́ не́ было ку́плено и́ми.
   (8) Кем она́ была́ оде́та?
   (9) Петербу́рг был осно́ван Петро́м пе́рвым.
   (10) Кни́га уже́ была́ начата́ им.

3. прочи́танный, прочи́тан; напи́санный, напи́сан; взя́тый, взят; по́нятый, по́нят; переведённый, переведён; да́нный, дан; про́данный, про́дан; уби́тый, уби́т; встре́ченный, встре́чен; прика́занный, прика́зан; откры́тый, откры́т; вы́шитый, вы́шит; привезённый, привезён.

4. (1) Когда́ я проходи́л ми́мо её кварти́ры вчера́, я заме́тил, что её о́кна бы́ли откры́ты.
   (2) Вы ви́дели кни́ги, продава́емые в э́том магази́не?
   (3) Дво́е су́ток он был о́чень бо́лен.
   (4) Когда́ он верну́лся, он нашёл, что его́ ши́на была́ проко́лота.
   (5) У мое́й сестры́ бы́ло че́тверо дете́й, а у ма́тери – де́сять.
   (6) Те, кто кре́пко спит (Кре́пко спя́щие) обы́чно ложа́тся ра́но.
   (7) Каки́е рома́ны бы́ли переведены́ с ру́сского (языка́) на англи́йский?
   (8) Когда́ ты спу́стишься по ле́стнице, пожа́луйста, закро́й окно́ и запри́ дверь.

(9) Ско́лько оши́бок в письме́, отпеча́танном (напеча́танном) е́ю ?

(10) У меня́ все рома́ны, напи́санные Достое́вским.

Уро́к 28

1. (1) пре́жде чем он верну́лся. (2) с тех пор как она́ уе́хала. (3) по́сле того́ как он око́нчил университе́т. (4) ввиду́ того́ что он был бо́лен. (5) благодаря́ тому́ что (бла́го) дождь идёт.
2. (1) го́да. (2) лет. (3) лет. (4) году́. (5) годо́в. (6) лет. (7) года́ми. (8) лет.
3. (1) Не встава́йте, пока́ он не прика́жет вам встать.
   (2) Чем ра́ньше я ложу́сь спать, тем бо́льше я рабо́таю.
   (3) Так как ты е́дешь за́втра в Москву́, ты мо́жешь взять с собо́й э́то письмо́.
   (4) Мой брат жени́лся в про́шлом году́. Моя́ сестра́ вы́шла за́муж два го́да тому́ наза́д.
   (5) Зна́ете ли вы, за кем Анна за́мужем ? Да, она́ вы́шла за́муж за моего́ бра́та.
   (6) Я тебе́ говорю́ э́то, потому́ что я тебя́ люблю́.
   (7) Что́бы (для того́ что́бы) узна́ть о его́ здоро́вье, ты должна́ идти́ в больни́цу.
   (8) Едва́ Серге́й вы́шел из ко́мнаты, как Еле́на Ива́новна запла́кала.
   (9) Матч не состои́тся сего́дня ввиду́ плохо́й пого́ды.
   (10) Говори́ со мной, пока́ я тут сижу́. Я ненави́жу, когда́ ты смо́тришь на меня́ и не говори́шь.
   (11) Пока́ он чита́л газе́ту, стари́к засну́л.
   (12) Они́ все вста́ли по́сле обе́да.
   (13) Моя́ пи́шущая маши́нка така́я ста́рая, что не рабо́тает.

Уро́к 29

1. (1) не зна́я твоего́ а́дреса. (2) отве́тив(ши) на все вопро́сы. (3) рабо́тая над но́вой кни́гой. (4) войдя́ в ко́мнату. (5) путеше́ствуя по Индии. (6) дое́хав(ши) до го́рода. (7) игра́я. (8) оде́вшись.
2. (1) когда́ я чита́л ... (2) так как он заинтересова́лся ... (3) когда́ (по́сле того́ как) он привёз ... (4) так как он умён ... (5) когда́ он ложи́лся ... (6) как то́лько она́ напи́шет ...
3. приходя́, придя́; моя́, вы́мыв(ши); живя́, прожи́в(ши); относя́, отнеся́; благодаря́, поблагодари́в(ши); –, написа́в (ши); приводя́, приведя́; слы́ша, услы́шав(ши) (услы́ша); слу́шая, послу́шав(ши).
4. (1) Говоря́ с ним, я вдруг по́нял, почему́ все его́ друзья́ поки́нули его́.

298

(2) Принима́я (приня́в) всё во внима́ние, я счита́ю, что прави́тельство пра́во.

(3) Почему́ ты рабо́таешь сто́я? Потому́ что э́то гора́здо ле́гче, чем рабо́тать си́дя.

(4) Дава́й подождём Лаврины́х. Они́, должно́ быть, уже́ вы́ехали из до́ма, и не далеко́ от них до нас.

(5) Чита́я э́ту кни́гу, я был поражён описа́нием Анны Па́вловой.

(6) Понима́ете ли вы, что все э́ти лю́ди, сидя́щие здесь и разгова́ривающие друг с дру́гом, чле́ны парла́мента?

(7) Дое́хав до Ташке́нта, мы реши́ли верну́ться в Ленингра́д.

(8) Су́дя по её кни́гам, ва́ша ба́бушка, должно́ быть, замеча́тельная же́нщина.

(9) Соверши́в путеше́ствие по Сре́дней Азии, делега́ция верну́лась в Индию.

(10) Я жду уже́ два́дцать пять мину́т; когда́ вы принесёте мне суп?

(11) Представи́тель Сове́тского Сою́за хо́чет познако́миться с ва́ми.

(12) Изуча́я ру́сский язы́к, вы должны́ стара́ться учи́ть как мо́жно бо́льше слов в день.

(13) Око́нчив(ши) университе́т, он на́чал рабо́тать в Министе́рстве иностра́нных дел.

Уро́к 30

1. (1) Е́сли бы пошёл дождь, я не вы́шел бы.
   (2) Бы́ли бы у меня́ де́ньги, я тебе́ купи́л бы э́ту кни́гу.
   (3) Де́ти могли́ бы купа́ться, е́сли бы пого́да была́ хоро́шая.

2. (1) что-нибудь. (2) кого́-то. (3) где́-то, когда́-то. (4) куда́-нибудь. (5) каки́е-нибудь. (6) что́-нибудь. (7) что-то. (8) когда́-нибудь.

3. (1) Три́дцать три но́вых до́ма.
   (2) Четы́ре си́них (си́ние) шля́пы.
   (3) Два́дцать одна́ сове́тская ма́рка.
   (4) Он говори́т на пяти́ иностра́нных языка́х.
   (5) С тремя́ больши́ми чёрными соба́ками.

4. (1) Я не хочу́, что́бы ты ушла́, но я до́лжен тебе́ сказа́ть, что (уже́) дово́льно по́здно.
   (2) Что бы ни случи́лось, возьми́те кого́-нибудь с собо́й.
   (3) Е́сли бы то́лько вы мне да́ли ви́зу, что́бы я мог пое́хать в Сове́тский Сою́з!
   (4) Ты бои́шься меня́? Нет, я то́лько бою́сь, что́бы (как бы) ты не сде́лал что́-нибудь глу́пое.
   (5) Лю́ди, кото́рые говоря́т на четырёх и́ли пяти́ иностра́нных языка́х, поле́зны, где бы они́ ни жи́ли.
   (6) Вы занима́лись гре́блей, когда́ вы бы́ли в университе́те?

(7) Ско́лько раз я до́лжен вам сказа́ть, что брита́нская делега́ция никуда́ не собира́ется сего́дня (никуда́ не собира́ется (по)е́хать)?

(8) Я предлага́ю, что́бы мы останови́лись (я предлага́ю останови́ться) в э́той гости́нице на не́сколько дней.

(9) Он сказа́л мне купи́ть ему́ не́сколько англи́йских ма́рок.

(10) Я не уме́ю ката́ться на конька́х и я не люблю́ ходи́ть на лы́жах.

(11) Вы когда́-нибудь бы́ли в Омске?

(12) Я наста́иваю (на том), что́бы вы учи́ли не́сколько слов ка́ждый день.

(13) Попроси́те ва́шего лу́чшего дру́га сказа́ть вам (спроси́те ва́шего лу́чшего дру́га), почему́ вы не популя́рны.

(14) Е́сли кто́-нибудь позвони́т, скажи́, что я пошёл в кино́, и́ли что я смотрю́ телеви́зор.

(15) Вы чита́ли каки́е-нибудь хоро́шие кни́ги в про́шлом году́?

VOCABULARIES

Russian-English Vocabulary

All Russian words occurring in this book can be found in the Vocabulary. Numbers in brackets refer to the lessons in which the words or phrases occur.

Nouns The gender of nouns is indicated by the letters *m.*, *f.*, or *n.* If the noun has a 'mobile vowel' – **e**, **ё**, or **o** in the last syllable which disappears in the declension (e.g. отéц – отцá) this is indicated by the genitive singular and the nominative plural given after the noun:

    отéц *m.* (*gen.* отцá, *pl.* отцы́)

If there is any peculiarity, irregularity, or difficulty about any part of the declension of a noun, such as the nominative plural of a masculine noun in -á, or a difficult genitive plural, then this is indicated in brackets. E.g.

    брат *m.* (*pl.* брáтья, *gen. pl.* брáтьев)
    дерéвня *f.* (*gen. pl.* деревéнь)
    гóрод *m.* (*pl.* городá)

If the stress on a masculine noun throughout its declension is different from the nominative, then usually the genitive singular and the nominative plural are shown in brackets:

    стол *m.* (*gen.* столá, *pl.* столы́)

If the stress shifts to the end *in the plural only*, then only the nominative plural is given in brackets:

    шкаф *m.* (*pl.* шкафы́)

If the stress shifts to the end only in the oblique cases of the plural (i.e. all cases except the nominative), then this is shown by the genitive plural only:

    волк *m.* (*gen. pl.* волкóв)

Any peculiarity in the stressing of feminine nouns is also shown in brackets. Thus:

борода́ *f.* (*acc.* бо́роду; *pl.* бо́роды, *gen. pl.* боро́д)

implies that the stress is on the last syllable, except for the accusative singular and nominative plural. If the stress shifts in the plural only, then this is shown by the nominative plural:

звезда́ *f.* (*pl.* звёзды)

The same applies to neuter nouns.

Verbs Immediately after the verb the conjugation is shown by the Roman figures I or II, or by the words *mixed conj.* If the verb is perfective, the letters *pf.* follow this. Then in brackets are given the first and second person singular of the present (or future, if perfective) tense. The stress and the stem ending will be the same, unless indicated, as in *the 2nd person singular* for all the remaining parts of the tense. Thus:

купи́ть II *pf.* (куплю́, ку́пишь)

will have the 2nd person plural ку́пите.

Any irregularity, difficulty or stress problems in the past tense are shown immediately after the present tense. Thus:

нача́ть I *pf.* (начн‖у́, -ёшь past tense на́чал, начала́, на́чало; -и)

If the 1st or 2nd person singular of a verb are not found or rarely found, then the 3rd person is given. This is always the case with impersonal verbs. E.g.:

света́ть I (света́ет)

If a transitive verb takes any other case except the accusative, this is shown after the verb in brackets: (+*gen.*), (+*instr.*).

Adjectives The short forms of the adjectives are given only if they present any difficulty, such as the insertion of a mobile vowel in the masculine or change of stress, and are in common use.

All other parts of speech are indicated by the abbreviations which can be found on p. xxiii.

RUSSIAN-ENGLISH VOCABULARY

А

a (5) *cj.* but; and

автомоби́ль (5) *m.* car, motor car

Адмиралте́йство (26) *n.* Admiralty

а́дрес (5) *m.* address

Азия (29) *f.* Asia

а́ктовый зал (23) *m.* assembly hall

альпини́зм (30) *m.* mountaineering

альпини́ст (8) *m.* mountaineer

альпини́стский (30) *adj.* mountaineering (*attr.*)

англи́йский (5) *adj.* English

англича́нин (4) *m.* (*pl.* англича́не) Englishman

англича́нка (4) *f.* (*gen. pl.* англича́нок) Englishwoman

Англия (2) *f.* England

аппети́т (15) *m.* appetite

арти́ст (12) *m.* actor, artist, performer, artiste

архи́в (29) *m.* archives

архите́ктор (13) *m.* architect

архитекту́ра (13) *f.* architecture

аспира́нт (23) *m.* postgraduate, research student

ата́ка (17) *f.* attack

атакова́ть (17) I *impf. and pf.* (атаку́‖ю, -ешь) to attack

аудито́рия (23) *f.* lecture room; audience

афи́ша (13) *f.* bill, poster

Африка (16) *f.* Africa

аэродро́м (15) *m.* aerodrome

Б

ба́бушка (29) *f.* (*gen. pl.* ба́бушек) grandmother

бакале́я (18) *f.* groceries

балко́н (14) *m.* balcony

ба́нка (18) *f.* (*gen. pl.* ба́нок) jar, tin, can

баскетбо́л (30) *m.* basket-ball

бассе́йн (23) *m.* swimming bath, pool

ба́шня (23) *f.* (*gen. pl.* ба́шен) tower

бе́гать (8) I (бе́га‖ю, -ешь) to run (about)

бе́дный (9) *adj.* poor

бежа́ть (30) *mixed conj.* (бегу́, бежи́шь ... бегу́т) to run, to be running

без (15) *pr.* (+*gen.*) without

бе́лый (7) *adj.* white

бенга́льский (29) *adj.* Bengal, Bengali

бе́рег (10) *m.* (*pl.* берега́) bank, shore

бесе́довать (7) I (бесе́ду‖ю, -ешь) to converse, to chat

Бессара́бия (27) *f.* Bessarabia

библиоте́ка (5) *f.* library

бить (25) I (бь‖ю, -ёшь) to hit, to strike

бла́го (28) *cj.* thanks to the fact that

благодари́ть (19) II (благодар‖ю́, -и́шь) to thank

благодаря́ (28) *pr.* (+*dat.*) thanks to, owing to; благодаря́ тому́ что (28) *cj.* thanks to the fact that

блесте́ть (26) II (блещу́, блести́шь) to shine

блестя́щий (26) *adj.* brilliant

бли́зко (14) *adv.* near

бога́тый (22) *adj.* rich

бой (10) *m.* battle

бо́лее (22) *adv.* more

боле́знь (28) *f. illness*

боле́ть (8) II (боли́т, боля́т) to ache

боль (15) *f.* pain
больни́ца (15) *f.* hospital
больно́й (8) *adj.* (*short form* бо́лен, больна́, -о́; -ы́) ill, sick
бо́льше (15) *adj.* bigger; *adv.* more; бо́льше не *no longer*
большинство́ (30) *n.* majority
большо́й (7) *adj.* large; Большо́й теа́тр (14) Bolshoy theatre
борода́ (23) *f.* (*acc.* бо́роду, *pl.* бо́роды *gen. pl.* боро́д) beard
боро́ться (30) I (борю́сь, бо́решься) to struggle
ботани́ческий (23) *adj.* botanical
боти́нок (22) *m.* (*gen.* боти́нка, *gen. pl.* боти́нок) shoe
боя́ться (24) II (бо‖ю́сь, -и́шься) to fear
брат (2) *m.* (*pl.* бра́тья, *gen. pl.* бра́тьев) brother
брать (10) I (бер‖у́, -ёшь, *past tense* брал, -а́, -о; -и) to take
брита́нский (30) *adj.* British
брю́ки (22) *pl.* (*gen.* брюк) trousers
бу́дущее (26) *n.* future
бу́дущий (26) *adj.* future
буты́лка (18) *f.* (*gen. pl.* буты́лок) bottle
бу́хта (2) *f.* bay
быва́ть (13) I (быва́‖ю, -ешь) to be (frequently); быва́ет (9) it happens
бы́стро (6) *adv.* quickly
быть (8) I (бу́д‖у, -ешь) to be

В

в, во (9) *pr.* (+*acc.*, +*prep.*) in, at; to, into
ваго́н (14) *m.* (railway) carriage
ва́жный (28) *adj.* important
ва́за (2) *f.* vase
ва́нная (10) *f.* bathroom
ваш, ва́ша, ва́ше; ва́ши (3) *pron.* your
ввиду́ (28) *pr.* (+*gen.*) in view of; ввиду́ того́ что (28) *cj.* in view of the fact that
вдруг (17) *adv.* suddenly
веду́щий (23) *part.* leading
везти́ (11) I (вез‖у́, -ёшь, *past tense* вёз, везла́, -ло́; -ли́) to carry, to drive, to bring, to draw
век (25) *m.* (*pl.* века́, *gen. pl.* веко́в) age, century
вели́кий (16) *adj.* (*short form* вели́к, -а́, -о́; -и́) great
великоле́пный (26) *adj.* magnificent
велосипе́д (24) *m.* bicycle
велосипеди́ст (24) *m.* cyclist
верёвка (30) *f.* (*gen. pl.* верёвок) rope, string
ве́рить (30) II (ве́р‖ю, -ишь) to believe
верну́ться (20) I *pf.* (верн‖у́сь, -ёшься) to return
верхо́м (30) *adv.* on horseback
весёлый (22) *adj.* cheerful, gay
ве́сить (25) II (ве́шу, ве́сишь) to weigh (*intrans.*)
весна́ (9) *f.* (*pl.* вёсны) spring
весно́й (12) *adv.* in spring
вести́ (11) I (вед‖у́, -ёшь, *past tense* вёл, вела́, -о́; -и́) to lead, to conduct (on foot)
весь, вся, всё; все (19) *pron.* all, every
ветчина́ (18) *f.* ham
ве́чер (12) *m.* (*pl.* вечера́) evening; (22) party
вечери́нка (22) *f.* (*gen. pl.* вечери́нок) party
ве́чером (12) *adv.* in the evening
вещь (3) *f.* (*gen. pl.* веще́й) thing

взро́слый (17) *adj.* (*also used as noun*) grown-up, adult

взять (19) I *pf.* (возьм‖у́, -ёшь, *past tense* взял, -а́, -о; -и) to take

вид (20) *m.* view; species

ви́деть (6) II (ви́жу, ви́дишь) to see

ви́за (30) *f.* visa

ви́лка (10) *f.* (*gen. pl.* ви́лок) fork

вино́ (18) *n.* (*pl.* ви́на) wine

висе́ть (13) II (вишу́, виси́шь) to hang (*intrans.*)

влеза́ть (15) I (влеза́‖ю, -ешь) to climb in

вме́сте (7) *adv.* together

вме́сто (24) *pr.* (+*gen.*) instead of

вниз (20) *adv.* down(wards)

внизу́ (20) *adv.* below, downstairs

внима́ние (26) *n.* attention

вода́ (1) *f.* (*acc.* во́ду, *pl.* во́ды) water

води́ть (11) II (вожу́, во́дишь) to lead, to guide (on foot)

возврати́ться (20) II *pf.* (возвращу́сь, возврати́шься) to return

возвраща́ться (16) I (возвраща́‖юсь, -ешься) to return

возвраще́ние (24) *n.* return

возвыша́ться (23) I (во́звыша́‖юсь, -ешься) to rise, to tower up

во́здух (13) *m.* air; на откры́том во́здухе (30) in the open air

вози́ть (11) II (вожу́, во́зишь) to carry, to drive, to convey

война́ (18) *f.* (*pl.* во́йны) war

войти́ (20) I *pf.* (войд‖у́, -ёшь, *past tense* вошёл, вошла́, -о́; -и́) to enter, to come in

вокза́л (11) *m.* station

вокру́г (14) *pr.* (+*gen.*) around

волейбо́л (30) *m.* volley-ball

волк (17) *m.* (*gen. pl.* волко́в) wolf

во́лосы (8) *pl.* (*gen. pl.* воло́с) hair

вопро́с (15) *m.* question

воро́та (17) *pl.* (*gen.* воро́т) gate; goal

воскресе́нье (13) *n.* Sunday

восста́ние (27) *n.* uprising

восто́к (9) *m.* east

восто́рженный (28) *adj.* enthusiastic, enraptured

восхища́ться (21) I (восхища́‖юсь, -ешься) (+*instr.*) to admire, to be carried away by

восхожде́ние (30) *n.* ascent

вот (1) *particle* here (is), there (is)

впада́ть (26) I (впада́‖ю, -ешь) to fall into

впечатле́ние (26) *n.* impression; производи́ть впечатле́ние (26) to make an impression

враг (14) *m.* (*gen.* врага́, *pl.* враги́) enemy

врач (3) *m.* (*gen.* врача́, *pl.* врачи́) doctor, physician

вре́мя (4) *n.* (*gen.* вре́мени, *pl.* времена́) time

вро́де (24) in the nature of

вса́дник (28) *m.* rider, horseman

все (6) *pr. pl.* everybody

всё (6) *pr. n.* everything

всегда́ (8) *adv.* always

вско́ре (21) *adv.* soon, shortly after, in a short time

вспомина́ть (18) I (вспомина́‖ю, -ешь) to remember, to recall, to recollect

встава́ть (12) I (вста‖ю́, -ёшь) to get up, to stand up

встать (28) I *pf.* (вста́н‖у, -ешь) to get up, to stand up

встре́тить (19) II *pf.* (встре́чу, встре́тишь) to meet

встреча́ть (12) I (встреча́‖ю, -ешь) to meet

встреча́ться (12) I (встреча́‖-юсь, -ешься) to meet (one another)

вступи́ть (27) II *pf.* (вступлю́, всту́пишь) to enter; to join; вступи́ть на престо́л (27) to come to the throne

всю́ду (9) *adv.* everywhere

вто́рник (13) *m.* Tuesday

второ́й (24) *num.* second

вуз (23) *m.* (=вы́сшее уче́бное заведе́ние) higher educational institution

вход (13) *m.* entrance, entry

входи́ть (18) II (вхожу́, вхо́дишь) to come in, to enter

вчера́ (9) *adv.* yesterday

вы (3) *pron.* you

вы́брать (30) I *pf.* (вы́бер‖у, -ешь) to choose

выезжа́ть (24) I (выезжа́‖ю, -ешь) to leave, to drive out, to go out

вы́ехать (25) I *pf.* (вы́ед‖у, -ешь) to leave, to drive out, to go out

вы́йти (21) I *pf.* (вы́йд‖у, -ешь, *past tense* вы́шел, вы́шла, -о; -и) to go out; вы́йти за́муж за + *acc.* (28) to marry (of a woman)

вылета́ть (20) I (вылета́‖ю, -ешь) to fly out, away

вы́лететь (20) II *pf.* (вы́лечу, вы́летишь) to fly out, to leave (by plane)

вы́писка (19) *f.* (*gen. pl.* вы́писок) extract

вы́пить (27) I *pf.* (вы́пь‖ю, -ешь) to drink (up)

выполня́ть (30) I (выполня́‖ю, -ешь) to fulfil

вы́разить (30) II *pf.* (вы́ражу, вы́разишь) to express

вы́расти (24) I *pf.* (вы́раст‖у, -ешь, *past tense* вы́рос, -ла, -ло; -ли) to grow up, to spring up

высо́кий (8) *adj.* tall, high

высота́ (25) *f.* (*pl.* высо́ты) height

вы́ставка (22) *f.* (*gen. pl.* вы́ставок) exhibition

вы́стрелить (28) II *pf.* (вы́стрел‖ю, -ишь) to shoot, to fire

вы́сший (7) *adj.* higher, highest, supreme

вы́учить (19) II *pf.* (вы́уч‖у, -ишь) to learn (by heart)

вы́ход (18) *m.* exit

выходи́ть (14) II (выхожу́, выхо́дишь) to go out; выходи́ть на (14) to overlook; выходи́ть за́муж за (+ *acc.*) (28) to marry (of a woman)

Г

газе́та (2) *f.* newspaper

га́лстук (22) *m.* tie

гара́ж (13) *m.* garage

гастрономи́ческий (18) *adj.* delicatessen (*attr.*)

где (2) *adv.* where (place); где́-либо (30) anywhere; где́-нибудь (30) anywhere; где́-то (30) somewhere

гекта́р (23) *m.* hectare

геро́й (4) *m.* hero

гла́вный (25) *adj.* main, chief

глаз (8) *m.* (*pl.* глаза́, *gen. pl.* глаз) eye

глу́пый (30) *adj.* stupid

говори́ть (2) II (говор‖ю́, -и́шь) to say, to talk

год (10) *m.* (*pl.* го́ды or года́, *gen. pl.* годо́в) year

голова́ (8) *f.* (*acc.* го́лову, *pl.* го́ловы, *gen. pl.* голо́в) head

го́лос (12) *m.* (*pl.* голоса́, *gen. pl.* голосо́в) voice

горá (20) *f.* (*acc.* гóру, *pl.* гóры) hill, mountain

гóрдость (26) *f.* pride

горáздо (22) *adv.* far, much

гóрло (8) *n.* throat

гóрный (20) *adj.* mountain (*attr.*)

гóрод (11) *m.* (*pl.* городá) town

городóк (23) *m.* (*gen.* городкá, *pl.* городки́) little town

горя́чий (10) *adj.* hot; fervent

гости́ница (13) *f.* hotel

гости́ть (24) II (гощý, гости́шь) to stay with; to be a guest

гость (4) *m.* (*gen. pl.* гостéй) guest

госудáрственный (23) state (*attr.*)

госудáрство (19) *n.* State

готóвить (13) II (готóвлю, готóвишь) to prepare, to cook

граждани́н (5) *m.* (*pl.* грáждане) citizen

граждáнка (5) *f.* (*gen. pl.* граждáнок) citizen(ess)

грамм (18) *m.* gramme

грани́тный (26) *adj.* granite (*attr.*)

грани́ца (30) *f.* frontier; из-за грани́цы (30) from abroad; за грани́цей (30) abroad (place); за грани́цу (30) abroad (direction)

грéбля (30) *f.* rowing

грóмко (6) *adv.* loudly

грузови́к (11) *m.* (*gen.* грузовикá, *pl.* грузовики́) lorry, truck

грýппа (24) *f.* group

гудóк (24) *m.* (*gen.* гудкá, *pl.* гудки́) hooting; horn

гуля́ть (8) I (гуля́∥ю, -ешь) to walk; to go for a walk

густóй (24) *adj.* thick, dense

Д

да (1) *particle* yes

давáть (2) I (да∥ю́, -ёшь) to give; давáть пьéсу (13) to put on a play

давнó (14) *adv.* a long time ago

дáже (5) *adv.* even

далекó (11) *adv.* far

дáльше (11) *adv.* further, farther

дать (19) *mixed conj. pf.* (дам, дашь, даст, дади́м, дади́те, дадýт) to give

даю́ *see* давáть

два-три, две-три (30) *num.* two or three

дверь (12) *f.* (*gen. pl.* дверéй) door

дворéц (26) *m.* (*gen.* дворцá, *pl.* дворцы́) palace

дéвочка (11) *f.* (*gen. pl.* дéвочек) little girl

дéвушка (7) *f.* (*gen. pl.* дéвушек) girl

дéдушка (29) *m.* (*gen. pl.* дéдушек) grandfather

декабри́ст (27) *m.* Decembrist

дéлать (4) I (дéла∥ю, -ешь) to do, to make

дéлаться (16) I (дéла∥юсь, -ешься) to be made; to become

делегáция (29) *f.* delegation

дéло (24) *n.* (*pl.* делá) business, affair

дéльта (26) *f.* delta

день (4) *m.* (*gen.* дня, *pl.* дни, *gen. pl.* днéй) day

дéньги (18) *pl.* (*gen.* дéнег, *dat.* деньгáм, *instr.* деньгáми, *prep.* деньгáх) money

дерéвня (13) *f.* (*pl.* дерéвни, *gen. pl.* деревéнь) village; country

дéрево (14) *n.* (*pl.* дерéвья, *gen. pl.* дерéвьев) tree; wood деревя́нный (25) *adj.* wooden

держа́ть (14) II (держу́, де́р-
жишь) to hold

деся́ток (23) *m.* (*gen.* деся́тка,
pl. деся́тки) ten

де́ти (11) *pl.* (*acc. gen.* детей,
dat. де́тям, *instr.* детьми́,
prep. де́тях) children

де́тство (10) *n.* childhood

дешёвый (22) *adj.* (*short form*
дёшев, дешева́, дёшево; -ы)
cheap

дива́н (10) *m.* sofa

дикта́нт (6) *m.* dictation

дире́ктор (23) *m.* director, head

диссерта́ция (19) *f.* dissertation,
thesis

дли́нный (26) *adj.* (*short form*
дли́нен, длинна́, дли́нно;
дли́нны) long

для (15) *pr.* (+*gen.*) for, for the
sake of

днём (12) *adv.* in the daytime

до (14) *pr.* (+*gen.*) before, till;
as far as

до́брый (13) *adj.* good, kind

дово́льно (30) *adv.* sufficiently,
enough

дово́льный (16) *adj.* satisfied

доезжа́ть (29) I (доезжа́‖ю,
-ешь) to reach

дое́хать (29) I *pf.* (дое́д‖у, -ешь)
to reach

дождь (8) *m.* (*gen.* дождя́, *pl.*
дожди́) rain

дойти́ (29) I *pf.* (дойд‖у́, -ёшь,
past tense дошёл) to reach

докла́д (19) *m.* report

до́ктор (9) *m.* (*pl.* доктора́) doctor (not necessarily medical)

до́лго (9) *adv.* for a long time

до́лжен, должна́, -о́; -ы́ (8)
must, ought, have to

дом (1) *m.* (*pl.* дома́) house,
home

до́мик (24) *m.* little house

домо́й (2) *adv.* home(wards)

доро́га (11) *f.* road

дорого́й (7) *adj.* dear; expensive

доска́ (1) *f.* (*pl.* до́ски, *gen. pl.*
досо́к) board, black-board

доставля́ть (30) I (доставля́‖ю,
-ешь) to deliver; доставля́ть
удово́льствие (30) to give
pleasure

достра́ивать (20) I (достра́и-
ва‖ю, -ешь) to finish building

достро́ить (20) II *pf.* (достро́‖ю,
-ишь) to finish building

доходи́ть (29) II (дохожу́,
дохо́дишь) to reach

доце́нт (23) *m.* university lecturer

дочь (3) *f.* (*pl.* до́чери, *gen. pl.*
дочере́й) daughter

дре́вний (29) *adj.* ancient

дре́вность (25) *f.* antiquity

друг (7) *m.* (*pl.* друзья́, *gen. pl.*
друзе́й) friend

друго́й (18) other, another

ду́мать (4) I (ду́ма‖ю, -ешь) to
think

дуэ́ль (28) *f.* duel

дя́дя (3) *m.* uncle

Е

Евро́па (29) *f.* Europe

европе́йский (29) *adj.* European

едва́ (28) barely, scarcely

е́ду *see* е́хать

е́здить (11) II (е́зжу, е́здишь) to
go, to ride, to drive

е́сли (5) *cj.* if

есть (10) *mixed conj.* (ем, ешь,
ест, еди́м, еди́те, едя́т; *past
tense* ел) to eat

е́хать (3) I (е́д‖у, -ешь) to go,
to ride, to drive

ещё *adv.* yet; still; more; also,
too

Ж

жаль (13) *adv.* it is a pity; как жаль! What a pity!

жа́ркий (10) *adj.* hot

ждать (29) I (жд‖у, -ёшь), *past tense* ждал, -á, -о; -и) to wait

жела́ние (30) *n.* desire, wish

жела́ть (30) I (жела́‖ю, -ешь) to desire, to wish

желе́зная доро́га (21) *f.* railway

жена́ (4) *f.* (*pl.* жёны) wife

жени́ться (28) II *impf. and pf.* (женю́сь, же́нишься) to marry (of a man)

же́нщина (5) *f.* woman

жечь (27) I (жгу, жжёшь ... жгут *past tense* жёг, жгла, жгло; жгли) to burn

живо́й (17) *adj.* alive, live, living

живопи́сный (23) *adj.* picturesque

жизнь (4) *f.* life

жили́ще (17) *n.* dwelling (place)

жить (10) I (жив‖у́, -ешь, *past tense* жил, -á, -о; -и) to live

журна́л (7) *m.* magazine

журнали́ст (29) *m.* journalist

З

за (16) *pr.* (+*acc.*, +*instr.*) behind, beyond; at; for

забо́титься (24) II (забо́чусь, забо́тишься) to take care

забыва́ть (20) I (забыва́‖ю, -ешь) to forget

забы́ть (20) I *pf.* (забу́д‖у, -ешь) to forget

заведе́ние (23) institution

заво́д (2) *m.* factory, works, plant

за́втра (11) *adv.* tomorrow

за́втрак (12) *m.* breakfast

за́втракать (12) I (за́втрака‖ю, -ешь) to have breakfast

завяза́ть (29) I *pf.* (завяжу́, завя́жешь) to tie up; to start

задо́лго (22) *adv.* long (before)

заезжа́ть (24) I (заезжа́‖ю, -ешь) to call on

зае́хать (24) I *pf.* (зае́д‖у, -ешь) to call on

заинтересова́ться (29) I *pf.* (заинтересу́‖юсь, -ешься) to become interested

зайти́ (24) I *pf.* (зайд‖у́, -ёшь, *past tense* зашёл) to call on

зако́нчить (27) II *pf.* (зако́нч‖у, -ишь) to finish, to round off

закрыва́ть (12) I (закрыва́‖ю, -ешь) to close

закрыва́ться (12) I (закрыва́-ется) to be closed

закры́ть (27) I *pf.* (закро́‖ю, -ешь) to close

зал (2) *m.* hall

зали́в (26) *m.* bay

заме́тить (26) II *pf.* (заме́чу, заме́тишь) to notice

замеча́тельный (21) *adj.* wonderful

за́муж *see* вы́йти

за́мужем (28) *adv.* married (a woman)

занима́ть (23) I (занима́‖ю, -ешь) to occupy; to interest

занима́ться (16) I (занима́‖юсь, -ешься) to study, to be engaged in, to be busy with

заня́ть (27) I *pf.* (займу́, -ёшь, *past tense* за́нял, заняла́, за́няло; -и) to occupy

за́пад (9) *m.* west

запере́ть (27) I *pf.* (запр‖у́, -ёшь, *past tense* за́пер, заперла́, за́перло; -ли) to lock

записа́ть (20) I *pf.* (запишу́, запи́шешь) to write down

запро́с (22) *m.* inquiry, request, demand

засмея́ться (19) I *pf.* (засме́||-
ю́сь, -ёшься) to laugh

засну́ть (19) I *pf.* (засн||у́,
-ёшь) to fall asleep

заста́ть (26) I *pf.* (заста́н||у,
-ешь) to find (in)

засыпа́ть (12) I (засыпа́||ю,
-ешь) to fall asleep

заходи́ть (24) II (захожу́, за-
хо́дишь) to call on

защи́тник (17) *m.* defender;
full-back (in football)

за́яц (24) *m.* (*gen.* за́йца, *pl.*
за́йцы) hare

звезда́ (25) *f.* (*pl.* звёзды) star

зверь (17) *m.* (*gen. pl.* звере́й)
(wild) animal

звони́ть (30) II (звон||ю́, -и́шь)
to ring; to ring up, to telephone

зда́ние (13) *n.* building

здесь (2) *adv.* here

здоро́ваться (12) I (здоро́-
ва||юсь, -ешься) to greet,
to exchange greetings

здоро́вье (12) *n.* health

здра́вствуй(те) (5) how do you
do? hullo!

зелёный (9) *adj.* green

земля́ (3) *f.* (*acc.* зе́млю, *pl.*
зе́мли, *gen. pl.* земе́ль) earth,
land

зе́ркало (12) *n.* (*pl.* зеркала́,
gen. pl. зерка́л) mirror, look-
ing-glass

зима́ (9) *f.* (*acc.* зи́му, *pl.*
зи́мы) winter

зи́мний (26) *adj.* winter (*attr.*)

зимо́й (12) *adv.* in winter

знако́миться (29) II (знако́м-
люсь, знако́мишься) to make
the acquaintance

зна́ние (4) *n.* knowledge

знать (4) I (зна́||ю, -ешь) to know

золото́й (7) *adj.* golden

зоопа́рк (=зоологи́ческий
парк) (17) zoo

зуб (8) *m.* (*gen. pl.* зубо́в) tooth

И

и (1) *cj.* and

и́бо (28) *cj.* for

игра́ (30) *f.* (*pl.* и́гры) game

игра́ть (6) I (игра́||ю, -ешь) to
play

идти́ (4) I (ид||у́, -ёшь, *past
tense* шёл, шла, шло; шли)
to go (on foot)

иду́ *see* идти́

из (14) *pr.* (+*gen.*) from, out of

изве́стный (21) *adj.* well-known;
certain

из-за (15) *pr.* (+*gen.*) from
behind; because of

изобража́ть (29) I (изо-
бража́||ю, -ешь) to portray

изуми́тельный (26) *adj.* amazing

изуча́ть (5) I (изуча́||ю, -ешь)
to study (*trans.*)

изучи́ть (19) II *pf.* (изучу́,
изу́чишь) to study (*trans.*)

изя́щный (22) *adj.* elegant

икра́ (18) *f.* caviare

и́ли (3) *cj.* or

име́ть (24) I (име́||ю, -ешь) to
have; име́ть ме́сто (24) to take
place

и́мя (4) *n.* (*gen.* и́мени, *pl.*
имена́, *gen. pl.* имён) name,
Christian name

инди́йский (29) *adj.* Indian

Индия (29) *f.* India

инжене́р (3) *m.* engineer

иногда́ (16) *adv.* sometimes

иностра́нный (27) *adj.* foreign

инстру́ктор (15) *m.* instructor

интере́с (16) *m.* interest

интере́сный (8) *adj.* interesting

интересоваться (16) I (интересу‖юсь, -ешься) to interest oneself (in), to become interested

интрига (28) *f.* intrigue

исполнять (21) I (исполня‖ю, -ешь) to fulfil, to carry out

история (16) *f.* history; story

К

к (15) *pr.* (+*dat.*) to, towards

кабина (21) *f.* driving cab (in lorry), cockpit

кабинет (10) *m.* study

Кавказ (9) *m.* Caucasus

каждый (11) *adj.* each

казаться (16) I (кажусь, кажешься) to seem

казнить II *pf.* (казн‖ю, -йшь) to execute

как (6) *adv.* how; *cj.* as, like; как-то (30) somehow, sometime; как только (28) as soon as; как можно больше (29) as much as possible

какой (7) *pron.* what, which; какой-либо (30) any; какой-нибудь (30) any, some; какой-то (30) some

камень (25) *m.* (*pl.* камни, *gen. pl.* камней) stone

канал (1) *m.* canal

капитан (17) *m.* captain

карандаш (3) *m.* (*gen.* карандаша, *pl.* карандаши) pencil

карман (18) *m.* pocket

карта (1) *f.* map

картина (2) *f.* picture

карьера (21) *f.* career

касса (18) *f.* desk, till, cash counter

кататься (30) I (ката‖юсь, -ешься) to go for a ride, drive; кататься на коньках (30) to skate

квартира (10) *f.* flat

кило (18) *n.* (*indeclinable*) kilogramme

килограмм (18) *m.* kilogramme

километр (17) *m.* kilometre

кино (14) *n.* (*indeclinable*) cinema

кинооператор (20) *m.* cameraman

киностудия (20) *f.* film studio

класс (1) *m.* class(room); class

класть (10) I (клад‖у, -ёшь, *past tense* клал) to put (horizontally)

климат (9) *m.* climate

клуб (13) *m.* club

книга (2) *f.* book

ковёр (10) *m.* (*gen.* ковра, *pl.* ковры) carpet

когда (4) *adv.* when; когда-то (30) sometime, once; когда-нибудь (30) sometime

кое-где (30) *adv.* in places, here and there

кое-как (30) *adv.* anyhow

кое-что (30) *pron.* one or two things

колбаса (18) *f.* (*pl.* колбасы) sausage (usually smoked)

колокол (25) *m.* (*pl.* колокола) bell

колокольня (25) *f.* (*gen. pl.* колоколен) bell-tower

колоннада (26) *f.* colonnade

колхоз (11) *m.* collective farm

колхозный (21) *adj.* collective farm (*adj.*)

команда (15) *m.* team; order, command

комната (2) *f.* room

композитор (21) *m.* composer

конец (14) *m.* (*gen.* конца, *pl.* концы) end

конечно (22) *adv.* of course

консерватория (21) *f.* conservatoire, academy of music

консе́рвы (18) *m. pl.* tinned goods

конфере́нция (19) *f.* conference

конце́рт (9) *m.* concert

конча́ть (19) I (конча́‖ю, -ешь) to finish

конча́ться (19) I (конча́‖юсь, -ешься) to finish (*intrans.*)

ко́нчить (19) II *pf.* (ко́нч‖у, -ишь) to finish

ко́нчиться (19) II *pf.* (ко́нч‖усь, -ишься) to finish (*intrans.*)

конькѝ (30) *pl.* (*gen.* конько́в) skates

копе́йка (15) *f.* (*gen. pl.* копе́ек) copeck

копьё (17) *n.* (*gen. pl.* ко́пий) spear

костёр (13) *m.* (*gen.* костра́, *pl.* костры́) camp fire

костю́м (22) *m.* suit, costume

кото́рый (21) *relative pronoun* which, what

ко́фе (16) *m.* (*indeclinable*) coffee

краси́вый (7) *adj.* beautiful

кра́сный (7) *adj.* red

кремлёвский (25) *adj.* Kremlin (*attr.*)

Кремль (14) *m.* (*gen.* Кремля́) Kremlin

кре́пкий (18) *adj.* strong, sound

кре́сло (10) *n.* (*gen. pl.* кре́сел) arm-chair

крестья́нин (5) *m.* (*pl.* крестья́не) peasant

кри́тик (27) *m.* critic

кро́ме (22) *pr.* (+*gen.*) besides; кро́ме того́ (28) furthermore

кружо́к (17) *m.* (*gen.* кружка́, *pl.* кружки́) circle, group

кры́ша (5) *f.* roof

кто (3) *pron.* who; кто́-нибудь (30) *pron.* anyone, someone; кто́-то (30) *pron.* someone

куда́ (6) *adv.* whither, where; куда́-нибудь (30) anywhere, somewhere; куда́-то (30) somewhere

культу́ра (14) *f.* culture

купа́ться (13) I (купа́‖юсь, -ешься) to bathe, have a bath

купе́ц (29) *m.* (*gen.* купца́, *pl.* купцы́) merchant

купи́ть (19) II *pf.* (куплю́, ку́пишь) to buy

кури́ть (7) II (курю́, ку́ришь) to smoke

курс (20) *m.* course

кусо́к (18) *m.* (*gen.* куска́, *pl.* куски́) piece, lump

ку́хня (10) *f.* (*gen. pl.* ку́хонь) kitchen

Л

лаборато́рия (23) *f.* laboratory

ла́герь (30) *m.* (*pl.* лагеря́, *gen. pl.* лагере́й) camp

ла́зать (30) II (ла́жу, ла́зишь) to climb

ла́мпа (1) *f.* lamp

лев (17) *m.* (*gen.* льва, *pl.* львы) lion

лёгкий (30) *adj.* easy

лёд (9) *m.* (*gen.* льда, *pl.* льды) ice

лежа́ть (8) II (леж‖у́, -и́шь) to lie

ле́кция (8) *f.* lecture

лес (8) *m.* (*pl.* леса́) forest, wood

лесни́к (24) *m.* (*gen.* лесника́, *pl.* лесники́) forester

ле́стница (26) *f.* staircase

лета́ть (11) I (лета́‖ю, -ешь) to fly

лете́ть (11) II (лечу́, лети́шь) to fly

ле́тний (11) *adj.* summer (*attr.*)

ле́то (9) *n.* summer

ле́том (12) *adv.* in summer

лечь (25) I *pf.* (ля́гу, ля́жешь ... ля́гут, *past tense* лёг, -ла́, -ло́; -ли́) to lie down
либера́льный (27) *adj.* liberal
лимо́н (16) *m.* lemon
ли́сий (21) *adj.* fox (*attr.*), fox's
лист (18) *m.* (*pl.* ли́стья, *gen. pl.* ли́стьев) leaf
лице́й (27) *m.* Lyceum
лицо́ (8) *n.* (*pl.* ли́ца) face
ло́вкий (8) *adj.* dexterous, adroit
ло́дка (30) *f.* (*gen. pl.* ло́док) boat
ложи́ться (12) II (лож‖у́сь), -и́шься) to lie down
ло́шадь (20) *f.* (*gen. pl.* лоша-де́й) horse
лу́чше (15) *adv.* better
лу́чший (15) *adj.* better; best
лы́жи (30) *pl.* (*gen.* лыж) skis
люби́мый (8) *adj.* favourite; beloved, loved
люби́ть (8) II (люблю́, лю́бишь) to love, to like
любова́ться (21) I (любу́‖юсь, -ешься) (+*instr.*) to admire
лю́ди (13) *pl.* (*acc.*, *gen.* люде́й, *dat.* лю́дям, *instr.* людьми́, *prep.* лю́дях) people

M

мавзоле́й (29) *m.* mausoleum
магази́н (14) *m.* shop
май (4) *m.* May
ма́ленький (21) *adj.* little, small
ма́ло (18) *adv.* little, few
ма́льчик (7) *m.* boy
ма́рка (30) *f.* (*gen. pl.* ма́рок) stamp
ма́сло (11) *n.* butter; oil
материа́л (19) *m.* material
мате́рия (22) *f.* matter; mate-rial, cloth, fabric

матч (17) *m.* match
мать (3) *f.* (*gen.* ма́тери, *pl.* ма́тери, *gen. pl.* матере́й) mother
мёд (18) *m.* honey
медве́дь (24) *m.* bear
медве́жий (21) *adj.* bear (*attr.*), bear's
ме́дленно (5) *adv.* slowly
ме́дный (28) *adj.* copper; «Ме́дный вса́дник» (28) *The Bronze Horseman*
ме́жду (17) *pr.* (+*instr.*) be-tween
мело́дия (25) *f.* melody, tune
ме́нее (22) *adv.* less
ме́ньше (22) *adv.* less
меню́ (10) *n.* (*indeclinable*) menu
меня́ть (26) I (меня́‖ю, -ешь) to change
ме́стность (30) *f.* locality
ме́сто (2) *n.* (*pl.* места́) place
ме́сяц (13) *m.* month
меша́ть (15) I (меша́‖ю, -ешь) (+*dat.*) to hinder, prevent, to stop
миллио́н (25) *m.* million
ми́мо (14) *pr.* (+*gen.*) past, by
министе́рство (27) *n.* ministry; Министе́рство иностра́нных дел (27) Foreign office, Mini-stry of foreign affairs
мину́та (15) *f.* minute
мир (18) *m.* peace; world
мно́го (8) *adv.* much; many
моде́ль (22) *f.* model
модельёр (22) *m.* (dress) de-signer
мо́жет быть (13) perhaps
мо́жно (8) (it is) possible; как мо́жно бо́льше (29) as much as possible
мой, моя́, моё; мой (2) *pron.* my
молодо́й (7) *adj.* young
молоко́ (11) *n.* milk

мо́лча (29) *adv.* silently

моме́нт (17) *m.* moment

мо́ре (5) *n.* (*pl.* моря́) sea

моро́з (9) *m.* frost

москви́ч (17) *m.* (*gen.* москвича́, *pl.* москвичи́) Muscovite, inhabitant of Moscow

мост (1) *m.* (*gen.* моста́ *pl.* мосты́) bridge

мотоци́кл (11) *m.* motorcycle

мочь (8) I (могу́, мо́жешь ... мо́гут, *past tense* мог, могла́, ло́; -ли́) to be able

муж (14) *m.* (*pl.* мужья́, *gen. pl.* муже́й) husband

мужчи́на (5) *m.* man

музе́й (12) *m.* museum

му́зыка (16) *f.* music

мы (3) *pron.* we

мыть (29) I (мо́||ю, -ешь) to wash

мысль (27) *f.* thought

мя́со (10) *n.* meat

мяч (17) *m.* (*gen.* мяча́, *pl.* мячи́) ball

Н

на (9) *pr.* (*acc.* +*prep.*) on, at, to

наблюда́ть (17) I (наблюда́||ю, -ешь) to observe

наве́рх (20) *adv.* upstairs (*motion*)

наверху́ (20) *adv.* upstairs (*place*)

над (16) *pr.* (+*instr.*) over, above

наде́жда (28) *f.* hope

наде́яться (15) I (наде́||юсь, -ешься) to hope

на́до (8) (it is) necessary

надое́сть (24) *mixed conj.* (надое́м, надое́шь ... *see* есть) (+*dat.*) to bore

надо́лго (24) *adv.* for long

наза́д (24) *adv.* ago

назва́ние (25) *n.* name, title

назва́ть (28) I *pf.* (назов||у́, -ёшь) to call, name

назва́ться (25) I *pf.* (назову́сь, назовёшься) to be called

назначе́ние (23) *n.* designation, purpose

называ́ть (28) I (называ́||ю, -ешь) to call

называ́ться (25) I (называ́||юсь, -ешься) to be called

наибо́лее (22) *adv.* most

наиме́нее (22) *adv.* least

найти́ (27) I *pf.* (найд||у́, -ёшь, *past tense* нашёл) to find

наконе́ц (17) *adv.* at last

накрыва́ть (7) I (накрыва́||ю, -ешь) to cover; накрыва́ть на стол (7) to lay the table

нале́во (10) *adv.* on the left

напеча́тать (26) I *pf.* (напеча́-та||ю, -ешь) to print; to type

написа́ть (19) I *pf.* (напишу́, напи́шешь) to write

напо́лнить (27) II *pf.* (напо́лн||ю, -ишь) to fill

напра́во (10) *adv.* on the right

наприме́р (9) *adv.* for example

наро́д (29) *m.* people

наро́дный (21) *adj.* popular, national

наруша́ть (24) I (наруша́||ю, -ешь) to disturb, to disrupt

наста́ивать (30) I (наста́ива||ю, -ешь) to insist

настоя́ть (30) II *pf.* (насто||ю́, -йшь) to insist

настоя́щий (26) *adj.* genuine; present, actual

настрое́ние (21) *n.* mood, temper

наступа́ть (9) I (наступа́ет) to begin (of seasons)

нау́чный (17) *adj.* scientific

находи́ть (12) II (нахожу́, нахо́дишь) to find

находи́ться (12) II (нахожу́сь, нахо́дишься) to be found, to be situated

нача́ло (28) *n.* beginning

нача́ть (19) I *pf.* (начн‖у́, -ёшь, *past tense* на́чал, начала́, на́чало; на́чали) to begin

нача́ться (19) I *pf.* (начнётся) to begin (*intrans.*)

начина́ть (19) I (начина́‖ю, -ешь) to begin

начина́ться (19) I to begin (*intrans.*)

наш, на́ша, на́ше; на́ши (3) *pron.* our

не (3) *particle* not

не́бо (7) *n.* sky, heaven

не́где (24) *adv.* nowhere

неда́вно (9) *adv.* recently

недалеко́ (14) *adv.* not far

неде́ля (13) *f.* week

не́когда (24) *adv.* never, no time; once, formerly

не́который (30) *pron.* certain

не́куда (24) *adv.* nowhere

нельзя́ (8) *adv.* (it is) impossible

немно́го (5) *adv.* a little

немно́жко (5) *adv.* a little

ненави́деть (28) II (ненави́жу, ненави́дишь) to hate

неожи́данно (24) *adv.* unexpectedly

не́сколько (17) *pron.* several, some; somewhat

несмотря́ на (29) *pr.* (+*acc.*) in spite of; несмотря на то что (29) *cj.* in spite of the fact that

нести́ (11) I (нес‖у́, -ёшь, *past tense* нёс, несла́, несло́; несли́) to carry, to bear

нет (2) *particle* no

не́хотя (29) *adv.* unwillingly

не́чего (24) *pron.* nothing

ни (15) *particle* not; ни … ни … (15) neither … nor

нигде́ (15) *adv.* nowhere

ни́зкий (22) *adj.* low

никако́й (24) *pron.* no

никогда́ (15) *adv.* never

никто́ (15) *pron.* no one

никуда́ (24) *adv.* nowhere

ничего́ (13) *pron.* nothing; it's nothing, it doesn't matter

ниче́й (24) *pron.* nobody's

ничто́ (15) *pron.* nothing

но (3) *cj.* but

новичо́к (30) *m.* (*gen.* новичка́, *pl.* новички́) novice, beginner

но́вость (4) *f.* (*gen. pl.* новосте́й) news

но́вый (7) *adj.* new

нож (5) *m.* (*gen.* ножа́, *pl.* ножи́) knife

носи́ть (11) II (ношу́, но́сишь) to carry; to wear (15)

ночева́ть (12) (ночу́‖ю, -ешь) to spend the night

ночь (5) *f.* (*gen. pl.* ноче́й) night

но́чью (12) *adv.* at night

ну́жно (8) (it is) necessary; must, need

ну́жный (19) *adj.* necessary

ня́ня (17) *f.* nurse, nanny

O

о (об, обо) (9) *pr.* (+*prep.*) about, concerning

о́ба, о́бе (17) *num.* both

обе́д (12) *m.* dinner, lunch

обе́дать (7) I (обе́да‖ю, -ешь) to have dinner, lunch

обезья́на (17) *f.* ape

образова́ние (27) *n.* education

образова́ть (26) I *imp. and pf.* (образу́‖ю, -ешь) to form

образова́ться (19) I *impf. and pf.* (образу́ется) to be formed

обсервато́рия (23) *f.* observatory

обувь (22) f. footwear
общество (27) n. society
объявление n. announcement
объяснять (6) I (объясня||ю, -ешь) to explain
обычно (11) adv. usually
огромный (23) adj. huge
одевать (12) I (одева||ю, -ешь) to dress
одеваться (12) I (одева||юсь, -ешься) to dress oneself
одежда (22) f. clothing
одеть (27) I pf. (оден||у, -ешь) to dress
один, одна, одно (17) one
однажды (13) adv. once
озеро (13) n. (pl. озёра) lake
оказаться (28) I pf. (окажусь, окажешься) to turn out to be
оказывать (30) I (оказыва||ю, -ешь) to afford, to give; оказывать помощь (30) to give help
оказываться (28) I (оказыва||юсь, -ешься) to turn out to be
окно (2) n. (pl. окна, gen. pl. окон) window
около (14) pr. (+gen.) about, near
окончание (27) n. end, finishing; окончание университета (27) graduation
окончить (24) II pf. (окончу, -ишь) to finish
окрестность (25) f. environs, surroundings
он (2) pron. he
она (2) pron. she
они (2) pron. they
оно (2) pron. it
опасный (29) adj. dangerous
опера (21) f. opera
описание (29) n. description
описать (29) I (опишу, опишешь) to describe

оправдать (28) I pf. (оправда||ю, -ешь) to justify
опять (6) adv. again
оригинальный (22) adj. original
осень (9) f. autumn
осенью (12) adv. in autumn
основать (26) I pf. (осну||ю, -ёшь) to found
особенно (13) adv. especially
особый (30) adj. special
оставить (29) II pf. (оставлю, оставишь) to leave
оставлять (29) I (оставля||ю, -ешь) to leave
останавливать (11) I (останавлива||ю, -ешь) to stop
останавливаться (12) I (останавлива||юсь, -ешься) to stop (intrans.)
остановить (24) II pf. (остановлю, остановишь) to stop
остановиться (24) II pf. (остановлюсь, остановишься) to stop
остаться (24) I pf. (остан||усь, -ешься) to stay, to remain
остров (26) m. (pl. острова) island
от (14) pr. (+gen.) from
отвесный (30) adj. sheer, steep
ответ (22) m. answer
ответить (22) II pf. (отвечу, ответишь) to answer
отвечать (6) I (отвеча||ю, -ешь) to answer
отдел (18) m. department, section
отдельный (23) adj. separate
отдохнуть (30) I pf. (отдохн||у, -ёшь) to rest
отдых (13) m. rest
отдыхать (7) I (отдыха||ю, -ешь) to rest
отец (2) m. (gen. отца, pl. отцы) father

открывáть (12) I (открывá‖ю, -ешь) to open

открывáться (12) I (открывáется) to open (*intrans.*)

открытие (22) *n.* opening; discovery

открытый (24) *adj.* open

открыть (27) I *pf.* (откро́‖ю, -ешь) to open

открыться (21) I *pf.* (открóется) to open (*intrans.*)

откýда (30) *adv.* whence

откýда-то (30) *adv.* from somewhere

отлить (25) I *pf.* (отоль‖ю́, -ёшь, *past tense* óтлил, отлилá, óтлило; -и) to cast (in mould)

отнести́ (29) I *pf.* (отнес‖ý, -ёшь, *past tense* отнёс) to carry, take away

относи́ть (29) II (отношý, отнóсишь) to carry, take away

отношéние (28) *n.* attitude, relation

отпечáтать (26) I *pf.* (отпечáта‖ю, -ешь) to print, to type

отпрáвить (20) II *pf.* (отпрáвлю, отпрáвишь) to send off

отпрáвиться (20) II *pf.* (отпрáвлюсь, отпрáвишься) to set off

отправля́ться (20) I (отправля́‖юсь, -ешься) to set off

óтпуск (13) *m.* leave

отражáть (28) I (отражá‖ю, -ешь) to reflect

отсю́да (30) *adv.* from here, hence

оттогó что (28) *cj.* because

оттýда (20) *adv.* from there, thence

óтчество (7) *n.* patronymic

отъéзд (28) *m.* departure

офицéр (16) *m.* officer

официáнтка (10) *f.* (*gen. pl.* официáнток) waitress

охóта (24) *f.* hunt, hunting

охóтиться (24) II (охóчусь, охóтишься) to hunt

охóтник (24) *m.* hunter

óчень (3) *adv.* very

оши́бка (27) *f.* (*gen. pl.* оши́бок) mistake

П

пальтó (22) *n.* (*indeclinable*) (over)coat

пáмятник (23) *m.* monument

папирóса (18) *f.* cigarette

парашю́т (15) *m.* parachute; парашю́тное дéло (15) parachute jumping

парк (11) *m.* park

парлáмент (29) *m.* parliament

парохóд (14) *m.* steamer

пáрта (1) *f.* school desk

пастýх (20) *m.* (*gen.* пастухá, *pl.* пастухи́) shepherd

пáчка (18) *f.* (*gen. pl.* пáчек) packet

певéц (21) *m.* (*gen.* певцá, *pl.* певцы́) singer

пéние (16) *n.* singing

пéрвый (14) *num.* first

перевáл (20) *m.* mountain pass

перевести́ (27) I *pf.* (перевед‖ý, -ёшь, *past tense* перевёл) to translate; to transfer

переводи́ть (27) II (перевожý, перевóдишь) to translate; to transfer

пéред (16) *pr.* (+ *instr.*) before

передвигáться (30) I (передвигá‖юсь, -ешься) to move (*intrans.*)

переде́лать (20) I *pf.* (переде́ла‖ю, -ешь) to redo, to remake переде́лывать (20) I (переде́лыва‖ю, -ешь) to redo, to remake

переезжа́ть (28) I (переезжа́‖ю, -ешь) to move (intrans.)

перее́хать (28) I pf. (перее́д‖у, -ешь) to move (intrans.)

переписа́ть (20) I pf. (перепиш‖у́, перепи́шешь) to rewrite

перепи́сывать (20) I (перепи́сыва‖ю, -ешь) to rewrite

переры́в (25) m. break

перечи́слить (26) II pf. (перечи́сл‖ю, -ишь) to enumerate

пери́од (28) m. period

перо́ (2) n. (pl. пе́рья, gen. pl. пе́рьев) nib, pen

перча́тка (22) f. (gen. pl. перча́ток) glove

пе́сня (21) f. (gen. pl. пе́сен) song

петь (4) I (по‖ю́, -ёшь) to sing

печа́тать (26) I (печа́та‖ю, -ешь) to print

пиджа́к (22) m. (gen. пиджака́, pl. пиджаки́) jacket, coat

пик (20) m. peak

писа́тель (27) m. writer

писа́ть (6) I (пишу́, пи́шешь) to write

пи́сьменный стол (10) m. writing table, desk

письмо́ (6) n. (pl. пи́сьма, gen. pl. пи́сем) letter

пить (10) I (пь‖ю, -ёшь, past tense пил, -а́, пи́ло, пи́ли) to drink

пи́шущая маши́нка (26) f. typewriter

пла́вание (23) n. swimming

пла́вать (8) I (пла́ва‖ю, -ешь) to swim

план (1) m. plan

плати́ть (18) II (плачу́, пла́тишь) to pay

платфо́рма (18) f. (railway) platform

пла́тье (22) n. dress, frock

плева́ть (12) I (плю‖ю́, -ёшь) to spit

пло́хо (3) adv. badly

плохо́й (21) adj. bad

площа́дка (23) f. (gen. pl. площа́док) ground(s)

пло́щадь (14) f. (gen. pl. площаде́й) square; area

пляж (13) m. beach

по (15) pr. (dat.) along, about, according to; (+acc.) up to (and including)

по-англи́йски (4) adv. (in) English

побе́да (20) f. victory

победи́ть (30) II pf. (1st pers. sing. not used, победи́шь, past pass. participle побеждённый) to conquer

поблагодари́ть (19) II pf. (поблагодар‖ю́, -и́шь) to thank

по́весть (28) f. (gen. pl. повесте́й) tale, story

повтори́ть (28) II pf. (повтор‖ю́, -и́шь) to repeat

повторя́ть (25) I (повторя́‖ю, -ешь) to repeat

пого́да (9) f. weather

под (16) pr. (+acc.+instr.) under

подави́ть (27) II pf. (подавлю́, пода́вишь) to crush, to suppress

подгото́вка (30) f. preparation, training

поднима́ть (16) I (поднима́‖ю, -ешь) to raise, to lift, to pick up

поднима́ться (15) I (поднима́‖юсь, -ешься) to rise; to go up, to ascend

подно́жие (25) n. foot (of a hill, statue)

поднять (27) I *pf.* (подниму,
поднимешь, *past tense* под-
нял, -á, подняло; -и) to
raise, to lift, to pick up

подняться (20) I *pf.* (поднимусь, поднимешься, *past
tense* поднялся, поднялась,
-óсь; -йсь) to rise; to go up,
to ascend

подождать (29) I *pf.* (по-
дожд‖у, -ёшь, *past tense* по-
дождал, -á, подождало; -и)
to wait (for)

подойти (21) I *pf.* (подойд‖у,
-ёшь, *past tense* подошёл) to
approach

подписать (20) I *pf.* (подпишу,
подпишешь) to sign

подписывать (20) I (подпи-
сыва‖ю, -ешь) to sign

подумать (21) I *pf.* (подума‖ю,
-ешь) to think

подходить (15) II (подхожу,
подходишь) to approach

поезд (14) *m.* (*pl.* поезда)
train

поехать (20) I *pf.* (поéд‖у, -ешь)
to go, to set off (on some form
of transport)

пожалуйста (6) please

поживать (6) I to live; как ты
(вы) поживаешь (-ете)? How
are you?

позвонить (30) II *pf.* (по-
звон‖ю, -ишь) to ring; to
ring up, to telephone

поздно (25) *adv.* late

познакомиться (29) II *pf.* (по-
знакомлюсь, познакомишь-
ся) to make the acquaintance
of

пойти (20) I *pf.* (пойд‖у, -ёшь,
past tense пошёл) to go, to set
off (on foot)

пока (28) *cj.* while; пока ... не
(28) *cj.* until

показать (27) I *pf.* (покажу,
покажешь) to show

показывать (25) I (показы-
ва‖ю, -ешь) to show

покататься (30) I *pf.* (поката‖-
юсь, -ешься) to go for a ride,
drive

покидать (29) I (покида‖ю,
-ешь) to leave, to abandon

покинуть (29) I *pf.* (покин‖у,
-ешь) to leave, to abandon

покупатель (18) *m.* buyer, purchaser, customer

покупать (18) I (покупа‖ю,
-ешь) to buy

покупка (18) *f.* (*gen. pl.* покупок) purchase, packet

пол (10) *m.* (*pl.* полы) floor

поле (3) *n.* (*pl.* поля) field

полезный (30) *adj.* (*short form*
полезен, полезна, -о; -ы)
useful

полететь (20) II *pf.* (полечу,
полетишь) to fly; to set off by
plane

полночь (25) *f.* (*gen.* полу-
ночи) midnight

полный (23) *adj.* (*short form*
полон, полна, -ó, -ы) full

половина (17) *f.* half

положение (26) *n.* position

полотенце (17) *n.* (*gen. pl.*
полотенец) towel

полукруг (26) *m.* semi-circle

получать (14) I (получа‖ю,
-ешь) to receive

получить (26) II *pf.* (получу,
получишь) to receive

пользоваться (16) I (поль-
зу‖юсь, -ешься) (+*instr.*) to
make use of

помнить (13) II (помн‖ю, -ишь)
to remember

помогать (15) I (помога‖ю,
-ешь) (+*dat.*) to help

помощь (30) *f.* help, aid

понеде́льник (13) *m.* Monday

по-неме́цки (5) *adv.* (in) German

понима́ть (4) I (понима́‖ю, -ешь) to understand

поня́тие (24) *n.* idea, conception

поня́ть (27) I *pf.* (пойм‖у́, -ёшь, *past tense* по́нял, поняла́, по́няло, -и) to understand

попроси́ть (22) II *pf.* (попрошу́, попро́сишь) to ask, to request, to beg

популя́рность (30) *f.* popularity

популя́рный (17) *adj.* (*short form* популя́рен, популя́рна, -о; -ы) popular

пора́ (12) (+*inf.*) it is time to ...

порази́ть (27) II *pf.* (поражу́, порази́шь) to strike; to astonish

по-ру́сски (2) *adv.* (in) Russian

посети́тель (17) *m.* visitor

посети́ть (19) II *pf.* (посещу́, посети́шь) to visit

посеща́ть (15) I (посеща́‖ю, -ешь) to visit

посиде́ть (19) II *pf.* (посижу́, посиди́шь) to sit (for a while)

посла́ть (24) I *pf.* (пошл‖ю́, -ёшь) to send

по́сле (15) *pr.* (+*gen.*) after; по́сле того́ как (28) *cj.* after

после́дний (17) *adj.* last

послу́шать (20) I *pf.* (послу́ша‖ю, -ешь) to listen (to)

посмотре́ть (24) II *pf.* (посмотрю́, посмо́тришь) to look, to watch

поспа́ть (19) II *pf.* (посплю́, поспи́шь) to sleep (for a while)

посте́ль (15) *f.* bed, bedding

пострада́ть (30) I *pf.* (пострада́‖ю, -ешь) to suffer; пострада́вший (30) injured

постро́ить (19) II *pf.* (постро́‖ю, -ишь) to build

поступи́ть (21) II *pf.* (поступлю́, посту́пишь) to act; to enter (university, etc.)

потеря́ть (27) I *pf.* (потеря́‖ю, -ешь) to lose

пото́м (6) *adv.* then

потому́ что (20) *cj.* because

потяну́ть (27) I *pf.* (потяну́, потя́нешь) to draw, to drag

по-францу́зски (5) *adv.* (in) French

похо́д (30) *m.* expedition, excursion; campaign

походи́ть (20) II *pf.* (похожу́, похо́дишь) to walk (for a while)

почему́ (5) *adv.* why

почему́-то (16) *adv.* for some reason

по́чта (11) *f.* post

почтальо́н (11) *m.* postman

почти́ (25) *adv.* almost

поэ́ма (28) *f.* poem

поэ́т (27) *m.* poet

пою́ *see* петь

появи́ться (28) II *pf.* (появлю́сь, поя́вишься) to appear, to make an appearance

появля́ться (25) I (появля́‖юсь, -ешься) to appear, to make an appearance

пра́вило (6) *n.* rule

прави́тельство (27) *n.* government

пра́во (24) *n.* right

пра́вый (9) *adj.* (*short form* прав, -а́, пра́во; пра́вы) right

пра́здник (7) *m.* holiday

предлага́ть (30) I (предлага́‖ю, -ешь) to offer, to suggest

предложи́ть (30) II *pf.* (предложу́, предло́жишь) to offer, to suggest

322

представи́тель (29) *m.* representative

предста́вить (30) II *pf.* (предста́влю, предста́вишь) to present; предста́вить себе́ (30) to imagine

пре́жде чем (28) *cj.* before

прекра́сный (7) *adj.* (*short form* прекра́сен, прекра́сна, -о; -ы) fine, splendid, beautiful

престо́л (27) *m.* throne; вступи́ть на престо́л (27) to ascend the throne

при (13) *pr.* (+*prep.*) at, by; in the presence of; during the time of

приближа́ться (15) I (приближа́||юсь, -ешься) to approach

приблизи́тельно (26) *adv.* approximately

привезти́ (20) I *pf.* (привез||у́, -ёшь, *past tense* привёз) to bring (in some form of transport)

привести́ (27) I *pf.* (привед||у́, -ёшь, *past tense* привёл) to bring (leading on foot)

привлека́ть (26) I (привлека́||ю, -ешь) to attract

привле́чь (27) I *pf.* (привлеку́, привлечёшь ... привлеку́т, *past tense* привлёк, -ла́, ло́; -ли́) to attract

привози́ть (20) II (привожу́, приво́зишь) to bring (in some form of transport)

привы́чка (16) *f.* (*gen. pl.* привы́чек) custom, habit

пригласи́ть (28) II *pf.* (приглашу́, пригласи́шь) to invite

пригото́вить (19) II *pf.* (пригото́влю, пригото́вишь) to prepare; to cook

придво́рный (27) *adj.* court (*attr.*)

придво́рный (27) *m.* courtier

придти́ (20) I *pf.* (прид||у́, -ёшь, *past tense* пришёл) to come (on foot), to arrive

приезжа́ть (14) I (приезжа́||ю, -ешь) to come (in some form of transport)

прие́хать (20) I *pf.* (прие́д||у, -ешь) to come (in some form of transport)

приказа́ть (27) I *pf.* (прикажу́, прика́жешь) (+*dat.*) to order

прика́зывать (27) I (прика́зыва||ю, -ешь) (+*dat.*) to order

прила́вок (18) *m.* (*gen.* прила́вка, *pl.* прила́вки) counter (in a shop)

прилете́ть (20) II *pf.* (прилечу́, прилети́шь) to arrive by plane

приме́рно (26) *adv.* approximately

примыка́ть (26) I (примыка́||ю, -ешь) to adjoin, to border on

принадлежа́ть (27) II (принадлеж||у́, -и́шь) to belong

принести́ (21) I *pf.* (принес||у́, -ёшь, *past tense* принёс) to bring (carrying, on foot)

принима́ть (29) I (принима́||ю, -ешь) to receive, to accept

приня́ть (29) I *pf.* (приму́, при́мешь, *past tense* при́нял, -а́, при́няло; при́няли) to receive, to accept

приро́да (29) *f.* nature

приходи́ть (17) II (прихожу́, прихо́дишь) to come (on foot), to arrive

прия́тный (8) *adj.* (*short form* прия́тен, прия́тно, -о; -ы) pleasant

проби́ть (25) I *pf.* (пробь||ю́, -ёшь) to strike (of a clock)

провести́ (20) I *pf.* (провед‖у́, -ёшь, *past tense* провёл) to spend (of time)

проводи́ть (30) II (провожу́, прово́дишь) to spend (of time)

продава́ть (18) I (прода‖ю́, -ёшь) to sell

продаве́ц (18) *m.* (*gen.* продавца́, *pl.* продавцы́) salesman

прода́ть (19) *mixed conj. pf.* (*see* дать) to sell

продолжа́ть (17) I (продолжа‖ю, -ешь) to continue

продолже́ние (28) *n.* continuation

прое́хать (24) I *pf.* (прое́д‖у, -ешь) to go past, to drive past

прожи́ть (29) I *pf.* (прожив‖у́, -ёшь) to live

производи́ть (26) II (произвожу́, произво́дишь) to produce; производи́ть впечатле́ние (26) to make an impression

пройти́ (20) I *pf.* (пройд‖у́, -ёшь; *past tense* прошёл) to go past, to walk past

проколо́ть (27) I *pf.* (проколю́, проко́лешь) to puncture

проложи́ть (24) II *pf.* (проложу́, проло́жишь) to lay (of a road)

проси́ть (22) II (прошу́, про́сишь) to ask, to request, to beg

проспе́кт (26) *m.* avenue

просто́й (22) *adj.* simple

просыпа́ться (12) I (просыпа́‖юсь, -ешься) to wake up

про́тив (14) *pr.* (+*gen.*) against; opposite

профессиона́льный (21) *adj.* professional

профе́ссор (2) *m.* (*pl.* профессора́) professor

проходи́ть (20) II (прохожу́, прохо́дишь) to go past, to walk past

прочита́ть (19) I *pf.* (прочита́ю‖, -ешь) to read

про́шлое (26) *n.* past

про́шлый (26) *adj.* past, last

пры́гать (15) I (пры́га‖ю, -ешь) to jump

пры́гнуть (19) I *pf.* (пры́гн‖у, -ешь) to jump

прыжо́к (15) *m.* (*gen.* прыжка́, *pl.* прыжки́) jump

прямо́й (26) *adj.* straight

пти́ца (9) *f.* bird

пу́блика (21) *f.* public

пуска́ть (20) I (пуска́‖ю, -ешь) to let (go)

пусти́ть (20) II *pf.* (пущу́, пу́стишь) to let (go)

путеше́ственник (29) *m.* traveller

путеше́ствие (20) *n.* journey

путеше́ствовать (13) I (путеше́ству‖ю, -ешь) to travel

пу́шка (25) *f.* (*gen. pl.* пу́шек) cannon

пье́са (13) *f.* play

пя́тница (13) *f.* Friday

Р

рабо́та (2) *f.* work

рабо́тать (3) I (рабо́та‖ю, -ешь) to work; рабо́тать над (+ *instr.*) (22) to work at

рабо́тник (29) *m.* worker, workman

рабо́тница (22) *f.* woman-worker

рабо́чий *m.* worker

ра́дио (21) *n.* (*indeclinable*) radio, wireless

ра́дость (30) *f.* joy

раз (30) *m.* time; one (in counting 'one, two …'); *adv.* once (13); ещё раз (30) once more разгова́ривать (12) I (разгова́рива‖ю, -ешь) to talk, to converse

разгово́р (6) *m.* conversation

разнообра́зный (22) *adj.* various, diverse, of great variety

ра́зный (9) *adj.* different, various

разреша́ть (27) I (разреша́‖ю, -ешь) (+*dat.*) to allow

разреши́ть (27) II *pf.* (разреш‖у́, -и́шь) (+*dat.*) to allow

ра́нить (28) II *impf. and pf.* (ра́н‖ю, -ишь) to wound

ра́но (12) *adv.* early

ра́ньше (13) *adv.* earlier

раскрыва́ться (15) I (раскрыва́ется) to open up (*intrans.*)

расска́зывать (9) I (расска́зыва‖ю, -ешь) to narrate

расстоя́ние (30) *n.* distance

расте́ние (7) *n.* plant

расти́ (26) I (раст‖у́, -ёшь, *past tense* рос, -ла́, -ло́; -ли́) to grow

ребёнок (12) *m.* (*gen.* ребёнка, *pl.* ребя́та) child

революцио́нный (27) *adj.* revolutionary

река́ (1) *f.* (*pl.* ре́ки) river

рестора́н (10) *m.* restaurant

рециди́в (15) *m.* relapse, recurrence of an illness

реша́ть (20) I (реша́‖ю, -ешь) to decide

реши́ть (20) II *pf.* (реш‖у́, -и́шь) to decide

ро́дина (5) *f.* fatherland

роди́тели (21) *pl.* parents

роди́ться (28) II *impf. and pf.* (рожу́сь, роди́шься) to be born

ро́за (7) *f.* rose

роль (21) *f.* (*gen. pl.* роле́й) part, role

рома́н (5) *m.* novel

Росси́я (2) *f.* Russia

роя́ль (6) *m.* (grand) piano

руба́шка (23) *f.* (*gen. pl.* руба́шек) shirt

рубль (17) *m.* (*gen.* рубля́, *pl.* рубли́) rouble

ружьё (16) *n.* (*pl.* ру́жья, *gen. pl.* ру́жей) rifle, gun

рука́ (2) *f.* (*acc.* ру́ку, *pl.* ру́ки) hand, arm

руководи́тель (27) *m.* leader, instructor

ру́копись (19) *f.* manuscript

ру́сский (4) *adj.* Russian, Russian (*noun*)

ру́чка (7) *f.* (*gen. pl.* ру́чек) pen-holder, pen

ры́ба (10) *f.* fish

ры́нок (11) *m.* (*gen.* ры́нка, *pl.* ры́нки) market

ряд (29) *m.* row, series, number, quantity

С

с, со (14) *pr.* (+*gen.*+*instr.*) from; off; with

сад (10) *m.* (*pl.* сады́) garden

сади́ться (12) II (сажу́сь, сади́шься) to sit down

самолёт (15) *m.* aeroplane

са́хар (18) *m.* sugar

све́жий (13) *adj.* fresh

света́ть (21) I (света́ет) to dawn, to grow light

свети́ть (9) II (свечу́, све́тишь) to shine

све́тлый (22) *adj.* bright

светофо́р (14) *m.* traffic-lights

свисто́к (17) *m.* (*gen.* свистка́, *pl.* свистки́) whistle; дава́ть свисто́к (17) to blow the whistle

свобо́дный (21) *adj.* (*short form* свобо́ден, свобо́дна, -о; -ы) free сда́ча (18) *f.* change (money)

сде́лать (19) I *pf.* (сде́ла‖ю, -ешь) to do, to make

себя́ (12) *reflexive pron.* self, oneself

се́вер (9) *m.* north

се́веро-восто́к (26) *m.* north-east

се́веро-за́пад (26) *m.* north-west

сего́дня (5) *adv.* today

сейча́с (5) *adv.* now, imme-diately

секрета́рь (16) *m.* (*gen.* секре-таря́, *pl.* секретари́) secre-tary

село́ (27) *n.* (*pl.* сёла) village

семья́ (4) *f.* (*pl.* се́мьи, *gen. pl.* семе́й) family

се́рый (8) *adj.* grey

сестра́ (2) *f.* (*pl.* сёстры, *gen. pl.* сестёр) sister

сесть (19) I *pf.* (ся́д‖у, -ешь, *past tense* сел) to sit down

сжечь (27) I *pf.* (сожгу́, сож-жёшь ... сожгу́т, *past tense* сжёг, сожгла́, -о́; -и́) to burn

Сиби́рь (27) *f.* Siberia

сигаре́та (18) *f.* cigarette

сиде́ть (6) II (сижу́, сиди́шь) to sit; сиде́ть до́ма (8) to stay at home

си́дя (29) *adv.* in a sitting posi-tion

си́льный (26) *adj.* (short form си́лен, сильна́, си́льно; -ы) strong

си́ний (7) *adj.* blue

сказа́ть (19) I *pf.* (скажу́, ска́жешь) to say

ска́зочный (29) *adj.* fabulous; incredible

скала́ (30) *f.* (*pl.* ска́лы) rock

склон (20) *m.* slope, incline

ско́лько (18) how much, how many

ско́ро (13) *adv.* quickly; soon

ско́рый (22) *adj.* quick

скро́мный (22) *adj.* modest

скульпту́ра (23) *f.* sculpture

ску́чный (13) *adj.* (short form ску́чен, скучна́, ску́чно; -ы) dull, boring

сле́дующий (14) *adj.* following, next

сли́шком (13) *adv.* too

слова́рь (3) *m.* (*gen.* словаря́, *pl.* словари́) dictionary

сло́во (1) *n.* (*pl.* слова́) word

сложи́ть (29) II *pf.* (сложу́, сло́жишь) to build, to com-pose; to fold

слон (17) *m.* (*gen.* слона́, *pl.* слоны́) elephant

слу́жба (21) *f.* service; посту-пи́ть на слу́жбу (21) to join the service, to go to work

служи́ть (16) II (служу́, слу́-жишь) to serve

слух (16) *m.* hearing, ear

случа́ться (30) I (случа́ется) to happen

случи́ться (30) II *pf.* (случи́т-ся) to happen

слу́шать (6) I (слу́ша‖ю, -ешь) to listen (to)

слы́шать (13) II (слы́ш‖у, -ишь) to hear

слы́шный (25) *adj.* (short form слы́шен, слышна́, слы́шно; -ы) audible

сме́лый (8) *adj.* bold, brave, daring

смерка́ться (21) I (смерка́ется) to grow dark

смерть (26) *f.* death

смея́ться (12) I (смею́‖сь, -ёшь-ся) to laugh

смотре́ть (6) II (смотрю́, смо́-тришь) to look

снача́ла (16) *adv.* at first

снег (9) *m.* (*pl.* снега́) snow

снима́ть (20) I (снима́‖ю, -ешь) to take off; to photograph

сно́ва (17) *adv.* afresh

снять (20) I *pf.* (сниму́, сни́мешь) to take off; to photograph

соба́ка (19) *f.* dog

соба́чий (20) *adj.* dog's, currish; vile, filthy

собира́ть (19) I (собира́‖ю, -ешь) to gather, to collect

собира́ться (30) I (собира́‖юсь, -ешься) to gather, to assemble (*intrans.*); to intend, to be about to

собо́р (25) *m.* cathedral

собра́ть (19) I *pf.* (собер‖у́, -ёшь) to gather, to collect

собра́ться (20) I *pf.* (соберёмся) to gather, to assemble (*intrans.*)

соверша́ть (29) I (соверша́‖ю, -ешь) to complete, to perform, to accomplish

соверши́ть (29) II *pf.* (соверш‖у́, -и́шь) to complete, to perform, to accomplish

сове́т (24) *m.* advice

сове́товать (15) I (сове́ту‖ю, -ешь) (+*dat.*) to advise

сове́тский (5) *adj.* Soviet

совреме́нник (29) *s.* contemporary

совреме́нный (29) *adj.* modern, contemporary

совсе́м (9) *adv.* quite, entirely

соединя́ть (26) I (соединя́‖ю, -ешь) to join up, to link up

сожале́ние (15) *n.* regret; к сожале́нию unfortunately

созда́ть (22) *mixed conj. pf.* (*see* дать, *past tense* со́здал, создала́, со́здало; -и) to create

сойти́ (21) I *pf.* (сойд‖у́, -ёшь, *past tense* сошёл) to go down

солда́т (16) *m.* (*gen. pl.* солда́т) soldier

со́лнце (9) *n.* sun

сомнева́ться (12) I (сомнева́‖юсь, -ешься) to doubt

сосла́ть (27) I *pf.* (сошл‖ю́, -ёшь) to exile, to banish

составля́ть (25) I (составля́‖ю, -ешь) to compose, to make up

состоя́ться (28) II *impf. and pf.* (состои́тся, состоя́тся) to take place, to be held

состяза́ние (30) *n.* competition

сохрани́ться (25) II *pf.* (сохран‖ю́сь, -и́шься) to be preserved, to be kept

спа́льня (10) *f.* (*gen. pl.* спа́лен) bedroom

спаси́бо (6) thank you

спасти́ (27) I *pf.* (спас‖у́, -ёшь, *past tense* спас, -ла́, -ло́; -ли́) to save

спать (8) II (сплю, спишь) to sleep

спорт (8) *m.* sport

спорти́вный (23) *adj.* sporting

спортклу́б (15) *m.* sports club

спортсме́н (8) *m.* sportsman

спортсме́нка (8) *f.* sportswoman

спра́шивать (6) I (спра́шива‖ю, -ешь) to ask

спроси́ть (22) II *pf.* (спрошу́, спро́сишь) to ask

спуска́ться (15) I (спуска́‖юсь, -ешься) to descend, to go down

спусти́ться (20) II *pf.* (спущу́сь, спу́стишься) to descend, to go down

сража́ться (14) I (сража́‖юсь, -ешься) to fight

сра́зу (21) *adv.* immediately

среда́ (13) *f.* (*acc.* сре́ду) Wednesday

среди́ (20) *pr.* (+*gen.*) among, between, in the midst of

сре́дний (29) *adj.* middle, central; average, medium

ссы́лка (28) *f.* exile

ста́вить (10) II (ста́влю, ста́вишь) to put, to place (vertically)

стадио́н (17) *m.* stadium

стака́н (18) *m.* glass

станови́ться (16) II (становлю́сь, стано́вишься) to become

ста́нция (17) *f.* (railway) station; centre

стара́ться (29) I (стара́‖юсь, -ешься) to try

стари́к (11) *m.* (*gen.* старика́, *pl.* старики́) old man

ста́рый (7) *adj.* old

стать (21) *pf.* (ста́н‖у, -ешь) to become

статья́ (5) *f.* (*gen. pl.* стате́й) article (in newspaper)

стена́ (10) *f.* (*pl.* сте́ны) wall

стих (27) *m.* (*gen.* стиха́, *pl.* стихи́) verse; стихи́ verses, poetry

сто́ить (18) II (сто́ит, сто́ят) to cost; to be worth

стол (1) *m.* (*gen.* стола́, *pl.* столы́) table

столи́ца (23) *f.* capital

столо́вая (10) *f.* dining room

сторона́ (23) *f.* (*acc.* сто́рону, *pl.* сто́роны, *gen. pl.* сторо́н) side

сто́я (29) *adv.* in a standing position

стоя́ть (7) II (сто‖ю́, -и́шь) to stand

страда́ть (9) I (страда́‖ю, -ешь) to suffer

страна́ (2) *f.* (*pl.* стра́ны) country, land

страни́ца (25) *f.* page

стра́шный (24) *adj.* (*short form* стра́шен, страшна́, стра́шно; -ы) terrible, awful

стре́лка (25) *f.* (*gen. pl.* стре́лок) hand (of clock, watch)

стро́ить (14) II (стро́‖ю, -ишь) to build

стро́иться (14) II (стро́ится) to be built

студе́нт (2) *m.* student

студе́нтка (2) *f.* student

стул (1) *m.* (*pl.* сту́лья, *gen. pl.* сту́льев) chair

суббо́та (13) Saturday

суди́ть (29) II (сужу́, су́дишь) to judge

судья́ (17) *m.* (*pl.* су́дьи, *gen. pl.* су́дей) judge; referee

су́мочка (22) *f.* (*gen. pl.* су́мочек) (hand)bag

суп (10) *m.* soup

су́тки (27) *pl.* (*gen.* су́ток) period of 24 hours

счастли́вый (9) *adj.* happy

счёт (17) *m.* bill, account; score

счита́ть (18) I (счита́‖ю, -ешь) to count; to consider

сын (3) *m.* (*pl.* сыновья́, *gen. pl.* сынове́й) son

сыр (10) *m.* (*pl.* сыры́) cheese

сюда́ (6) *adv.* hither, here

сюже́т (27) *m.* subject

Т

тайга́ (24) *f.* taiga, wild forest district

так (6) *adv.* so, thus

та́кже (3) *adv.* also

так как (28) *cj.* as

тако́й (21) *pron.* such

такси́ (14) *n.* (*indeclinable*) taxi

тала́нт (21) *m.* talent

тала́нтливый (29) *adj.* talented

там (1) *adv.* there

та́нец (13) *m.* (*gen.* та́нца, *pl.* та́нцы) dance

танцева́ть (12) I (танцу́‖ю, -ешь) to dance

таре́лка (10) f. (gen. pl. таре́лок) plate

та́ять (9) I (та́ет) to melt, to thaw

твой, твоя́, твоё; твои́ (2) pron. your

теа́тр (14) m. theatre

телеви́зор (7) television set; смотре́ть телеви́зор to watch television

телёнок m. (gen. телёнка, pl. теля́та) calf

телефо́н (10) m. telephone

те́ма (19) f. theme, subject

тёмный (8) adj. dark

температу́ра (8) f. temperature

те́ннис (8) m. tennis

тепе́рь (4) adv. now

тёплый (8) adj. warm

террито́рия (23) f. territory

тетра́дь (7) f. exercise book

тётя (3) f. (gen. pl. тётей) aunt

тигр (16) m. tiger

тип (29) m. type, kind

типогра́фия (29) f. printing press

ти́хий (12) adj. quiet

ти́хо (6) adv. quietly

тишина́ (24) f. quiet, silence

това́р (18) m. goods, merchandise

това́рищ (3) m. comrade

тогда́ (13) adv. then, at that time

то́же (3) adv. also, too

то́лько (4) adv. only

то́нна (25) f. ton

торго́вый (29) adj. commercial; mercantile

трава́ (9) f. grass

траге́дия (28) f. tragedy

тре́бование (30) n. demand

тре́бовательный (22) adj. exacting, demanding

тре́бовать (30) I (тре́бу‖ю, -ешь) to demand

тре́тий (21) num. third

треуго́льник (25) m. triangle

труди́ться (26) II (тружу́сь, тру́дишься) to toil

тру́дный (29) adj. (short form тру́ден, трудна́, тру́дно; -ы) difficult

трудя́щиеся (26) working people, workers

тру́ппа (21) f. troupe, company

туда́ (6) adv. thither, there

тут (1) adv. here

ту́фля (22) f. (gen. pl. ту́фель) shoe, slipper

ты́сяча (18) f. thousand

тюрьма́ (15) f. (pl. тю́рьмы, gen. pl. тю́рем) prison

тяжело́ (28) adv. heavily, hard, seriously

тяжёлый (21) adj. heavy

тяну́ть (29) I (тяну́, тя́нешь) to draw, drag

У

у (8) pr. (+gen.) at, by; in the possession of

убега́ть (24) I (убега́‖ю, -ешь) to run away

убива́ть (19) I (убива́‖ю, -ешь) to kill

уби́тый (16) part. killed

уби́ть (19) I pf. (убь‖ю́, -ёшь) to kill

увели́чивать (30) I (увели́чива‖ю, -ешь) to increase

уви́деть (19) II pf. (уви́жу уви́дишь) to see

у́гол (10) m. (gen. угла́, pl. углы́) corner

уда́р (17) m. blow

уда́рить (25) II pf. (уда́р‖ю, -ишь) to strike, to hit

удо́бный (22) adj. (short form удо́бен, удо́бна, -о; -ы) comfortable, convenient

329

удово́льствие (21) *n.* pleasure; доставля́ть удово́льствие (30) to give pleasure

уезжа́ть (28) I (уезжа́‖ю, -ешь) to go away (on some form of transport)

уе́хать (28) I *pf.* (уе́д‖у, -ешь) to go away (on some form of transport

уже́ (4) *adv.* already

у́жин (12) *m.* supper

у́жинать (9) I (у́жина‖ю, -ешь) to have supper

узнава́ть (21) I (узна‖ю́, -ёшь) to find out, to learn; to recognize

узна́ть (21) I *pf.* (узна‖ю, -ешь) to find out, to learn; to recognize

уйти́ (30) I *pf.* (уйд‖у́, -ёшь, *past tense* ушёл) to go away (on foot)

украша́ть (26) I (украша́‖ю, -ешь) to adorn, to beautify

укреплённый (25) *part.* fortified, strengthened

у́лица (7) *f.* street

ум (26) *m.* (*gen.* ума́, *pl.* умы́) mind, intellect, intelligence

умере́ть (27) I *pf.* (умр‖у́, -ёшь, *past tense* у́мер, умерла́, у́мерло; -ли) to die

уме́ть (5) I (уме́‖ю, -ешь) to be able, to know how

у́мный (8) *adj.* (*short form* умён, умна́, -о́; -ы́) clever, intelligent

умыва́ть (12) I (умыва́‖ю, -ешь) to wash

умыва́ться (12) (умыва́‖юсь, -ешься) to wash oneself

университе́т (14) *m.* university

упа́сть (28) I *pf.* (упад‖у́, -ёшь, *past tense* упа́л) to fall

уро́к (6) *m.* lesson; идёт уро́к (6) a lesson is going on

успе́х (16) *m.* success

установи́ть (25) II *pf.* (установлю́, устано́вишь) to set up, to establish

устро́йство (15) *n.* arrangement, system, working

у́тро (12) *n.* morning

у́тром (12) *adv.* in the morning

у́хо (16) *n.* (*pl.* у́ши, *gen. pl.* уше́й) ear

уходи́ть (30) II (ухожу́, ухо́дишь) to go away (on foot)

уча́ствовать (30) I (уча́ству‖ю, -ешь) to participate, to take part

уче́бный (23) *adj.* educational; уче́бное заведе́ние (23) educational institution

учени́к (17) *m.* (*gen.* ученика́) pupil

учёный (23) *m.* scientist; scholar

учёный (23) *adj.* scientific, learned, scholarly

учи́тель (3) *m.* (*pl.* учителя́) teacher

учи́тельница (14) *f.* teacher

учи́ть (6) II (учу́, у́чишь) to learn (by heart); to teach

учи́ться (14) II (учу́сь, у́чишься) to learn, to study

Ф

фа́брика (11) *f.* factory

факульте́т (23) *m.* faculty

фами́лия (4) *f.* surname

фасо́н (22) *m.* fashion, style

фе́рма (11) *f.* farm

фи́зик (2) *m.* physicist

физи́ческий (23) *adj.* physical; physics (*attr.*)

фильм (13) *m.* film

фра́за (2) *f.* sentence

францу́зский (5) *adj.* French

330

фру́кты (10) *pl. m.* fruit
футбо́л (8) *m.* football

X

хи́мик (2) *m.* chemist
хими́ческий (23) *adj.* chemical;
chemistry (*attr.*)
ходи́ть (11) II (хожу́, хо́дишь)
to go (on foot), to walk; хо-
ди́ть на лы́жах (30) to ski
хоккей (30) *m.* hockey
холе́ра (28) *f.* cholera
холм (25) *m.* (*gen.* холма́, *pl.*
холмы́) hill
хо́лодно (8) *adv.* cold(ly)
холо́дный (8) *adj.* (*short form*
хо́лоден, холодна́, хо́лодно;
хо́лодны) cold
хор (2) *m.* choir
хоро́ший (7) *adj.* good
хорошо́ (3) *adv.* well
хоте́ть (21) *mixed conj.* (хочу́,
хо́чешь, ... хоти́м ... хотя́т)
to wish
хоте́ться (21) (хо́чется) to want,
to feel like
хотя́ (4) *cj.* although
христиани́н *m.* (*pl.* христиа́не)
Christian
худо́жник (12) *m.* artist
ху́же (15) *adv.* worse

Ц

ца́рский (27) *adj.* tsarist
царь (25) *m.* (*gen.* царя́, *pl.*
цари́) tsar
цвет (22) *m.* (*pl.* цвета́) colour
цвето́к (23) *m.* (*gen.* цветка́, *pl*
цветы́) flower
це́лый (23) *adj.* whole, entire
цена́ (18) *f.* (*pl.* це́ны) price;
value
центр (14) *m.* centre
центра́льный (22) *adj.* central

Ч

чай (4) *m.* tea
час (10) *m.* (*pl.* часы́) hour
ча́сто (9) *adv.* frequently, often
часть (17) *f.* (*gen. pl.* частей)
part
часы́ (10) *pl.* (*gen.* часо́в) clock,
watch
чей, чья, чьё; чьи (6) *pron.*
whose
челове́к (7) *m.* person, man
чемода́н (21) *m.* suit-case
че́рез (11) *pr.* (+*acc.*) through,
across, via; after (in time)
чёрный (7) *adj.* black
честь (24) *f.* honour
четве́рг (13) *m.* (*gen.* четверга́)
Thursday
че́тверть (15) *f.* (*gen. pl.* чет-
верте́й) quarter
число́ (25) *n.* (*pl.* чи́сла, *gen. pl.*
чи́сел) date, number
чи́стый (13) *adj.* clean, pure
чита́ть (3) I (чита́‖ю, -ешь) to
read
член (15) *m.* member
чте́ние (14) *n.* reading
что (3) *pron.* what, *cj.* that
что́бы (28) *cj.* in order that
что́-либо (30) *pron.* anything
что́-нибудь (30) *pron.* anything,
something
что́-то (30) *pron.* something
чу́вствовать (12) I (чу́вству‖ю,
-ешь) to feel; чу́вствовать
себя́ (12) to feel (oneself)
чу́до (29) *n.* (*pl.* чудеса́) miracle

Ш

ша́хматы (8) *pl.* (*gen.* ша́хмат)
chess
ши́на (27) *f.* tyre
широ́кий (8) *adj.* (*short form*
широ́к, -а́, -о́; -и́) broad,
wide

шкаф (10) *m.* (*pl.* шкафы́)
cupboard
шко́ла (10) *f.* school
шко́льник (17) *m.* schoolboy
шля́па (15) *f.* hat
шоссе́ (24) *n.* (*indeclinable*)
highway
шофёр (24) *m.* driver, chauffeur
шрифт (29) *m.* type, print
штрафно́й (17) *adj.* penalty
(*attr.*)

Э

экза́мен (14) *m.* examination
экску́рсия (17) *f.* excursion
экспеди́ция (20) *f.* expedition
энциклопе́дия (27) *f.* encyclopedia
эпо́ха (26) *f.* epoch, age
э́тот, э́та, э́то; э́ти (1) *pron.* this

Ю

юг (9) *m.* south
юго-восто́к (26) *m.* south-east
юго-за́пад (26) *m.* south-west

Я

я (2) *pron.* I
я́блоко (21) *n.* (*pl.* я́блоки,
gen. pl. я́блок) apple
явля́ться (23) I (явля́‖юсь,
-ешься) to appear; to be
язы́к (5) *m.* (*gen.* языка́, *pl.*
языки́) tongue; language
яйцо́ (16) *n.* (*pl.* я́йца, *gen. pl.*
яи́ц) egg
я́ркий (9) *adj.* bright
ярлычо́к (18) *m.* (*gen.* ярлыч-
ка́, *pl.* ярлычки́) ticket, label
я́сный (20) *adj.* clear
я́хта (2) *f.* yacht

ENGLISH-RUSSIAN VOCABULARY

Only the words given in the exercises at the end of the lessons are given here. This vocabulary should be used in conjunction with the Russian-English vocabulary, which is more detailed and which refers the student back to the lesson in which the word is often treated in detail.

In order to distinguish between a noun and a verb, the letters *s.* (substantive) and *v.* (verb) are used immediately after the English word in question.

All Russian verbs are given in the imperfective aspect; the equivalent perfective verb is given in brackets after the imperfective verb. If there is no perfective verb derived from the same root, then the nearest equivalent perfective verb is given.

A

able: to be able мочь (смочь); уме́ть (суме́ть)

about *pr., adv.* о, по, о́коло; приблизи́тельно, приме́рно

ache *v.* боле́ть (заболе́ть)

acquaintance *s.* знако́мство

acquainted: to become acquainted знако́миться (познако́миться)

actual: in actual fact в са́мом де́ле

aeroplane *s.* самолёт

affair *s.* де́ло

afraid: to be afraid боя́ться (побоя́ться)

Africa *s.* Африка

after *pr., cj.* по́сле, с; по́сле того́ как

again *adv.* опя́ть

ago *adv.* (тому́) наза́д

all *pron.* весь, вся, всё; все

almost *adv.* почти́

already *adv.* уже́

also *adv.* та́кже, то́же

although *cj.* хотя́

always *adv.* всегда́

amazing *adj.* изуми́тельный

and *cj.* и

answer *v.* отвеча́ть (отве́тить)

any *pron.* како́й-либо, како́й-нибудь

anyone *pron.* кто́-нибудь

ape *s.* обезья́на

approach *v.* подходи́ть (подойти́)

arrive by plane *v.* прилета́ть (прилете́ть)

Asia *s.* Азия

ask *v.* спра́шивать (спроси́ть); проси́ть (попроси́ть)

asleep: to fall asleep засыпа́ть (засну́ть)

attract *v.* привлека́ть (привле́чь)

aunt s. тётя
autumn s. о́сень

B

badly adv. пло́хо
bag s. су́мочка
barely adv. едва́
bay s. бу́хта
be v. быть
beard s. борода́
beautiful adj. краси́вый
because of pr. из-за
bed s. посте́ль
bed: to go to bed ложи́ться
(лечь) спать
bedroom s. спа́льня
before pr. пе́ред, до
begin v. начина́ть (нача́ть);
начина́ться (нача́ться)
best adj. лу́чший
better adj., adv. лу́чше
between pr. ме́жду
beyond pr. за
black adj. чёрный
blue adj. си́ний
boat s. ло́дка, парохо́д
book s. кни́га
both о́ба, о́бе
bottle s. буты́лка
break: lunch break переры́в на
обе́д
bridge s. мост
bright adj. я́ркий
brilliant adj. блестя́щий
bring v. приноси́ть (принести́),
привози́ть (привезти́), при-
води́ть (привести́)
British adj. брита́нский
brother s. брат
building s. зда́ние
but cj. но, а
buy v. покупа́ть (купи́ть)
by pr. у; к

C

call v. называ́ть (назва́ть); to
call for заходи́ть (зайти́) за,
заезжа́ть (зае́хать) за; to be
called называ́ться (назва́ться)
can see able
canal s. кана́л
car s. автомоби́ль
care: to care for забо́титься
(позабо́титься) о ...
carpet s. ковёр
carriage (railway) s. ваго́н
Caucasus s. Кавка́з
caviare s. икра́
central adj. центра́льный, сре́д-
ний
centre s. центр
century s. век
chair s. стул
change (money) s. сда́ча
cheap adj. дешёвый
cheese s. сыр
chemist s. хи́мик
chess s. ша́хматы
children s. де́ти
choir s. хор
choose v. выбира́ть (вы́брать)
Christian name s. и́мя
cigarette s. папиро́са, сигаре́та
cinema s. кино́
citizen s. граждани́н, граж-
да́нка
classroom s. класс
climate s. кли́мат
clock s. часы́
close v. закрыва́ть (закры́ть);
закрыва́ться (закры́ться);
closed закры́тый
clothes s. оде́жда
club s. клуб
clue s.: not to have a clue не
име́ть поня́тия
cold adj. холо́дный
collect v. собира́ть (собра́ть)

come *v.* приходи́ть (придти́), приезжа́ть (прие́хать); to come back возвраща́ться (верну́ться)
complete *v.* соверша́ть (соверши́ть)
comrade *s.* това́рищ
concert *s.* конце́рт
conference *s.* конфере́нция
consider *v.* счита́ть
continue *v.* продолжа́ть (продо́лжить)
cook *v* гото́вить (пригото́вить)
copeck *s.* копе́йка
corner *s.* у́гол
cost *v.* сто́ить
count *v.* счита́ть (сосчита́ть)
counter *s.* прила́вок
country *s.* страна́, ро́дина, дере́вня
courageous *adj.* сме́лый
cry *v.* пла́кать (запла́кать)
cupboard *s.* шкаф
customer *s.* покупа́тель

D

dance *v.* танцева́ть (потанцева́ть)
dark *adj.* тёмный
date *s.* число́
day *s.* день; day and night (24 hours) су́тки
decide *v.* реша́ть (реши́ть)
delegation *s.* делега́ция
description *s.* описа́ние
desk *s.* пи́сьменный стол; па́рта
dexterous *adj.* ло́вкий
dictation *s.* дикта́нт
dictionary *s.* слова́рь
dining-room *s.* столо́вая
dinner *s.* обе́д
director *s.* дире́ктор
do *v.* де́лать (сде́лать)
doctor *s.* до́ктор, врач
dog *s.* соба́ка

door *s.* дверь
doubt *v.* сомнева́ться (усомни́ться)
dress *v.* одева́ть (оде́ть); одева́ться (оде́ться)
dress *s.* пла́тье
dress designer *s.* модельер
drink *v.* пить (вы́пить)
drive *v.* е́хать (пое́хать), е́здить (пое́здить)
dull *adj.* ску́чный
during *pr.* за; во вре́мя
dwelling place *s.* жили́ще

E

each other *pron.* друг дру́га
early *adv.* ра́но
easier *adj.* ле́гче
east *adj.* восто́к
eat *v.* есть (съесть)
eighty *num.* во́семьдесят
elephant *s.* слон
end *s.* коне́ц
engineer *s.* инжене́р
England *s.* А́нглия
English *adj.* англи́йский; in English по-англи́йски
Englishman *s.* англича́нин
Englishwoman *s.* англича́нка
enter *v.* входи́ть (войти́); to enter the university поступа́ть (поступи́ть) в университе́т
even *adv.* да́же
evening *s.* ве́чер; in the evening ве́чером; this evening сего́дня ве́чером
every *adj.* ка́ждый
everybody *pron.* все
everything *pron.* всё
exercise *s.* упражне́ние
exercise book *s.* тетра́дь
expedition *s.* экспеди́ция
expensive *adj.* дорого́й

explain v. объясня́ть (объясни́ть)

eye s. глаз

F

fact see actual

factory s. фа́брика, заво́д

faculty s. факульте́т

fall: to fall asleep засыпа́ть (засну́ть)

family s. семья́

far adv. далеко́; not far недалеко́

farm s. фе́рма

father s. оте́ц

favourite adj. люби́мый

fear v. боя́ться (побоя́ться)

feel v. чу́вствовать (почу́вствовать): I feel like мне хо́чется

fetch v. ходи́ть, идти́ (пойти́) за

few adj. ма́ло; a few не́сколько

field s. по́ле

fifth num. пя́тый

fifty num. пятьдеся́т

find v. находи́ть (найти́)

find out v. узнава́ть (узна́ть)

finish v. конча́ть (ко́нчить); оконча́ть (око́нчить); конча́ться (ко́нчиться)

first num. пе́рвый; at first adv. снача́ла

five num. пять

five hundred num. пятьсо́т

flat s. кварти́ра

fly v. лета́ть, лете́ть (полете́ть)

fond: to be fond of люби́ть (полюби́ть)

for pr. для; за

foreign adj. иностра́нный; Ministry of Foreign Affairs Министе́рство иностра́нных дел

forest s. лес

fork s. ви́лка

four num. четы́ре

French adj. францу́зский; in French adv. по-францу́зски

friend s. друг

from pr. от, с, из

G

garden s. сад

German adj. неме́цкий; in German по-неме́цки

get v. получа́ть (получи́ть); how are you getting on? как вы пожива́ете? to get on v. де́лать успе́хи; to get to доходи́ть (дойти́) до, доезжа́ть (дое́хать) до; to get up встава́ть (встать)

girl s. де́вочка, де́вушка

give v. дава́ть (дать); I am giving я даю́

glass s. стака́н

glove s. перча́тка

go v. ходи́ть, идти́ (пойти́); е́здить, е́хать (пое́хать); to go away уходи́ть (уйти́), уезжа́ть (уе́хать); to go on продолжа́ть; to go out выходи́ть (вы́йти); to go up to подходи́ть (подойти́) к; to go to bed ложи́ться (лечь) спать; to go downstairs спуска́ться (спусти́ться); to go upstairs поднима́ться (подня́ться); to go shopping идти́ (пойти́) за поку́пками

gold s. зо́лото

good adj. хоро́ший

government s. прави́тельство

grammar s. грамма́тика

gramme s. грамм

grandmother s. ба́бушка

great adj. вели́кий

grow v. расти́; to grow light света́ть

gun s. ружьё

H

half s. полови́на
hall s. зал
ham s. ветчина́
hand s. рука́
happen v. случа́ться (случи́ться)
hat s. шля́па
hate v. ненави́деть (вознена-ви́деть)
have v. име́ть; I have ... у меня́ (есть) ... I have to ... я до́лжен, мне на́до (ну́жно) ...
he pron. он
health s. здоро́вье
hear v. слы́шать (услы́шать)
heavy adj. тяжёлый
her pron. её
here adv. здесь, тут
high adj. высо́кий
him pron. его́, ему́
his pron. его́
history s. исто́рия
holiday s. пра́здник
home s. дом; home(wards) домо́й; at home до́ма
hope v. наде́яться
hospital s. больни́ца
hot adj. горя́чий; жа́ркий
hotel s. гости́ница
house s. дом
how adv. как
how much, many ско́лько
hullo здра́вствуй(те)
hundred num. сто
hungry: I am hungry мне есть хо́чется, я хочу́ есть
hurt v. боле́ть
husband s. муж

I

I pron. я
idea s. мысль; I haven't an idea не име́ю поня́тия

if cj. е́сли, е́сли бы; if only ...! е́сли бы то́лько!
ill adj. больно́й
impossible: it is impossible нельзя́
impression s. впечатле́ние; to make an impression производи́ть (произвести́) впечатле́ние
in pr. в, на; in five minutes' time че́рез пять мину́т
India s. Индия
insist v. наста́ивать (настоя́ть)
intelligent adj. у́мный
intend v. собира́ться
interest s. интере́с
interested: to be interested интересова́ться (заинтересова́ться)
interesting adj. интере́сный
it pron. оно́, его́
its pron. его́

J

jacket s. пиджа́к
jar s. ба́нка
join v. соединя́ть (соедини́ть)
journey s. путеше́ствие
journey v. путеше́ствовать
judge s. судья́
jump s. прыжо́к
jump v. пры́гать (пры́гнуть)
June s. ию́нь

K

kill v. убива́ть (уби́ть)
killed part. уби́тый
kilogramme s. килогра́мм
kilometre s. киломе́тр
kitchen s. ку́хня
knife s. нож
know v. знать; to know how уме́ть (суме́ть)

L

lake *s.* óзеро

lamp *s.* лáмпа

language *s.* язы́к

large *adj.* большóй

late *adv.* пóздно

lay *see* table

leaf *s.* лист

learn *v.* учи́ть (вы́учить); учи́ться (научи́ться); узнавáть (узнáть)

leave *v.* выходи́ть (вы́йти); выезжáть (вы́ехать); (уходи́ть, уезжáть); покидáть (поки́нуть); оставля́ть (остáвить)

lecture *s.* лéкция

lecturer *s.* доцéнт

left: on the left налéво

Leningrad *s.* Ленингрáд

less *adj. adv.* мéнее, мéньше

lesson *s.* урóк

let *v.* пускáть (пусти́ть); let him go пусть он идёт

letter *s.* письмó

library *s.* библиотéка

lie *v.* лежáть (полежáть)

lie down *v.* ложи́ться (лечь)

light: to grow light светáть

like *cj.* как

like *v.* люби́ть (полюби́ть)

lion *s.* лев

listen *v.* слýшать (послýшать)

little *adj.* мáло; a little немнóго, немнóжко

live *v.* жить (прожи́ть)

lock *v.* запирáть (заперéть)

London *s.* Лóндон

long *adj.* дли́нный; for a long time дóлго; long ago давнó; not long ago недáвно

look *v.* смотрéть (посмотрéть)

lose *v.* теря́ть (потеря́ть)

lot: a lot мнóго

loud *adj.* грóмкий

love *v.* люби́ть (полюби́ть)

lunch *s.* обéд

lunch *v.* обéдать (пообéдать)

M

magazine *s.* журнáл

make *v.* дéлать (сдéлать); to make use of пóльзоваться (воспóльзоваться)

man *s.* мужчи́на; человéк

many *adj.* мнóго

map *s.* кáрта

married *adj.* женáтый; зáмужем

marry *v.* жени́ться; выходи́ть (вы́йти) зáмуж

Marxism *s.* маркси́зм

match *s.* матч

material *s.* материáл; матéрия

me *pron.* меня́, мне

meet *v.* встречáть (встрéтить); встречáться (встрéтиться)

meeting *s.* встрéча; собрáние

member *s.* член

mine *pron.* мой

ministry *s.* министéрство

minute *s.* минýта

mistake *s.* оши́бка

modest *adj.* скрóмный

month *s.* мéсяц

more *adj., adv.* бóльше; more and more всё бóльше

morning *s.* ýтро; this morning сегóдня ýтром

Moscow *s.* Москвá

most *adj.* сáмый

mother *s.* мать

motorcycle *s.* мотоци́кл

much *adv.* мнóго; as much as possible как мóжно бóльше

museum *s.* музéй

must: I must я дóлжен, мне нáдо (нýжно)

my *pron.* мой

N

name *s.* и́мя, фами́лия
near *adv.*, *pr.* бли́зко; о́коло
neither ... nor ни ... ни
new *adj.* но́вый
newspaper *s.* газе́та
next *adj.* сле́дующий
nib *s.* перо́
no *particle* нет
no one *pron.* никто́
non-smoker *s.* некуря́щий
north *s.* се́вер
not *particle* не
notice *v.* замеча́ть (заме́тить)
novel *s.* рома́н
now *adv.* тепе́рь, сейча́с
nowhere *adv.* нигде́

O

occupy: to occupy oneself занима́ться
o'clock час, часа́, часо́в
of *pr.* из; о
old *adj.* ста́рый; old man стари́к how old is ... ? ско́лько лет ... ? he is ... years old ему́ ... лет (го́да, год)
on *pr.* на
once *adv.* раз
one *num.* оди́н
only *adv.* то́лько
open *v.* открыва́ть (откры́ть); открыва́ться (откры́ться)
open *adj.* откры́тый
order *v.* прика́зывать (приказа́ть)
order: in order to чтобы
other *adj.* друго́й
our *pron.* наш
over *pr.* че́рез
own *adj.*, *pron.* со́бственный; свой

P

packet *s.* па́чка
page *s.* страни́ца
paper (news) *s.* газе́та
parliament *s.* парла́мент
particularly *adv.* осо́бенно
pass *v.* проходи́ть (пройти́); проезжа́ть (прое́хать)
pay *v.* плати́ть (заплати́ть); to pay at the desk плати́ть в ка́ссу
pen *s.* ру́чка, перо́
pencil *s.* каранда́ш
penholder *s.* ру́чка
physician *s.* врач, до́ктор
physicist *s.* фи́зик
picture *s.* карти́на
piece *s.* кусо́к
place *s.* ме́сто
place: to take place име́ть ме́сто, состоя́ться
plan *s.* план
play *v.* игра́ть (сыгра́ть)
please пожа́луйста
point: there is no point ... не́чего ...
poor *adj.* бе́дный
popular *adj.* популя́рный
possible: it is possible мо́жно
postgraduate student *s.* аспира́нт
postman *s* почтальо́н
post-office *s.* по́чта
prison *s.* тюрьма́; to be in prison сиде́ть в тюрьме́
problem *s.* пробле́ма, вопро́с
professor *s.* профе́ссор
progress: to make progress де́лать успе́хи
public *s.* пу́блика
puncture *v.* прока́лывать (проколо́ть)
purchase *s.* поку́пка
put *v.* класть (положи́ть); ста́вить (поста́вить)

Q

quarter *s.* че́тверть
quickly *adv.* бы́стро, ско́ро
quite *adv.* дово́льно; совсе́м

R

rain *s.* дождь; it is raining дождь идёт
rather *adv.* дово́льно
read *v.* чита́ть (прочита́ть)
reading *s.* чте́ние
realize *v.* понима́ть (поня́ть)
receive *v.* получа́ть (получи́ть)
recognize *v.* узнава́ть (узна́ть)
red *adj.* кра́сный
remarkable *adj.* замеча́тельный
remember *v.* по́мнить, вспоми-на́ть (вспо́мнить)
reply *v.* отвеча́ть (отве́тить)
representative *s.* представи́тель
rest *v.* отдыха́ть (отдохну́ть)
return *v.* возвраща́ться (вер-ну́ться, возврати́ться)
right *s.* пра́во
right *adj.* пра́вый
right: on the right напра́во
river *s.* река́
room *s.* ко́мната
rouble *s.* рубль
rowing *s.* гре́бля
run *v.* бе́гать (побе́гать); бе-жа́ть (побежа́ть)
Russia *s.* Росси́я
Russian *s.*, *adj.* ру́сский; in Russian по-ру́сски

S

same *adj.* тот же са́мый
satisfied *adj.* дово́льный
Saturday *s.* суббо́та
sausage *s.* колбаса́
say *v.* говори́ть (сказа́ть); I am saying я говорю́
school *s.* шко́ла
school-desk *s.* па́рта
see *v.* ви́деть (уви́деть)
seem *v.* каза́ться (показа́ться)
self *pron.* себя́
sell *v.* продава́ть (прода́ть)
send *v.* посыла́ть (посла́ть)
sentence *s.* фра́за
set: to set off отправля́ться (отпра́виться)
seven *num.* семь
several *adj.* не́сколько
shoe *s.* боти́нок, ту́фля
shop *s.* магази́н
shop *v.* ходи́ть, идти́ (пойти́) за поку́пками
sick: I am sick of мне надое́л(а, о, и)
side *s.* сторона́
since *pr.*, *cj.* с, от; с тех пор как
sing *v.* петь (спеть); I sing я пою́
singing *s.* пе́ние
sister *s.* сестра́
sit *v.* сиде́ть (посиде́ть)
sit down *v.* сади́ться (сесть)
six *num.* шесть
skate *v.* ката́ться на конька́х
ski *v.* ходи́ть на лы́жах
sky *s.* не́бо
sleep *v.* спать (поспа́ть)
slowly *adv.* ме́дленно
smoke *v.* кури́ть (закури́ть, вы́курить)
snow *s.* снег; it is snowing снег идёт
so *adv.* так
sofa *s.* дива́н
soldier *s.* солда́т
someone *pron.* кто́-то, кто́-нибудь
son *s.* сын
soon *adv.* ско́ро
sore *see* ache
soundly *adv.* кре́пко
soup *s.* суп
south *s.* юг

Soviet *adj.* советский

speak *v.* говори́ть (поговори́ть); I speak я говорю́

spend *v.* проводи́ть (провести́)

sport *s.* спорт

spring *s.* весна́

stadium *s.* стадио́н

stairs *s.* ле́стница

stamp *s.* ма́рка

stand *v.* стоя́ть (постоя́ть); to stand up встава́ть (встать)

standing: in a standing position сто́я

station *s.* ста́нция, вокза́л

stay *v.* остава́ться (оста́ться); to stay at home сиде́ть до́ма

stop *v.* остана́вливать (останови́ть); остана́вливаться (останови́ться)

street *s.* у́лица

strike *v.* бить (уда́рить); (of a clock) бить (проби́ть); (to amaze) поража́ть (порази́ть)

strong *adj.* си́льный

student *s.* студе́нт, студе́нтка

study *s.* кабине́т

study *v.* занима́ться, учи́ться

stupid *adj.* глу́пый

suddenly *adv.* вдруг

suggest *v.* предлага́ть (предложи́ть)

suit *s.* костю́м

suitcase *s.* чемода́н

summer *s.* ле́то

supper *s.* у́жин

supper: to have supper у́жинать

surname *s.* фами́лия

swim *v.* пла́вать

swimming bath *s.* бассе́йн

T

table *s.* стол; to lay the table накрыва́ть (накры́ть) на стол

take *v.* брать (взять); вози́ть, везти́ (повезти́); води́ть вести́ (повести́); to take place име́ть ме́сто, состоя́ться

talk *v.* говори́ть (поговори́ть), бесе́довать (побесе́довать), разгова́ривать

tall *adj.* высо́кий

tea *s.* чай

teacher *s.* учи́тель

team *s.* кома́нда

telephone *v.* звони́ть (позвони́ть)

television set *s.* телеви́зор; to watch the television смотре́ть телеви́зор

ten *num.* де́сять

text *s.* текст

than *cj.* чем

that *pron. cj.* тот, э́тот; что

theatre *s.* теа́тр

then *adv.* пото́м; тогда́

there *adv.* там; туда́

thesis *s.* диссерта́ция

thing *s.* вещь

think *v.* ду́мать (поду́мать)

third *num.* тре́тий

thirsty: I am thirsty мне хо́чется пить, я хочу́ пить

this *pron.* э́тот; this is э́то

three *num.* три

throat *s.* го́рло

Thursday *s.* четве́рг

ticket *s.* биле́т

tie *s.* га́лстук

tiger *s.* тигр

time *s.* вре́мя, пора́

time: it is time to ... пора́ ...

to *pr.* в, на, к

today *adv.* сего́дня

together *adv.* вме́сте

tomorrow *adv.* за́втра

too *adv.* сли́шком; та́кже, то́же

towel *s.* полоте́нце

town *s.* го́род

translate *v.* переводить (перевести)
tree *s.* дерево
trousers *s.* брюки
truth *s.* правда
try *v.* стараться (постараться)
twenty *num.* двадцать
twice *num.* два раза
two *num.* два, две
type *v.* печатать (отпечатать, напечатать)
typewriter *s.* пишущая машинка
tyre *s.* шина

U

uncle *s.* дядя
understand *v.* понимать (понять)
unfortunately *adv.* к сожалению
union *s.* союз; Soviet Union Советский Союз
university *s.* университет
until *cj.* пока ... не
upstairs *adv.* наверх; наверху
Urals *s.* Урал
useful *adj.* полезный
U.S.S.R. СССР
usual *adj.* обычный
usually *adv.* обычно

V

vase *s.* ваза
very *adv.* очень
view: in view of ввиду
village *s.* село
visa *s.* виза
visit *s.* посещение
visit *v.* посещать (посетить)
visitor *s.* посетитель
vocabulary *s.* словарь
vodka *s.* водка
Volga *s.* Волга

W

wait *v.* ждать (подождать)
waitress *s.* официантка
walk *v.* гулять (погулять); to go for a walk идти (пойти) гулять
want *v.* хотеть (захотеть), желать (пожелать)
wash *v.* мыть (вымыть), умывать (умыть); умываться (умыться)
watch *v.* смотреть (посмотреть)
wear *v.* носить
weather *s.* погода
Wednesday *s.* среда
week *s.* неделя
weigh *v.* весить
well *adv.* хорошо
what *pron.* что; какой; what kind of какой
whatever *pron.* что бы ... ни, какой бы ... ни
when *adv., cj.* когда
where *adv.* где, куда
wherever *adv.* где бы ... ни
which *pron.* который
while *cj.* пока
who *pron.* кто; который
whom *pron.* кого, кому
whose *pron.* чей
why *adv.* почему
wide *adj.* широкий
wife *s.* жена
wine *s.* вино
winter *s.* зима; in winter зимой
wish *v.* хотеть, желать (пожелать)
with *pr.* с
within *pr.* через, в
without *pr.* без
woman *s.* женщина
wonderful *adj.* прекрасный, замечательный
wood(s) *s.* лес

work *s.* рабо́та
work *v.* рабо́тать
worker *s.* рабо́чий, рабо́тник
worth: it is worth ... сто́ит
write *v.* писа́ть (написа́ть); to write down запи́сывать (записа́ть)

Y

yacht *s.* я́хта
year *s.* год

yes *particle* да
yesterday *adv.* вчера́
yet *adv.* ещё; уже́
you *pron.* ты, вы
young *adj.* молодо́й
your *pron.* твой, ваш

Z

zoo *s.* зоопа́рк

CONTENTS OF THE LESSONS

345

347

NOTES

NOTES

NOTES

NOTES

NOTES

NOTES

NOTES

NOTES

NOTES

NOTES